조명환 목사의 〈쓴소리 단소리〉

자이언 캐년에서
눈물이 나다

조명환 지음

쿰란출판사

추천사

장밋빛 사랑의 편지

조명환 목사의 칼럼, 그것은 사막의 오아시스다. 삶의 여정에 지친 현대인에게 건네는 생수며, 진리에 목마른 영혼들을 위한 잠언이다. 그래서 언제 어디서 읽어도 시원하며 투명하다.

첫째, 그의 칼럼은 사랑의 고백이다. 그는 이 칼럼집에서 "미주 교계에 드리는 애정의 고백"이라고 했다. 애정 어린 그의 사물 인식의 시각은 다양한 빛깔이다. 산 정상에서 대자연의 경관을 보거나, 성지의 유적 앞에서나, 다문화 다민족 사회의 갈등 속에서나, 찬 밤 노숙자를 보는 다사로운 눈길에서 그리스도의 사랑을 부각시킨다. 세속도시 속에서 빛을 비추는 크리스천의 삶의 모습을 오버랩시킨다. 그것은 사회 속에서 교회 공동체의 아름다운 디아코니아를 상기시킨다.

둘째, 그의 메시지는 균형적이다. 그는 스스로를 "흔한 보통 사람"이라고 소개한다. 그는 오늘 우리와 같은 시대를 살아가고 있다. 그가 처한 상황은 곧 우리의 현실이며 그의 문제는 곧 오늘 우리의 문제다. 그의 메시지는 결코 편협하거나 경도되지 않고 포용적이며 균형적이다. 일상의 다반사에서 깊은 진리를 발굴하되

독선이나 일방적 강요는 없다. 잔잔하지만 큰 울림의 감동을 준다. 우주와 문명과 역사와 미래를 탄탄한 인문학적 바탕과 넉넉한 인생 체험의 연륜에서 다루고 있다.

셋째, 그의 레토릭은 진솔하다. 그는 화가요 시인이요 목회자요 언론인이다. 그래서 그의 통찰은 예리하지만 표현은 차분하고 진솔하다. 마치 솜뭉치 속의 차돌멩이처럼 나직한 리듬 속에 선지자적 빛깔이 행간에 갈무리되어 있다.
무책임한 선동이나 방향 없는 깃발이 아닌 목회자적 접근으로 위로, 치유, 사랑, 소망, 격려, 기쁨, 감사가 앙상블을 이루어 예술적 진선미의 향기로운 세계로 초대한다.

조명환 목사의 칼럼은 이 시대 깨어 있는 한 영성이 밝은 미래를 꿈꾸는 믿음의 벗들에게 보내는 장밋빛 사랑의 편지다.

2024 새 아침
박종구 목사
월간목회 대표

머리말

"미주교계에 드리는 애정의 고백입니다"

1980년 10월 김포공항 국제선 대합실을 통해 나는 한국을 빠져나왔다. 그때는 하도 '국보위'가 설치던 때라서 어디론가 얼른 빠져나가고 싶었다. 난생처음 타본 비행기는 노스웨스트였다. 목적지는 시카고 오헤어 공항. 아내가 거기 살고 있었다.

그래서 내 이민 여정의 출발점은 시카고였다. 에반스톤의 단풍, 광대한 미시간 호수, 그리고 그림 같은 시카고 다운타운을 뒤로하고 일 년 만에 LA로 줄행랑을 친 이유는 바로 시카고의 추위 때문이었다. 속절없이 내리는 눈, 꽁꽁 얼어붙는 자동차 엔진, 몸속 깊이 파고드는 칼바람을 견딜 수 없었다.

그래서 도망쳐온 LA는 내 인생 1모작의 경작지였다. LA에서 언론인으로 살았고 목회자로 살았다. 신학교도 다녔다. 두 아이의 아버지가 된 곳도 LA. LA 흑인 폭동도 경험하고 노스릿지 지진 피해도 입었다. 낚시질도 즐겼고 골프를 배운 곳도 이곳이다. 그러다보니 한국에서 살아온 날보다 LA서 살아온 날들이 훨씬 많아졌다. LA가 제2의 고향이 되었다.

인생 가운데 가장 많은 세월인 약 30여 년을 나는 언론인으로 살았다. 한국 CBS 사회부 기자로 들어가서 약 6개월 수습받은 게

전부였는데 그 쥐꼬리만 한 '언론 공부' 밑천으로 30년을 우려먹었으면 자동차 베어링으로 따지면 다 닳아 없어졌을 것이고 라면으로 따지면 유효기간을 한참 넘겨 오래전에 쓰레기통에 처박혀 있을 것이다.

그래서 난 늘 하나님 은혜에 감사하며 살고 있다. 날 밀어주는 이 세상 백도 없고 학벌도 미천하고 머리가 명석한 것도 아니다. 영어를 잘해서 날고 기는 이민자도 아니다. 어디 내놓고 자랑할 게 없는 흔해 빠진 보통사람이다. 그런 내가 목사요, 언론인, 남편과 아버지로 발붙이고 살게 해준 LA가 고맙고 그런 나를 이끌어 오늘에 이르게 하신 하나님의 은혜는 더 말할 것도 없다. 그냥 "만입이 내게 있으면 그 입 다 가지고" 감사 또 감사할 수밖에 없는 인생이다.

30여 년 언론인으로 살면서 내가 창간한 〈크리스천 위클리〉가 금년 21주년을 맞았다. 적당한 선에서 끝내고 개체교회 목사로 되돌아가서 은퇴할까 했는데 후다닥 세월은 그렇게 흘러가고 말았다. 2009년 어느 날 내 신문을 보고 선배 한 분이 말했다. "사설이 없는 게 무슨 신문이냐? 손바닥만 한 작은 신문이라도 사설이 있어야 신문이라 할 수 있지. 네가 쓰는 '쓴소리 단소리'가 네 신문의 사설이야. 더 잘 써봐. 빼 먹지 말고!" 그날부터 나는 사설을 쓴다는 심정으로 그리고 빼먹지 말라는 그 선배님의 말씀을 좌우명으로 삼아 한 번도 빼먹지 않으려고 무진 애를 쓰며 '쓴소리 단소리'를 써 왔다.

그 칼럼을 묶어 첫 번째 출간한 책 제목이 '이름값 하는 교회'였다. 그 후 10년이 흘러 다시 두 번째 칼럼 모음집을 내게 되었다. 이번에도 이형규 장로님이 사장이신 쿰란출판사에서 내 주셨다.

시답지 않은 머리를 가지고 정해진 시간에 글을 쓰기가 여간 어렵지 않았다. 신문 마감하는 시간이 가까워오면 누구 하나 내게 말을 못 붙인다. 신경질을 바가지로 쏟아 낼 때도 있다. 그러나 글을 읽어줄 독자들의 얼굴을 떠올리며 다시 기도하는 심정으로 마음을 다잡고 글을 완성하곤 했다. 그리고 한 편의 칼럼이 완성되면 그냥 술술 읽혀진다는 독자들의 말만 곧이곧대로 믿고 어린애처럼 흥에 겨워 살아온 게 벌써 오랜 세월이 되었다.

그동안 '쓴소리 단소리'가 크리스천 위클리 사설 역할을 제대로 했는지 스스로에게 겸손한 물음을 던지며 조심스럽게 두 번째 단행본을 세상에 내어놓는다. 내 제2의 고향 LA에 바치는 '마음의 편지'이자 〈크리스천 위클리〉를 통해 만난 미주한인교계에 바치는 애정의 고백이기도 하다.

책을 만들면서 옆에서 수고해준 조영숙 전도사님(KCMUSA 편집국장), 좋은 의견으로 가이드 해 준 쿰란출판사의 오완 부장님, 표지 디자인을 위해 재능을 기부해 주신 새라 강, 헌시를 써 주신 이인미 시인에게 감사드린다.

무엇보다 지난 40여 년 미국 이민자로 살아가면서 팀 플레이어가 되어 준 아내 애숙, 아들 에드가(Edgar)와 며느리 하이비(Heivi), 손자 이든(Eden)과 손녀 아라(Ara), 그리고 딸 리베카(Rebecca)에게 감사의 마음을 전하고 싶다.

그리고 한국과 미국에서 부족한 나를 위해 늘 기도하며 후원하고 격려해 오신 사랑하고 존경하는 모든 분들에게 이 지면을 통해 감사의 인사를 올려드린다.

2024년 1월
LA에서
조명환 목사

헌시

글밭에 앉아

― 조명환 목사님을 위한 헌시

글밭에 앉아 세계를 보네
글나무 아래서 도시 풍경을 스케치하네

애써 피운 꽃나무들에게 물을 주며
쓴소리 단소리 거름도 주며

주님의 글동산지기 되어
평생 일군 글밭에

작은 초록 벤치 하나 놓아 드려요
님의 긍휼에 기대어 하늘을 보며

만발한 꽃들의 인사도 받고
시원한 여름바람 풀어 놓으시면

하늘 닿은 천사들의 사닥다리와 동업하며
가을 비숍 단풍잎새 떨어져도

마음 너무 시리지 않기
시려도 오래 가지 않기

겨울 채비하노라면 주 오심 새봄 이르리니
천국 서기관 되어 주님의 글을 대필하는

그대는 천상 글쟁이
멋쟁이 천국 신문쟁이

이인미 시인

문화선교원 '시전' 대표
천서향 칼리그라피 클래스 대표
시집 '빛의 신부들' 외 다수

목차

추천사 박종구 목사 _ 2
머리글 _ 4
헌시 이인미 시인 _ 8

 파트 1 자이언 캐넌에서 눈물이 나다

1. 루터의 장미(Luther Rose) - 16
2. 유튜브 전성시대 - 19
3. "하나님 믿는데 왜 울어?" - 22
4. 마우이를 위한 기도 - 25
5. 힘내세요! 리키 파울러처럼 - 28
6. 배신 때문에 흐르는 눈물 - 31
7. 별세한 팻 로버트슨 목사님 - 34
8. 자이언 캐넌에서 눈물이 나다 - 37
9. "롱 타임 노 씨"가 유해한 말이라고? - 40
10. 애즈베리 리바이벌 - 43
11. 드라마 〈일타 스캔들〉과 전도서 11장 1절 - 46
12. 교회가 싸워야 할 '치매마귀' - 49
13. 중꺾마 - 52
14. 맨발의 여왕 - 55
15. 연방공휴일, 알고 지나가자 - 58
16. 우리들의 블루스와 다운증후군 - 62
17. 키오스크 공포시대 - 65
18. 윌 스미스와 아카데미 폭력 - 68
19. 버스킹(Busking) - 71
20. '메타 사피엔스'가 온다고? - 74

21. 새해, 조금만 더 나이스하게 - 77
22. 카톡, 내 일상의 동반자 - 80
23. 기후변화, 손 놓고 구경만 할까요? - 83
24. 사막은 오아시스가 있어 아름답다 - 86
25. 연합감리교회 앞에 놓인 '비아 돌로로사' - 89
26. '말세 매뉴얼'도 숙지하자 - 92
27. 〈미스 트롯2〉를 보며 찬송가를 생각하다 - 95
28. 영화 〈미나리〉의 속삭임 - 98
29. 사순절은 '죽음 묵상절' - 102
30. 미국은 예수님 보유국 - 105
31. '긍휼지심' 수은주를 올려보자 - 108
32. 긴즈버그 장례식장의 '푸시업' - 112

 파트 2 우리 집 새 식구 '헤이 구글'

1. 모스크로 바뀌는 성 소피아 성당 - 116
2. 슬기로운 가정생활 - 119
3. '백인 예수'도 청산 대상이라고? - 122
4. 벽을 허는 오스카, 벽을 쌓는 워싱턴 - 126
5. 토마스 제퍼슨과 종교자유의 날 - 129
6. 정다운 북한말 - 132
7. 떠날 때는 카톡으로? - 135
8. 쫄지 말고 메리 크리스마스 - 138
9. 메멘토 모리 - 141
10. 숍 스몰, 숍 스몰처치 - 144
11. 기후변화와 그리스도인 - 147
12. 광장의 기독교, 메테오라의 기독교 - 150
13. '호텔제국' 힐튼의 전설 - 153
14. 조부모의 날 - 156
15. 아리랑과 티쿤 올람 - 159
16. 학교로 복원되는 "In God We Trust" - 162

17. 또 총기난사…이젠 할 말도 없다	- 165
18. 중성사회 강요하는 요지경 세상	- 168
19. '지공선사'와 105세 할머니 목사님	- 171
20. 아모르 파티	- 174
21. 치매, 그 불편한 불청객	- 177
22. 갈릴리 호숫가에서	- 180
23. 사순절, 남들이 지키거나 말거나	- 183
24. 헷갈리는 장례식 용어	- 186
25. 열받게 하는 백인 우월주의	- 189
26. 호(好) 시절과 메멘토 모리	- 192
27. 우리 집 새 식구 '헤이 구글'	- 195
28. 세밑에 생각나는 목사님	- 198
29. 잘츠부르크와 베들레헴	- 201
30. 미국은 지금 '多不有時'(다불유시) 전쟁 중	- 205
31. 떠날 때가 더 아름다운 사람	- 208
32. 영화 〈침묵〉이 묻는 질문	- 211
33. '싱글'도 행복한 교회	- 214
34. 스타벅스에게 한 수 배운다?	- 217
35. 그리운 '우리 교회'	- 220
36. 10초의 인내	- 223

 파트 3 '어니'와 '버트'는 게이가 아니랍니다

1. "예수의 이름으로 명하노니…"	- 223
2. 목회자 감사의 날	- 231
3. '어니'와 '버트'는 게이가 아니랍니다	- 234
4. 존 매케인의 장례식	- 237
5. 하쿠나 마타타	- 240
6. 추억의 사라다 빵	- 243
7. 디지털 장의사	- 246
8. 예루살렘 한식당	- 249

9. 바버라 부시 여사의 장례식 - 253
10. 투탕카멘 무덤의 앵크 십자가 - 256
11. 무덤 없는 모세 - 259
12. 비아 돌로로사의 '기적' - 262
13. 외로움 장관 - 265
14. '게티 센터'를 남기고 간 위대한 수전노 - 268
15. 당신(YOU)이 '올해의 인물' - 271
16. 마구간의 예수님, 크리스티의 예수님 - 274
17. 창간 15주년, 드릴 말씀은 오직 감사 - 277
18. 교회의 분열 유전자 - 280
19. 에브리데이 노동 '감사'절 - 283
20. 목사가 씹는 껌입니까? - 286
21. 성경적인 도시, 비성경적인 도시 - 289
22. 푸드 팬트리 - 292
23. 열받는 지구, 열받게 하는 미국 - 295
24. 노방전도와 전도 거부 카드 - 298
25. 모든 자식들의 MVP, 어머니! - 301
26. 금문교의 자살방지 그물 - 304
27. 교회가 여러분의 피난처가 되겠습니다 - 307
28. 영혼의 '스프링 캠프', 사순절 - 310
29. 제1호 개신교 목사 사모님 - 313
30. 꽃단장하고 나서는 음악회 나들이 - 316
31. 전쟁터에 피어난 희망의 꽃, '하얀 헬멧' - 319
32. 임동선 목사님에 대한 추억 - 322
33. 드론이 성경을 전파하는 시대 - 325
34. 스테판 커리의 4:13 - 328
35. 노숙자 텐트촌의 크리스마스 트리 - 331
36. 강매로 구박받는 음악회 입장권 - 334
37. 영화 〈마션〉(Martian) - 337
38. 이 나라는 여전히 '선샤인 아메리카' - 340

파트 1

자이언 캐년에서 눈물이 나다

1. 루터의 장미(Luther Rose)
2. 유튜브 전성시대
3. "하나님 믿는데 왜 울어?"
4. 마우이를 위한 기도
5. 힘내세요! 리키 파울러처럼
6. 배신 때문에 흐르는 눈물
7. 별세한 팻 로버트슨 목사님
8. 자이언 캐년에서 눈물이 나다
9. "롱 타임 노 씨"가 유해한 말이라고?
10. 애즈베리 리바이벌
11. 드라마 〈일타 스캔들〉과 전도서 11장 1절
12. 교회가 싸워야 할 '치매마귀'
13. 중꺾마
14. 맨발의 여왕
15. 연방공휴일, 알고 지나가자
16. 우리들의 블루스와 다운증후군
17. 키오스크 공포시대
18. 윌 스미스와 아카데미 폭력
19. 버스킹(Busking)
20. '메타 사피엔스'가 온다고?
21. 새해, 조금만 더 나이스하게
22. 카톡, 내 일상의 동반자
23. 기후변화, 손 놓고 구경만 할까요?
24. 사막은 오아시스가 있어 아름답다
25. 연합감리교회 앞에 놓인 '비아 돌로로사'
26. '말세 매뉴얼'도 숙지하자
27. 〈미스 트롯2〉를 보며 찬송가를 생각하다
28. 영화 〈미나리〉의 속삭임
29. 사순절은 '죽음 묵상절'
30. 미국은 예수님 보유국
31. '긍휼지심' 수은주를 올려보자
32. 긴즈버그 장례식장의 '푸시업'

루터의 장미(Luther Rose)

장미를 '꽃의 여왕'이라 부른다. 아름답기도 하고 흔하기도 해서 그런가? 종류도 많다. 장미꽃에는 8가지 색깔이 있다고 한다. 압권은 역시 빨간 장미다. 장미를 국화로 정한 나라도 있다. 영국이다.

영국에서는 30년 동안 장미전쟁을 치르기도 했다. 이 전쟁은 흰 장미를 문장으로 사용한 요크 가문과 붉은 장미를 문장으로 사용한 랭커스터 두 가문이 투쟁한 것에서 비롯되었다. 결론은 랭커스터 가문의 헨리 튜더의 승리로 끝났다. 그래서 튜더 왕조가 탄생되었고, 헨리 7세의 뒤를 이은 헨리 8세가 '영국 국교회'를 탄생시키는 등 영국의 격변기를 이끌었다.

장미의 꽃말은 '정열'이다. 그래서인가? 이집트의 절세미인 클레오파트라가 안토니우스의 마음을 사로잡기 위해 그가 오는 길에 밀가루처럼 뿌려댄 꽃이 장미였다. 그래서 안토니우스가 자신이 죽으면 무덤에 뿌려 달라고 부탁했던 꽃이 장미꽃이다. 나폴레옹이 조세핀을 위해 바닥에 뿌린 꽃이 장미였고, 프랑스 루이 16세와 정략결혼을 해서 왕비가 되었건만 38세라는 젊은 나이에 단두대의 이슬로 사라진 비운의 마리 앙투와네트를 일컫는 말도 '베르사이유의 장미'라는 말이다.

그러나 그런 장미와는 본질이 다른 또 하나의 장미가 있다. 바로 '루터의 장미'(Luther Rose)다. 30여 년 전 내가 LA 북부 밸리 지역에서 교회를 개척할 때 빌려 쓰던 예배당이 루터교회였다. 루터교회에 가면 교회 정문에서부터 강대상 너머 스테인드글라스까지 여기저기 장미꽃이 만발해 있다. 루터의 장미다. 루터교의 상징이자, 루터의 마음인 셈이다.

루터는 이 장미 문장을 그의 신학과 신앙의 개요 내지 표현으로 보았고, 서신을 쓸 때면 늘 인장으로 찍었다고 한다. 루터는 슈펭글러에게 보낸 서신에서 이 장미 문장에 관한 자신의 해석을 다음과 같이 적었다. 좀 길지만 여기 인용해 본다.

> 먼저 심장(=마음) 속에 있는 검은 십자가는 십자가에 못 박혀 죽으신 이가 우리를 구원하신다는 것을 상기시키는 것입니다. '마음으로 믿는 자는 의롭게 여기심을 받는다'(롬 10:10) 하였습니다. 검은색의 십자가는 고난을 의미하지만 그것이 심장의 붉은색을 물들이지 않습니다. 이는 십자가가 심장을 죽이는 것이 아니라 오히려 살아 있게 한다는 뜻이기도 하지요. '의인은 믿음으로 산다'(롬 1:17)고 했는데 그 믿음은 바로 십자가에 못 박혀 죽으신 이에 대한 믿음을 말합니다. 그러한 마음이 흰색의 장미 한가운데 놓여 있는 것은 믿음이 기쁨과 위로와 평안을 준다는 것을 나타내기 위함입니다.
>
> 다시 말해 믿음은 믿는 자로 하여금 깨끗하고 기쁨이 충만한 삶을 살게 하며 이 믿음이 주는 평안과 기쁨은 이 세상이 주는 것과는 차원이 다른 것입니다(요 14:27). 그래서 장미의 색깔은 흰색이어야 하는 것입니다. 왜냐하면 흰색은 영과 천사들의 색이기 때문입니다(마 28:3).
>
> 흰 장미는 하늘색으로 둘러싸여 있는데 이는 성령과 믿음 안에서의 기쁨이 앞으로 맛보게 될 하늘나라의 기쁨의 시작이라는 뜻입니다. 그 하늘의 기쁨은 이미 시작되었지만 아직

완전히 드러나지는 않았고 다만 소망 중에 붙잡는 것입니다. 이 하늘색 띠는 다시 황금빛 원으로 둘러싸여 있는데 이는 영원히 끝도 없이 지속되는 하늘의 축복을 상징하는 것입니다. 마치 금이 가장 귀하고 값진 최고의 금속인 것처럼 하늘의 축복은 모든 기쁨과 좋은 것들을 뛰어넘는 놀라운 것입니다. 이것은 나의 모든 신학의 요약판이라 할 수 있습니다.

모두에게 사랑받는 장미꽃 하나로 자신의 신학을 정리해 놓은 루터는 얼마나 대단한가? 장미 한 송이로 시청각 신학 교과서를 편찬한 셈이다. 우리는 교회의 탄생을 '성령강림절'로 보고 있다. 마가의 다락방에 모인 초대교회 성도들에게 성령께서 강림하신 것을 기념하는 날(행 2:1)이자, 초대교회가 이날부터 출발한 것이다. 그래서 성령강림절은 교회탄생일인 셈이다. 그렇다면 개신교의 탄생기념일은 언제일까?

대개 루터가 1517년 10월 31일 정오 가톨릭 교회의 면죄부 판매에 대한 부당성 등을 반박하는 95개조 반박문을 비텐베르그 대학 부속 교회 정문에 써 붙인 그날을 종교개혁 기념일로 지킨다. 그래서 프로테스탄트 여명의 종소리를 울려 퍼지게 한 그날을 개신교 탄생기념일로 봐야 할 것이다. 그래서 10월은 종교개혁의 역사, 개신교 탄생의 역사를 되돌아보는 특별한 달이다.

루터를 비롯한 칼뱅, 츠빙글리 등 종교개혁자들이 개진한 신학적 기본정신을 요약한 다섯 문구를 "5가지 오직"(five solas)이라고 한다. 즉 "오직 성경"(Sola Scriptura), "오직 믿음"(Sola Fide), "오직 은혜"(Sola Gratia)", "오직 그리스도"(Sola Christus), "오직 하나님께 영광"(Sola Deo Gloria)이다. 종교개혁이 없었다면 우리는 아직도 신부님 앞에서 고해성사를 하고, 성경은 구경도 못하고 살아왔을 것이다.

10월은 종교개혁 기념의 달이다. 우선은 '장미 박사님' 루터 목사님에 대한 존경과 감사를 잊지 말자.

유튜브 전성시대

세상이 요란하고 바쁘게 돌아가니까 별의별 직업도 많이 창출되고 있다. 페이스북 같은 소셜 네트워크 서비스(SNS)를 이용하여 기업이나 상품의 홍보, 마케팅을 도와주는 SNS 전문가, 뇌 구조에 대한 지식을 바탕으로 컴퓨터나 로봇 등이 인간과 같이 사고하고 의사 결정을 할 수 있도록 개발하는 인공지능 전문가 등 여러 가지다. 나도 이게 무슨 말인지 정확히는 모르겠다. 이미 내 두뇌는 아날로그 방식으로 굳어 있기 때문이다. 겨우 디지털 영역으로 조금씩 거북이 걸음으로 수평 이동을 추구하고는 있지만 그게 내 맘대로 되는가? 우선 컴퓨터와 다양한 플랫폼에 대한 지식이 초보 수준이니 어쩔 수 없는 일이다.

듣도 보도 못하던 새로운 직업들 가운데 꽤나 알려진 직업이 바로 유튜버다. 이들은 유튜브(YouTube)를 만들어 내는 사람들이다. 정확한 말로는 유튜브 크리에이터(creator)라고 한다. 구글 소유의 유튜브를 모르는 이는 거의 없다. 코비드 전염병 환난시대에 우리는 유튜브를 통해 비대면 원거리 예배에 익숙해졌기 때문이다.

아내가 했던 "당신 계란찜 최고예요!"라는 말에 코가 꿰어 계란찜을 만들 때마다 나는 유튜브를 열어놓고 요리를 시작한다. 가을바람을 타고 우리 집 뒤뜰에 감이 익어가고 있다. '어떻게 하면 다람쥐에게 저것을 빼앗기지 않을까' 하고 고심하며 열어보는 것도 유튜브다. '과일나무에 다람쥐 쫓는 법', 이런 식으로 검색하면 여러 유튜버들이 올린 관련

동영상이 줄줄이 뜬다. 그러나 그대로 해봐도 사실 효력은 별로다. 다람쥐는 유튜버 위에서 논다. 금년에도 익어가는 단감은 그냥 다람쥐 식사용으로 '보시'하는 수밖에 없을 것 같다.

유튜브는 우리 생활 깊숙이 침투해 들어왔고, 그걸 만들어 내는 사람들이 유튜버다. 놀라운 조사 결과를 읽었다. 2022년 대한민국 초등학생들에게 장래 희망을 묻자 1위가 운동선수, 2위 교사, 3위가 유튜버였다. 4위 의사를 물리치고 당당하게 희망직업 3위에 등극한 유튜버! 내가 모르는 사이 세상은 이렇게 바뀌고 있는 것이다.

한국에서 발표된 한 통계를 읽어보니 2021년 유튜버들의 수입이 8,500억이라고 한다. 유튜버 소득 상위 1%는 약 342명으로 조사되었는데 이들의 수입이 무려 2천억 원이라니 대단한 수입이다. 그러자 성인 남녀 10명 중 6명이 유튜버를 꿈꾼다고 응답했다. 나이가 어릴수록 지망자가 많았는데, 이유를 물어보니 '관심분야가 있어서', '재미있을 것 같아서', '월급보다 많이 벌 것 같아서'라는 순위로 조사되었다.

얼마 전까지만 해도 유명 관광지에 가면 카메라를 들고 정신없이 들이대는 사람들이 있었다. 베니스에서 곤돌라를 타다가 카메라를 빠트리는 사람, 〈로마의 휴일〉로 유명한 트레비 분수에 빠지는 사람도 보았다. "아무리 블로그에 환장을 했어도 정신줄은 붙잡고 살아야지, 쯧쯧…" 하며 주위 사람들이 중얼거리며 눈살을 찌푸렸지만 그런 블로그 시대는 저물고 이제 유튜브 시대가 도래한 것이다.

그러면 기가 막힌 유튜브를 제작해서 나도 고소득 유명 유튜버가 되어 볼까나? 그런 상상의 나래는 좋지만 막상 좋은 직업이라고 달려들기에는 위험이 많기도 하다. 유튜버 하위 50%는 1년에 40만 원도 못 벌어들이는 수준이라고 한다. 최저 생활비에도 한참 못 미치는 경우다. 그러니까 모든 유튜버가 억대 수입을 올린다는 것은 환상이다.

그러나 돈벌이에 집착하지 않고 선교적 차원에서 유튜브 크리에이터가 되겠다면 얼마든지 환영할 일 아닌가? 우선 전 세계 사람들과 공유하는 동영상이라는 탁월한 매력 포인트가 있다. 또 유튜버가 되기 위한 기술은 어찌 보면 쉽고 간단하다. 스마트폰으로 촬영하고, 편집한 동영상을 유튜브에 업로드하면 된다. 편집과 업로드가 약간 어렵게 느껴지면 손자, 손녀를 동원하면 해결되는 문제다. 진짜 문제는 그걸 누가 봐주느냐이다. 홍보 분야에서 딱 걸린다. 그걸로 수입을 얻어 보겠다는 욕심을 포기하면 내가 만든 콘텐츠로 사이버 세상을 더 풍요롭게 하겠다는 생각에 이를 수도 있다. 거기다 '복음'을 실어 서비스할 수 있다면 그 이름은 유튜브 문화선교사가 아닌가?

그런 유튜브 생산작업이 불가능하면 이미 떠다니는 유튜브를 실어 나르는 일도 나쁘지 않다. 단톡방에 뜨는 유튜브 때문에 우리는 감동의 눈물을 흘릴 때가 얼마나 많은가? 그러니 부지런히 동영상을 실어 나르는 분들도 '유튜브 선교사'로 대우해 드리자. "왜 이런 걸 단톡방에 올리고 난리야!" 그러거나 말거나 그걸로 마음 뜨거워질 한 사람을 위해 서비스 비용을 받지 않고 동영상을 날라주는 유튜브 선교사! 유튜브 전성시대에 살면서 그것을 써먹을 궁리는 계속해야 한다.

"하나님 믿는데 왜 울어?"

"하나님 믿는데 왜 울어? 부친상에 눈물 보인 사실혼 배우자 때린 60대 목사"라는 헤드라인으로 기사가 떴다. 한국의 어느 신문 인터넷 판을 읽다가 내 눈을 고정시킨 제목이었다. 자세히 읽어보니 배우자를 때린 목사는 60대였고 결혼은 안 했지만 동거하는 부인을 때린 것이다. 목사가 아내를 때렸다는 대목부터 분노를 유발한다. 그 이유가 더욱 가관이다. 부인이 친정아버지가 돌아가셨을 때 화장터에서 눈물을 보였기 때문이라고 경찰에서 진술했단다. 성도라면 다른 사람이 울면 옆에서 달래주어야 할 텐데, 오히려 책망하면서 손찌검을 했다는 것이다.

이런 막가파 사람 입에 오르내리며 하나님의 이름이 굴욕을 당해도 되는 것일까? 재판과정에서 드러난 것을 보니까 지속적으로 부인을 폭행했을 뿐 아니라 살인미수죄, 인질강요죄 등의 폭력 범죄로 14차례 처벌받은 전력이 있는 사람이었다. 그러니까 전과 14범.

이런 사람에게 목사 안수를 주면서 "성부와 성자와 성령의 이름으로 안수를 주노라"고 공표했던 교단은 도대체 어느 나라에서 탄생한 교단일까? 전과기록도 살피지 않고 목사 안수를 주었다면 교단이고, 나발이고, 이걸 정상집단으로 봐야 하나?

그걸 따지기보다는, 아버지 장례식장에서 울었다는 것을 폭행할 핑계로 삼았다는 점이 또 나를 화나게 했다. 장례식장에서는 서글퍼 울고 위로해 주는 게 마땅한 정서다. 슬퍼하는 유족들을 앞에 놓고 지금 우리 곁을 떠나 별세한 사람이 천국에 갔는데 왜 눈물을 흘리느냐고 근엄하게 꾸짖는 분들이 있다. 그러면서 천국 사정을 훤히 둘러보고 엊그제 귀환한 '천국 전문가'처럼 행세하는 사람들이 있다. 그들을 보면 괜히 화가 난다. 무슨 천국 보증수표를 지갑에 숨겨 두고 다니는 척 거만을 떠는 모습이 꼴불견이기 때문이다.

장례식장에서 "아이고~ 아이고~" 하면서 옛날 한국의 운구행렬처럼 상여를 뒤따르며 베옷을 입고 곡을 하라는 게 아니다. 그렇다고 슬프기는 한데, 천국 믿음이 없다며 질타를 받을까 봐 전혀 슬프지 않은 것처럼 얼굴에 웃음꽃이 만발한 모습도 망측하지 않은가?

교회에서 하는 일이라면 거품을 물고 반대를 외치며 담임목사를 괴롭히던 장로님도 죽으면 천국환송예배, 사기 치고 온갖 거짓말을 하면서 살다가도 교회 다녔다는 사실 하나만 보고 천국입성예배, 알코올중독, 도박중독으로 인생을 험하게 살아도 교회 드나들며 세례 받고 죽었다면 그 사람을 위해서도 천국환송예배가 베풀어진다. 교회가 마치 떨이로 천국 마케팅에 열을 올리는 모습처럼 보인다. 아예 천국에서 살 곳까지 마련해 주겠다며 '천국입주예배' 혹은 '천국 신도시 정착예배'라는 말 따위가 더 매력적으로 들리지 않을까? 천국환송예배라고 이름은 붙였지만 슬픈 건 슬픈 것이다. 다시 만날 그날이 약속되었다 할지언정 이별은 슬픈 것이다. 그러면 울면 되는 것이다. 그게 장례식의 기본 모드다.

구약 창세기에서 야곱이 죽었을 때 아들 요셉이 "구푸려 울며 입을 맞췄다"라고 기록되어 있다. 예수님이 십자가에서 고난을 받으시고 돌무덤에 장사되신 안식 후 첫날 무덤 밖에 있던 막달라 마리아는 예수님의 죽음을 안타까워하며 울고 있었다고 요한복음은 기록하고 있다. 물론 마리아가 예수님의 부활을 목격하기 직전이었으니 그분이 다시 사신 것을 모르고 있을 때였다. 죽음을 안타까워하는 이 당연한 슬픔의 표현을 천국 핑계 삼아 억제시키려는 행위가 마치 대단한 믿음을 과시하려는 수단으로 오용되어선 안 될 일이다.

물론 기독교는 죽음을 절망과 끝으로 보지 않는다. 예수님은 부활하셔서 부활의 첫 열매가 되셨고, 그분은 우리를 위하여 처소를 마련하고 "나 있는 곳에 너희도 있게 하리라"고 약속해 주셨다. 사도 바울도 우리의 시민권은 하늘에 있다고 했다. 그래서 죽음을 놓고 성경은 더 나은 본향으로 가는 것이라고 말하면서 죽음에 대해 "잔다", "쉰다", 혹은 "떠난다"라는 표현을 썼다. 당연히 영생과 천국을 전제한 말들이다. 그러나 당장의 이별 때문에 슬퍼서 죽겠는데 꾹꾹 눌러 참고 천국 소망을 갖고 방실방실 웃으라면 억압이고 조작이다. 영생을 믿고 다시 만날 소망을 갖고 살아가되 상을 당할 경우 슬픔에 겨워 우는 것을 탓하지는 말아야 한다.

하나님 믿는 사람 어쩌구 하면서 상을 당해 슬퍼 우는 사람들을 놓고 '천국입성 부적격자'로 몰아붙여 자기의 부활 신앙이 수준급이라고 과시하는 사람들을 경계하자. 그걸 이유로 부인을 두들겨 패는 목사도 있다고 하니 앙천대소(仰天大笑), 언어도단(言語道斷)이다.

마우이를 위한 기도

하나님,
함부로 낙원을 입에 올린 허영심을 회개합니다.

우리는 흔히 아름답고 평화로운 땅,
그리고 부자들이 사는 곳을 낙원이라 부르곤 했습니다.
마우이를 그래서 지상낙원이라 부르곤 했습니다.

그 지상낙원을 휩쓴 강풍과 화재로
하루아침에 잿더미로 변한 처참한 고난의 현장을 바라보며
하나님, 낙원이란 말을 함부로 입에 올린 우리들의
저속하고 얄팍한 허영심을 회개합니다.

이 지상 어느 곳에 낙원이 있을 수 있겠습니까?
그걸 모르는 게 아니었지만
그냥 우리는
이 땅에서 부요하게 사는 것을 마냥 부러워한 끝에
지상낙원이란 말도 서슴지 않았습니다.

하나님, 우리들의 입에 붙은
간사하고 오만한 언어들을 교정시켜 주시고

당장 불탄 자리에서 차마 가족의 생사조차 알 수 없어
애통하는 자들에게
긍휼의 손길 펼쳐 주소서.

가게를 잃고, 교회당이 잿더미가 되고,
살던 집이 하루아침에 사라지고 말았습니다.
뼈저리게 아픈 저들의 마음 위로하여 주소서.

그 아름다운 마을에
갑자기 악마와 같은 험악한 불길이
어떻게 그리 삽시간에 불어왔는지
그 많은 것들이 왜 속절없이 재로 변하였는지
우리로서는 이해할 수 없습니다.

바다 건너 빤히 바라보이는 몰로카이 섬의 칼라우파파 해변은
다미엔 신부님이
이름 없이 죽어 가던 나병환자들을
돌보던 곳이었습니다.

마우이에서 제일 높은 산,
할레아칼라의 일출을 눈에 담기 위해
세계의 구경꾼들이 몰려오는 곳이기도 합니다.
그 평화의 나라, 마우이…

이 세상에서 제일 큰 보리수나무가
이번 화재를 견디며
타지 않고 꿋꿋하게 보존되어 있다는 뉴스가 다행스러울지라도

아직 생사여부를 확인하지 못한 수많은 죽음 앞에
그게 무슨 큰 위로가 되겠습니까?

이제 털고 일어나게 하소서.
슬픔을 딛고 그 땅에 깃들어 온
평안과 안녕이 되살아나는 날을 속히 허락하여 주소서.

낙원으로 불리던 곳이
하루아침에 폐허가 되는 것을
목격하게 하신 이유를 깨닫게 하소서.
더욱 겸손하게 하소서.
그리하여 하나님이 '만유의 주'가 되심을 알게 하소서.

힘내세요! 리키 파울러처럼

요즘 목사님들을 만나면 무슨 위로를 해야 할지 모르겠다. 모두 힘들어하신다. 힘들다 못해 건강까지 이상이 오는 분들이 많다. 입술은 부르트기 일쑤이고 어느 날 갑자기 머리칼이 확 빠져서 거의 못 알아볼 지경으로 몰골이 변해 있는 경우도 있다. 모두 스트레스 때문일 것이다. 스트레스를 안 받고 목회하는 강심장이 많지 않을 것이다. 그래서 상담도 받고, 멘토를 만나기도 하고, 수양회에 가서 심신의 피로를 풀어보려고 노력한다. 하지만 그게 어디 활명수 한 방에 체증이 쑥 내려가듯 그런 효력이 있을 리만무하다.

교회 환경이 스트레스의 주범일 것이다. 난생 처음 코비드라는 전염병 때문에 고요한 세상이 하루아침에 뒤집혔고 그 바람에 목사님들만 죽어났을 것이다. 온라인 예배를 드려야 한다고 방송장비를 구하러 아침저녁으로 뛰어다니고, 침대에서 막 일어나 잠옷 바람으로 예배드린답시고 온라인상에 얼굴을 디미는 사람을 나무랄 수도 없고, 바이러스 잡겠다고 스프레이 들고 다니며 예배당 구석구석에 뿌려대던 세월은 또 얼마나 길었는가? 설교 준비할 시간도 부족한데, 마스크를 준비하랴, 거리두기를 실천하랴, '코비드 환난시대'에 정말 코피 터지게 고생한 건 누가 뭐래도 목사님들이다.

이젠 코비드가 후퇴해서 정상으로 회복되는가 했는데, 온라인에 길들여진 교인들이 예배당 나올 생각은 안 하고 뭉그적대는 게 아닌가? 설상가상 교단은 쪼개진다고 스트레스성 가십만 난무하고 교인들이 줄어 헌금도 반쪽이 되었다. 렌트비, 교회당 페이먼트, 인건비는 변함 없고 빚을 낼 수도 없고…정말 대략난감이다.

큰 교회 사정은 좀 다르겠지만 작은 교회의 현실은 냉혹하다. 생활이 안 되어 우버 드라이버로 일한다는 후배 목사님과 통화할 기회가 있었다. "일한 만큼 보상이 있으니 생활비 걱정은 덜었어요."

어느 유명 목사님이 최근 목회자 2중직은 "먹고 사는 문제에 더 몰입하는 꼴"이라며 비판했다가 페이스북에서 뭇매를 맞았다고 들었다. 목사 월급으로 생활이 불가능한 작은 교회 목회자들은 하늘만 쳐다보다가 홈리스로 전락하라는 말인가? 길바닥에 나 앉은 홈리스 목사에게 어느 날 아침 따뜻한 우거지해장국 한 그릇이라도 갖다줄 용기는 있는가? 현실을 한참 모르는 말씀을 올렸다가 어렵게 사는 목사들에게 민폐만 끼친 셈 아닌가?

나는 전화기 속 그 후배 목사님의 목소리에서 넘치는 에너지를 느꼈다. 뭔가 위로의 말을 전하려던 내 의도가 무산되었다. 오히려 나보다 더 우렁차고 생동감이 넘쳤다. 그에게서 희망과 용기의 바이러스가 전염되는 게 느껴졌다.

지난주 PGA 로켓 모기지 챔피언십 경기에서 우승한 리키 파울러의 "나는 결코 실패를 두려워하지 않는다"는 말이 떠올랐다.

그는 지난달 LA에서 열린 프로골프 메이저대회 'US오픈'에서 3라운드까지 1등을 달리다가 마지막 날 선두경쟁을 하던 윈덤 클락에게 우승 트로피를 빼앗겼다. 4년 반 동안 우승 가뭄에 시달리던 그였으니 얼마나 간절했을까? 그것도 메이저 대회가 아닌가? 그의 승리가 예견되던 대회 마지막 날을 앞둔 인터뷰에서 파울러는 "나는 실패를 두려워하지 않는다"라고 말했다. 반드시 우승하겠다는 욕심을 내려놓고 최선의 경기를 펼치겠다는 각오였다.

그는 내가 좋아하는 골퍼 중 한 명이다. 우선 과묵하고 아무리 볼이 안 맞아도 골프채를 집어 던지거나 이빨로 골프채를 씹는 시늉을 하는 볼썽사나운 행동은 하지 않는다. 그는 의리의 사나이다. 모교를 사랑하는 마음에서 대회 마지막 날에는 언제나 오렌지색 옷에다 오렌지색 모자를 쓴다. 모교 오클라호마 대학을 상징하는 색깔이다. 그래서 "오렌지 보이"로 불린다. 그의 몸에는 외할아버지를 기리는 문신도 있다. 일본계 외할아버지와 나바호 인디언 출신 외할머니를 두고 성장한 파울러에게는 "유타카"라는 미들 네임이 있다. 골퍼로 성장하는 데 가장 큰 영향을 미친 외할아버지 이름에서 따온 말이다. 그래서인가? 그의 팔로워는 200만 명이나 된다.

그는 한때 세계랭킹 4위에서 지난해에는 185위까지 추락했다. 그랬던 그가 US오픈에서는 우승 기회를 놓쳤지만 바로 뒤에 열린 로켓 모기지 챔피언십 경기에서 마침내 우승 트로피를 들어올린 것이다. 오랜 슬럼프에서 벗어나기 위해 그는 스윙교정이나 퍼팅연습에 열중하기보다 먼저 자신감을 키우는 데 노력했다고 한다. 그래서 실패가 두렵지 않다고 고백할 수 있었던 것일까?

우승 소감을 말하는 자리에서 그는 또 한 방을 날렸다. "우승은 정말 좋지만, 삶에는 그보다 더 많은 것이 있다." 이것이 철학자의 입에서 나올 말이지 골프선수 입에서 나올 말인가? 그는 '그린 위의 철학자'가 틀림없다. 어찌 그를 싫어할 수 있겠는가?

추락과 슬럼프를 벗어나기 위해 훈련한 것이 자신감이라 하지 않았는가? 지금의 목회 현실이 파울러의 4년 5개월처럼 느껴질 수 있다. 세상 돌아가는 게 그렇지만 두려워하지 말자. 힘의 근원이신 그분을 붙들고 자신감 연습에 열중하자. 그리고 티 박스에서 냅다 골프채를 휘두르는 것이다. 실패를 두려워하면 공은 결코 뜨지 않는다. 우리 삶에는 우승보다 더 많은 것들이 존재하고 있으니까.

배신 때문에 흐르는 눈물

소련의 철권 통치자 푸틴 대통령은 지난주 등골이 오싹했을 것이다. 아마 그 후유증이 심해서 지금도 식은땀을 흘리고 있을 것 같다. 철석같이 믿었던 심복이 배신의 칼을 빼들고 모스크바로 진격해 오고 있으니 앞이 캄캄했을 것이다. 용병 기업 바그너의 수장인 프리고진이 탱크를 앞세워 우크라이나로 향하던 총부리를 180도 회전하여 모스크바로 진격하는 쿠데타가 발생한 것이다. 러시아판 '이성계의 위화도 회군'이었다. 충격의 반란이었다.

프리고진이라는 사람이 누구인가? 그는 러시아 제2도시 상트페테르부르크에서 음식장사를 하던 사람이었다. 음식솜씨가 얼마나 뛰어났던지 푸틴에게 픽업되어 그의 주방장이 되었고 푸틴이 식사할 때 살그머니 뒤에서 접근하여 빈 컵에 물을 따라주던 심복이었다. 그런데 그가 용병들의 수장이 되어 우크라이나 전쟁터에 나간 것이다. 용병들 대부분이 전쟁용으로 감방에서 풀어준 사람들이라고 하니 그 용병의 수장이었다면 인간성이 어땠을지 짐작이 간다.

전 세계는 한순간에 화들짝 놀랐다. 모든 언론들이 브레이킹 뉴스로 이 프리고진의 회군 소식을 전하기에 숨이 가빴다. '히틀러도 끝내 성공하지 못했던 모스크바 공략이 성공할 수 있을까? 어쩌면 푸틴의 23년 철권통치가 막을 내리려나?' 하면서 숨을 죽이고 지켜봤지만 드라마는 단막극으로 종치고 말았다.

프리고진이 진격을 멈추고 인접국 벨라루스로 피신한다고 전해졌기 때문이었다. 화가 머리끝까지 치밀었을 푸틴은 그를 가만두지 않겠다며 대대적인 숙청을 암시했다. 그러나 이미 엎질러진 물, 세계가 꼼짝하지 못하는 푸틴의 통치력은 한순간에 금이 가고 말았다. 단순한 수모가 아니라 세계가 주목하고 있었으니, 세계적 수모였다. 창피하고 쪽팔린 푸틴 대통령.

배신이라는 것이 어디 모스크바 근처에만 있는가? 예수님 주변에도 있었다. 첫째는 '수석 비서'였던 베드로였다. 예수님께서 "네 이름 위에 교회를 세우리라"고 하실 만큼 믿음을 주었던 베드로였건만 스승에게 배신을 때리고 말았다. 예수님이 가야바의 법정에 끌려왔을 때 "저 양반을 전혀 모른다"라고 부인했던 베드로였다.

예수님은 얼마나 서운하셨을까? 갈릴리에서부터 끌고 다니면서 먹이고 가르치며 훈련을 시켰건만 예루살렘에 와서 배신의 칼을 빼들다니! 아마 갈릴리 어부가 으리으리한 가야바의 법정 분위기 때문에 겁에 질렸을지도 모른다. 우선 모른다고 오리발부터 내민 것이다. '우발적인 몸보신용 배신'이었다.

또 하나의 배신이 있다. 이건 '전략적인 금융사기형 배신'이었다. 가룟 유다였다. 아주 치밀하게 전략을 짜고 돈으로 타협을 시작한 지능적인 배신. 예수님은 돈 때문에 선생을 팔아넘긴 가룟 유다의 금융사기 희생자가 되고 말았다.

배신의 결과는 어땠는가? 베드로는 땅을 치고 자신의 배신을 후회하며 회개했다. 그래서 지금 예루살렘 시온산 기슭에는 '베드로 통곡교회'가 서 있다. 베드로의 회개를 기념하는 예배당이다. 만약 베드로가 자신의 배신을 회개하지 않았다면 기독교는 어찌 되었을까? 아마 로마의 베드로 성당도 백지화되었을 것이고, 역사 대대로 내려오는 교황들은 이 세상에 존재하지 않을지도 모른다. 가톨릭에서는 베드로를 1대 교황이라고 주장하고 있으니까.

베드로와 달리 유다는 회개의 기회를 놓치고 말았다. 그는 예수님의 열두 제자라는 영광스러운 명예를 돈 때문에 팔아넘기고 회개마저 포기하는 바람에 처참하고 비극적으로 인생을 마감하고 말았다. 만약 유다 역시 회개하고 비아 돌로로사를 주님과 함께 걸었더라면 아마 지금 '세인트 주다'로 추앙받을 것이고 유다(Judas)라는 교회 이름이 세상에 넘쳐날지도 모른다. 그의 배신 드라마는 시작은 좋았지만 죽음으로 끝난 비극이 되고 말았다.

배신이 어디 예수님 주변에만 있었는가? 인간관계에서 우리는 지금도 수많은 배신을 경험하고, 나도 모르게 내 이웃을 배신하며 사는 경우마저 허다하다. 내가 신의를 저버리는 배신을 때렸다면 우리에겐 두 가지 길이 있다. 베드로처럼 회개하느냐, 아니면 유다처럼 깔아뭉개고 끝내 배신자로 사느냐다.

특별히 이민교회는 성도와 성도끼리, 목회자와 성도끼리 배신으로 얼룩지는 경우가 많다. 개척교회나 작은 교회 목사님들은 교인 한 가정이라도 붙잡으려고 이민 올 때 공항에 가서 이민 가방을 날라주고, 영어를 못해 더듬대는 성도들을 붙잡고 관공서를 찾아다니며 문서 작성해주고, 급할 때는 없는 돈 모아서 성도들에게 돈을 꾸어 주는 경우도 있다. 성도들과의 금전거래는 절대 금물이라고 하지만 금방 죽게 되었는데 모른 척하고 지나칠 목사님이 어디 있겠는가?

돈도 떼이고 그렇게 정성들여 보살펴 왔건만 몇 년 지나면서 큰 교회가 편하다는 장점을 깨달은 뒤 바람처럼 사라지는 교인들을 바라볼 때 배신감을 느끼는 것은 당연지사다. 법을 들이대서 해결될 수 없는 그 배신감 때문에 흐르는 것은 눈물뿐이다. 그래서 "이민목회는 눈물의 목회"다. 프리고진이라는 사람처럼 정치하는 사람들에게 배신이란 밥 먹듯 해야 살아남을 수 있는 생존법인지는 잘 모르겠다. 그러나 우리 믿음의 공동체에서 배신은 우리 가슴속에 내주하고 계시는 주님의 마음을 아프게 하는 일이다. 그러니 베드로의 길과 유다의 길 중에서 어느 길이 주님이 기뻐하실 길인지를 분별하며 살아가자.

별세한 팻 로버트슨 목사님

CBN(기독교방송네트워크) 설립자인 팻 로버트슨 목사가 향년 93세로 2023년 6월 8일 버지니아 비치의 자택에서 별세했다. 그는 해병대로 한국전쟁에 파견되어 군대생활도 했다. 예일대 법대 출신으로 뉴욕신학교에서 목회학 석사를 받았다. 비영리 기독교방송국 CBN을 설립하여 간판 프로그램인 '700클럽'(The 700 Club)을 55년간이나 진행해 왔다. '700클럽'이 가수들이나 데려다가 노래시키고 신변잡기나 늘어놓는 너절한 방송이라고 꼬집는 이들도 많았지만, 어쨌거나 55년을 이끌어 온 점은 장한 일이다.

CBN은 지금도 24시간 기도 서비스와 함께, 200개 국가에 122개 언어로 번역된 케이블 방송 및 위성 프로그램을 제공하고 있는 중이라고 한다. 또 그는 고향인 버지니아 비치에 기독교 사립대학인 리젠트(Regent) 대학교를 설립하여 총장 겸 최고 경영자로서 대학을 이끌기도 했다.

1986년 그는 공화당 대통령 후보 지명전에 뛰어들었으나 조지 부시 대통령에게 지고 말았다. 그 후 보수 개신교 정치 옹호 단체인 '기독교 연합'(Christian Coalition)을 창립하기도 했다.

대충 훑어봐도 대단한 인물이다. 그러나 로버트슨 목사가 더 유명한 것은 그의 독설 때문이다. 기독교 근본주의자였던 그에게는 '극우 목사'라는 별명이 붙어 다니곤 했다. 그래서 이분의 특징은 반공, 반동성애, 반이민, 반UN, 반유대주의, 반가톨릭, 반유색인종…눈꼴사나운 것은 모두 반대로 몰고 나갔다. 한때는 세계 종말의 때를 알고 있다는 헛소리를 했다가 나중에 아무 일도 일어나지 않자 망신을 당하기도 하고, "우고 차베스를 암살하자"라는 엉뚱한 소리도 했다.

로버트슨 목사는 9.11 테러가 발생했을 때 "미국이 동성애, 낙태, 여권운동가, 이교도를 받아들인 당연한 대가"라고 심한 말도 서슴지 않았다. 허리케인 카트리나가 루이지애나에 찾아온 것은 동성애에 대한 하나님의 심판이라는 말도 했다. 여기서 주고받는 말들이 설화를 불러오곤 했다.

방송 마이크에 대고 주섬주섬 늘어놓는 말이 독화살이 되어 정치적으로 비화되고 미국 사회를 둘로 갈라놓는 분열의 기수로 변했다. 그가 기독교 보수주의를 위해 공헌한 장점들이 그런 독설로 모두 반감되었다.

이런 근본주의 보수 꼴통 목사님에게서 뭘 배울 게 있냐고 그냥 넘어갈 수도 있다. 그러나 내 생각엔 한 가지 배울 점은 있다고 본다. 확실한 자기 목소리, 바로 그것이다.

양심에 따라 자신의 신앙적 입장을 선명하게 드러내는 용기는 사실 그리스도인 모두에게 요구되는 필수 덕목이다. 다만 그 용기가 극단주의에 치우쳐 독선과 편견으로 가득하다면 제2의 팻 로버트슨이 될 수는 있다. 그러나 점점 늘어나고 있는 '숨어 사는 그리스도인들'보다는 훨씬 더 복음적이다.

기독교는 순한 양이나 몰고 다니는 목동 교회가 아니지 않은가? 우리는 상처받은 영혼들을 위로하고 치유하고 격려하는 사역을 한다. 미주 한인교회나 한인교회 목사님들의 주특기다. 다른 하나는 하나님의 뜻을 선포하고 그 뜻에 순종하여 하나님 나라를 만들어가고 이를 막아서는 이들에게 심판을 선포하는 사역이다. 안타깝게도 이 부분은 약하다. 광야에서 외치는 예언자적 목소리는 거의 들리지 않는다. 그냥 시대적 풍조에 순응하고 조용히 동화되거나 침묵하는 정도, 굳이 옳고 그름을 따져보려고 덤비지 않는다. 나 역시 무슨 선지자인 양 이런 말을 함부로 쏟아내긴 하지만 솔직히 말해 사랑과 공의, 이것을 한 몸에 실천하기가 그리 밥 먹듯 쉬운 일인가?

그럴지언정 고민은 해보자. 세상에서 좋은 게 좋은 거라고 적당히 묻고 지나가는 우리들의 영적 게으름과 타협주의, 혹은 혼합주의가 기독교를 회색지대로 몰아가고 있지 않은가? 예수님도 바리새인들을 향해 "독사의 자식들!"라고 분노하시면서 독설을 날리셨다. 이 말씀이 우리들의 천박한 언어생활을 합리화하는 데 악용될 소지가 있기는 하다. 그러나 그분의 거룩한 분노에 주목하자.

교인들에게 빡세게 질책할 것은 질책하고, 울어야 할 때 함께 울어주는 목사님이 존경스럽다. 목사가 싸움꾼이 되라는 주문이 아니다. 잘못은 매몰차게 지적해 주고 실패와 실수는 보듬어주고 용서해주는 따뜻하면서도 엄격한 목사님이 그리운 것이다. 교회가 두 쪽이 나더라도 내 신앙 양심상 이건 더 이상 용납할 수 없다고 지조를 지키는 예언자적 목사님이 흔치 않아 보인다. 천편일률적으로 순하고 얌전한 목사님들만 넘친다.

팻 로버트슨 목사는 지나친 독설로 이 세상 많은 곳에 상처를 주긴 했지만 자기 소신에 따라 정체성을 드러내는 일에 주저하지 않았다. 나는 근본주의 근처에 살라면 숨이 막혀서 기절할 사람이다. 그래도 배울 점은 있다.

미국 기독교 역사에 한 획을 긋고 별세한 로버트슨 목사님이 하늘나라에서는 독설 대신 포용과 조화를 표방하며 백인종만 챙기는 게 아니라 유색인종도 두루두루 살피는 포용주의자가 되었으면 좋겠다. 독설로 인한 스트레스에서 해방되어 그 나라에서는 참된 안식을 누리시기를….

자이언 캐년에서 눈물이 나다

30년 만에 자이언 캐년 국립공원에 갔다. 우리는 미국식으로 "자이언", "자이언" 하지만 우리말로는 시온(Zion)이다. 시온이란 구약성경 시편과 이사야서에 많이 나오는 말로서 예루살렘 성전이 있는 작은 언덕을 가리킨다. 현재 시온산에는 베드로 통곡교회, 마가의 다락방, 다윗의 묘가 있다. 자이언 캐년을 우리말로 풀어보면 '시온의 골짜기'라는 말이다. 그런데 지금의 예루살렘 시온산과 자이언 캐년을 비교하면 이름만 같을 뿐이지 초가집과 궁궐의 차이라고나 할까? 우선 크기가 비교가 안 된다. 적갈색 사암들이 거대한 병풍처럼 하늘을 찌를 듯 우뚝 솟아 있는 장엄한 자이언 캐년의 경관은 보는 사람들의 숨이 막힐 정도로 중압감을 자아낸다.

브라이스캐년, 그랜드캐년과 함께 미국 서부 3대 캐년 중 하나인 이곳은 우리 한인들도 몇 년에 한 번씩은 찾는 곳이다. 한국에서 온 친척들이 가자고 졸라대는 이유 중 하나다. 그런데 나는 30년 만이다. 지금은 어른이 된 초등학생 두 아이를 끌고 예전에 공원 입구에서 캠핑을 했었다. 그때는 한적한 국립공원이었다. 지금은 180도 달라진 모습이다. 우선 공원을 도는 셔틀버스를 타지 않고는 주차할 곳을 찾을 수 없다. 시스템도 달라지고 사람은 얼마나 많은지···.

그래도 여기까지 왔으니 하이킹은 해야지 하고 비교적 어렵지 않은 리버사이드 하이킹 코스를 택해 걷기로 했다. 캐년을 가로지르는 버진 리버(Virgin River)를 따라가는 코스다. 생각했던 것보다 강물이

제법 세게 흐르고 있었다. 하이킹을 하면서 압도적인 자세로 나를 내려다보고 있는 거대한 바위들이 내게 말을 걸었다. "아니, 30년 동안 뭐하고 이제 왔냐? 그동안 뭐해 먹고 살았는데? 살기는 잘 살고? 착하게 살려고 노력은 했겠지? 남에게 사기 친 건 없고?" 표정 하나 까딱하지 않고 이렇게 바위들이 말을 걸어오는 바람에 하이킹 코스가 참회 코스로 바뀌려는 순간이었다. 스페인의 '산티아고 순례길'이 따로 없었다. 내 인생을 되돌아보는 묵상 코스로 변했다.

나는 이민 와서 지금까지 잘 살아온 것일까? 30년 만에 만난 이 거대한 바위들은 변하지 않고 한결같이 자기 자리를 지키고 있는데 나는 지금 어떻게, 얼마나 많이 변한 모습으로 이들 앞에 서 있는가? "응답하라"고 마음속으로 소리치고 있었다. 30년 전과 얼마나 다른 모습이 되어 이곳에 서 있는지 응답하라고…. 분명한 것은 눈도 흐려지고 허리도 구부정한 노인으로 변해 있다는 점이었다. 싫어도 어쩔 수 없는 노릇이다. 주름살과 검버섯도 늘어나고 벌써부터 야간운전을 꺼리는 노인네가 되었다. 또 30년 전에는 제법 꿈에 부풀어 있었다. 그런데 나는 지금 무슨 꿈을 꾸고 있는가? 이민 올 때 가슴에 품었던 그 파아란 꿈은 허공에서 부서져 물거품이 된 것일까?

시온의 골짜기 바위들은 변해 버린 내 모습에 그냥 '노코멘트'였다. 이제는 인생의 사양길이라 마음먹고 점점 포기하고 단념하는 것에 익숙해지고 있는 나에게 더 이상 아무 말도 걸지 않고 그냥 내려다 볼 뿐이었다. 네가 알아서 네 꼬라지를 파악하라는 눈치였다.

자이언 캐넌 여행 중에 한국 사는 내 절친의 생일이라고 카톡이 일러 주었다. "생일 축하한다, 친구야!"라는 멘트로 시작하여 생일 축하 메시지를 보냈다. 응답이 왔다.

"우리의 시간은 어디쯤 머물고 있는 걸까? 귓전에 아직도 들리는 듯 그대 목소리…친구가 좋아 마음 닿는 곳이면 함께 걸었던 길, 갈현동교회, 서대문 기숙사, 종로길 갈릴리다방, 명동 바로크 음악감상실, 삼청동길, 정동길, CBS 방송국, 대학로, 수유리…우리의 발자취 닿지 않는 곳이 없었던 그 수많은 길들, 그 길을 지금은 누가 걷고 있을까…" 아니, 문단 근처도 가 본 적이 없는 이 친구가 언제 시인이 되어 자기 생일날 나를 울리는 걸까? 오밤중에라도 벌떡 일어나 가고 싶은 곳이라면 함께 달려나가던 그 수많은 곳들을 떠올리니 저절로 그리움의 눈물이 흘렀다. 확실히 나는 늙었나 보다.

돌아오는 길에는 차에서 쉬지 않고 음악이 흘러나왔다. 운전사로 채용(?)되어 여행길 기사로 변신한 딸이 틀어주는 음악이었다. 딸은 요즘 넷플릭스에서 "응답하라 1988" 드라마를 보고 뿅 간 수준이다. 여행길에서도 그 드라마 OST만 흘러나왔다. 공짜 운전사로 채용했으니 꼼짝없이 들어주는 수밖에 없었다. 그런데 그 노래 중에 〈걱정 말아요 그대〉라는 노래 가사가 내 가슴을 울렸다.

　　　지나간 것은 지나간 대로 그런 의미가 있죠.
　　　우리 다 함께 노래합시다. 후회 없이 꿈을 꾸었다 말해요.
　　　새로운 꿈을 꾸겠다 말해요.

후회 없이 꿈을 꾸었지만 꿈을 꾼 만큼 이루어진 것은 무엇일까? 아무 결실이 없고 무엇 하나 자랑할 일이 없어도, 새로운 꿈을 꾸겠다고 말하라고? 지금 이 나이에 새로운 꿈을 꾸라고?

소설가 황순원 선생님이 "자네는 좋은 시인이 될 거야" 하셨는데, 그 꿈을 다시 꾸어 볼까? 화가가 되겠다고 감신대에 중퇴 선언을 했을 때의 그 꿈을 다시 꿔도 될까? 하기야 나이 80에 시집을 내고 출판기념회를 여는 노인네들이 허다한데 벌써 인생 종친 것처럼 늙은이 타령을 하고 있다니! 시온 골짜기의 바위들은 아마도 내게 그런 말을 하고 나를 집으로 돌려보낸 것 같다. "새로운 꿈을 꾸겠다고 말하라고…" 그래, 새로운 꿈을 꾸어 보자. 내 나이가 어때서?

"롱 타임 노 씨"가 유해한 말이라고?

"롱 타임 노 씨"(long time no see)가 중국인과 원주민을 비하하는 말이란다. 나는 처음 듣는 말이다. 오랜만에 만나는 사람들에게 나는 "롱 타임 노 씨"라며 악수를 청하곤 한다. 영어를 꽤나 잘하는 척 써먹어 온 말이다. 그런데 스탠포드 대학교가 그런 편견이 배어 있는 말은 사용 금지해야 한다고 들고 나왔으니 나 같은 사람은 놀랄 수밖에…. "오랜만이야"라는 이 말은 "好久不见"이라는 중국어를 직역한 말로 중국 이민자들이 영어를 단순화시켜 사용하면서 유래되었다고 한다. 그러니까 콩글리시가 있듯이 '칭글리시'인 셈이다.

스탠포드 대학교가 '유해한'(harmful) 단어라고 웹사이트나 정보통신 분야에서 금지해야 마땅하다고 지적한 단어는 그것뿐이 아니다. "인디언 썸머"(Indian summer)도 있다. 이젠 더위가 물러가나 싶은 10월 초에 느닷없이 닥쳐오는 폭염을 두고 우리는 인디언 썸머라고 부른다. 이것은 '게으른' 북미 원주민(Indians)에 대한 백인의 편견을 담고 있는 말이라서 부당하다는 것이다. 오래전부터 이 말을 바꾸자고 온라인에서 시끌벅적했던 적이 여러 번 있었다. '요주의 위험인물 명단'이라는 '블랙리스트'(blacklist)도 '흑인', '블랙'에 대한 차별적 시각을 담고 있어 금지되어야 한다고 했다.

더한 말도 있다. 우리는 "유 가이즈"라는 말을 얼마나 흔하게 듣고 사는가? 표준말만 골라 써야 하는 주요 지상파 아침뉴스 시간에도 앵커들은 "유 가이즈"를 수없이 써 댄다. 그런데 그것도 금지어라고? 여러 명의 상대방을 지칭할 때 쓰는 "you guys"라는 말은 '가이'라는 말 때문에 사실은 기분 나쁘게 들릴 수도 있다. 가이란 "녀석, 놈", 그러면 "유 가이즈"는 "네 놈들, 네 녀석들"로 들릴 수 있기 때문이다. 그러나 이건 상대방을 낮추거나 욕하는 것이 아니라 오히려 친근하게 상대방을 부를 때 쓰는 말로 통용되고 있다.

그런데 스탠포드 대학교가 문제 삼는 말은 '가이'라는 말이다. 즉 "가이란 남성 위주, 또는 남녀 양성적인 성 정체성만 반영한다"는 이유로 금기어에 포함시킨 것이다. 흔히 연설을 시작할 때 "신사 숙녀 여러분"(ladies and gentlemen)이란 말을 사용하는 것도 성(性) 정체성을 강조하는 말이라서 그냥 "everyone"으로 바꾸라고 했다.

이런 스탠포드 대학교의 황당 발표에 〈월스트리트 저널〉이 시비를 걸고 나왔다. "그러면 미국인을 지칭하는 아메리칸"이란 단어도 금지어가 되어야 맞지 않나? 왜냐하면 남북 아메리카에는 무려 42개국이 있는데 유독 미국 혼자 독불장군식으로 아메리칸이란 말을 독점하는 것은 미국이 가장 중요한 나라인 것을 암시하는 말이라는 것이다. 그래서 아메리칸은 "US 시티즌", 즉 미국 시민이란 말로 바꿔야 된다고 맞받아치고 나온 것이다. 인종편견이나 성 불평등을 암시하는 말들은 당연히 유해단어로 금지시켜야 마땅하다는 원론에는 동의하지만 그것이 스탠포드의 주장대로 먹혀 들어갈까?

교회로 시선을 돌려보자. 기독교인 장례식에 가서 "고인의 명복을 빕니다"라고 했다가는 "아이고! 그건 불교용어예요. 어디 교회에 와서 그런 말을! 제발 말조심, 용어 조심하세요"라는 말을 들으며 무식하다고 핀잔의 대상이 된다. 기독교로 귀의했다는 말을 썼다가도 "아이고, 귀의가 뭡니까? 그것도 불교용어예요"라고 구박을 받는다.

우리가 잘못 쓰고 있는 교회 용어가 어디 한두 개인가? 제일 흔히 쓰는 말이 교회당을 두고 "성전"이라고 부르는 말이다. 옛날 예루살렘 성전을 지은 솔로몬의 정성 못지않게 이민 와서 피땀으로 모은 헌금으로 근사한 예배당을 세워 놓았으니 심정적, 상징적으로는 솔로몬의 예루살렘 성전 저리 가라는 마음일 것이다.

그래도 따질 건 따져야 한다. 우리가 지은 예배당이 성전인가? 아니다. 이스라엘 민족의 광야시대에 성막이 발전하여 예루살렘 성전이 되었고 무너진 성전은 헤롯이 다시 재건하는 부산한 과정을 거치기는 했건만 지금 남아 있는 것은 "웨스턴 월"밖에는 없다. 역사 속으로 사라졌다. 그러므로 우리가 지금 하나님을 예배하기 위해 지은 예배처소는 예배당, 교회당이라고 불러야 맞는 말이다.

성가대가 아니라 "찬양대", 소천이 아니라 "별세", 영결식이 아니라 "장례예식", 증경회장 대신에 "전 회장", 이렇게 바꿔 써야 마땅하다고, 외쳐도 바뀌는 기색이 없다. 내 갈 길을 가련다 식이다.

"롱 타임 노 씨"나 "유 가이즈"란 말이 정말 미국인들의 금지어로 등극할 수 있을까? 내 생각은 '아니올시다'이다. 그러나 교회에서 쓰는 용어만큼은 힘들어도 개선해 보도록 노력해야 한다. 목사님 장례식에 가서 목사님의 명복을 빈다는 말은 다른 말로 바꾸자. 예배당을 "성전"이라고 불러야 한다면 목사님을 "제사장"이라 부를 참인가?

"예배당이든, 성전이든 서로 의미만 통하면 됐지, 뭘 그리 고시랑고시랑 하며 옳고 그름을 따집니까? 믿음, 그거 하나면 되는 거 아닙니까?" 사실 그 말도 100% 틀린 말은 아니지만 유명한 하이데거 선생님이 "언어는 존재의 집"이라고 했다. 무슨 말을 골라 실천에 옮기느냐에 따라 고상한 그리스도인이 될 수도 있고, 품격 없는 싸구려 그리스도인이 될 수도 있다는 말 아니겠는가?

애즈베리 리바이벌

자고 나면 총기 난사, 자고 나면 경찰폭력, 자고 나면 푸틴의 잠꼬대 비슷한 핵무기 위협설, 자고 나면 역대급 강추위 소식이 들린다. 자고 일어나기가 싫어진다. 릭 워렌 목사가 키워놓은 새들백교회가 여성목사 안수를 줬다고 침례교단이 제명할 거라는 시시껄렁한 뉴스만 넘치는 판에 그래도 미주 한인들이 튀르키예 강진에 화들짝 놀라서 여기저기 성금을 보내는 모습은 우리의 가슴을 덮여주는 A급 뉴스다. 역시 인류애에 둘째가라면 서러워할 코리언들이다.

그런데 그것보다 더 뜨겁고 감동적인 뉴스가 터져 나왔다. 바로 애즈베리 대학교에서 일어난 '성령 폭발' 소식이다. CBN 뉴스는 지난 주말 2만 명이 참가하는 '성령 폭발 집회'가 열렸다고 보도했다. 방송은 폭발이란 뜻의 "익스플로전"(Explosion)이라고 표현했다. 일부 언론은 "애즈베리 아웃포어링"(Outpouring)이라고 썼다. 성령의 역사가 거침없이 분출되었다는 말이다.

"애즈베리 리바이벌"이란 말로 총칭되는 이번 성령집회는 켄튀르키예 주 윌모어에 있는 애즈베리 대학교에서 일어났다. 애즈베리는 기독교 대학이다. 지난 2023년 2월 8일 수요 예배에서 시작된 부흥의 불이 뜨겁게 타오르더니 이제는 애즈베리 캠퍼스 밖으로 계속 확산되고 있다. 학생, 학교 스텝 등 100여 명의 예배 참가자들이 교내 휴즈 강당에서 회개하고 용서하며 뜨겁게 기도하기를 시작하더니 밤을 지새우며 이 집회는 계속되었다. "하나님의 사랑을 경험하라"는 것이 이 집회의 주제였다.

주말에 이르자 1,500석의 휴즈 강당이 꽉 찼고 660석의 에스테스 채플, 350석의 매케나 채플도 만원사례가 되었다. 일주일째 되던 지난 2월 14일에는 2만 명의 인파가 몰려 캠퍼스 내 잔디밭, 5개 캠퍼스 건물도 부족해서 인근의 연합감리교회와 빈야드 교회당까지 들어차게 되었다. 이 집회에 참석하려는 사람들의 긴 행렬로 교통이 마비되고 윌모어 도심에는 2.5마일에 이르는 차량이 줄을 서기도 했다.

이번 아웃포어링에는 소셜미디어가 큰 몫을 했다. 예배와 기도의 모습이 동영상으로 재빠르게 전달되었다. 그러자 하와이, 매사추세츠, 일리노이, 미네소타, 테네시, 인디애나에서 "나도 그 집회에 참석하고 싶다" 하며 먼 길을 달려온 것이다.

왜 이런 놀라운 일들이 벌어진 것일까? 바로 '영적 갈급함' 때문이었을 것이다. 목마른 사슴이 시냇물을 찾는 그 갈증 때문이었을 것이다. 영적으로 이 세상이 '빈 들'이 되어가고 있다는 증거일 것이다. 자유와 탐욕만이 넘치는 세상, 나를 건드리면 눈곱만큼도 용서할 수 없다고 덤비는 병적인 이기주의, 사랑은 고사하고 용서와 관용을 찾아보기 힘든 살벌한 세상. 먹고사는 건 해결되었지만 영혼은 마른풀처럼 죽어 가고 있다는 증거 아닌가? 세속화를 막아내지 못하는 교회의 영적 나태함에 대한 자책 때문인지도 모른다.

애즈베리 부흥은 이번이 처음은 아니다. 1905년과 1908년을 비롯해, 1950년과 1958년, 그리고 1970년 등 반복적으로 예배와 기도 운동, 즉 "애즈베리 리바이벌"이 자발적으로 일어나 주변으로 전파된 적이 있다. 특히 1970년에 일어난 리바이벌은 144시간 동안 쉬지 않고 예배를 드렸고 2,000여 명의 전도팀이 전국의 교회 및 130개 대학 캠퍼스로 퍼져나간 영적 폭발 사건이었다.

우리에겐 "원산 대부흥"과 "평양 대부흥"의 역사도 있다. 원산 대부흥은 1903년 8월 로버트 하디 선교사가 인도한 부흥회에서 성령의 역사가 나타나 1만여 명이 죄를 회개하고 예수 그리스도를 영접한 사건이다. 올해는 원산 대부흥 120주년을 맞는 뜻깊은 해다. 하디의 영적 각성운동은 1906년 평양 대부흥으로 이어졌다. 3만 명이 회개하고 복음을 영접한 놀라운 부흥운동이었다.

또 우리는 1973년 5월 여의도 "빌리그래함 전도집회"를 기억하고 있다. 한국 개신교 역사의 전환점이 된 집회였다고 평가받는 그 집회의 참가인파는 무려 120만 명, 결신자만 1만 6천여 명이었다. 그 "빌리그래함 전도집회"도 올해로 50주년을 맞는다.

그래서인가? 금년의 애즈베리 부흥운동이 더욱 의미 있게 우리에게 다가오고 있다. 빈 들 같은 요즘 세상에 놀라운 성령의 역사가 불길처럼 훨훨 퍼져나갈 것이란 기대감을 갖게 된다. 에즈베리 대학교 총장 케빈 브라운 박사는 "지난 몇 주 동안 나는 우리 학교에서 일어난 놀라운 리바이벌의 역사를 부흥, 갱신, 혹은 영적 대각성, 성령의 쏟아 부음, 그 무엇으로 표현해야 할지 모르겠지만 우리는 이 운동의 소유자가 아니다. 이미 이 운동이 미국 전역과 전 세계로 확산되고 있다. 우리의 바람은 교회와 많은 대학, 믿음의 공동체가 이 운동의 공동 운영자가 되어 젊은이들이 변화받고 이 어두운 세상을 밝은 빛으로 섬기는 것"이라고 말했다. 유튜브나 SNS에서 애즈베리 리바이벌에 참가한 사람들은 한결같이 "그곳에서 특별한 평안을 느꼈다"라고 했다. 또 "성령의 임재를 느꼈다", "회개했다"라고 쓰고 있다.

그 애즈베리 성령의 바람이 봄바람처럼 내게도 불어와서 내 가슴도 뜨거워졌으면 좋겠다. 더구나 지금은 사순절이 아닌가?

드라마 〈일타 스캔들〉과 전도서 11장 1절

요즘 재밌게 보는 한국 드라마가 있다. 넷플릭스가 영어 자막까지 깔아주는 것은 고사하고 아주 넷플릭스 오리지널이라고 해서 자기네들이 제작한 한국 드라마와 영화들이 즐비하다. 그중 내가 보는 드라마 이름은 〈일타 스캔들〉, 영어로는 "Crash Course in Romance"다. 지난주 8회까지 나왔다. 우선 이 드라마를 보면서 느끼는 것 3가지가 있다. 첫째로 전도연이란 배우는 연기를 참 잘한다는 느낌이다. 둘째로 한국은 여전히 입시지옥이란 것을 실감하게 한다. 셋째로 "네 떡을 물 위에 던지라"는 전도서 기자의 말은 과장된 거짓말이 아니고 진리라는 점이다.

'일타'란 우선 '1등 스타' 강사를 줄인 말이다. 대한민국 사교육 1번지에서 일등스타 강사가 된 주인공(배우 정경호)과 그 동네 '국가대표 반찬가게' 여사장(배우 전도연)의 로맨틱 코미디 휴먼 드라마다.

일타 강사는 우선 강남에 건물 몇 채를 갖고 있고 BTS가 안 부러운 인기를 누리는 수학 천재다. 그런데 이 남자에게도 문제가 있다. 밥맛이 없어 늘 빌빌대는 게 문제다. 인간의 소화 기능을 고려하지 않은 빡빡한 스케줄에 공허감, 압박감, 불안감을 안고 살다 보니 제대로 된 식사를 못하고 산다. 먹는 게 보통 까탈스러운 게 아니다.

그런데 학원 근처 '국가대표 반찬가게' 음식만 먹으면 신기할 정도로 밥맛이 땡긴다. 소화도 잘된다. 이 집 반찬은 그야말로 꿀맛이다. 그래서 잠도 잘 잔다. 불면증도 날릴 수 있다.

이 스타 강사에겐 춥고 배고팠던 어두운 과거가 있다. 지금은 금수저지만 흙수저로 태어났다. 가난뱅이 학생이었다. 고시촌의 '선이네 고시식당' 주인 정영순 아줌마는 이 가난한 고시생을 살뜰하게 챙겨주었다. 사람은 뜨신 밥맛으로 산다며 공짜 밥은 예사고, 늘 맛있는 반찬으로 배를 채워 주었다. 미안해할까 봐 타지도 않은 생선을 타서 주는 거라고 핑계 대며 그냥 가져다준다. 돈이 없어 고개를 푹 숙이고 식당 앞을 지나칠 때면 불러서 밥을 먹여 보낸다. 그 고난의 어린 시절, 그 고마웠던 식당 아줌마의 밥맛은 결코 잊을 수가 없다. 손맛 좋고 마음씨는 더 좋은 그 아줌마는 일타 강사 최치열의 고마운 은인이었다.

산전수전을 다 겪고 그 가난뱅이 학생은 어느덧 연평균 1조 원의 경제가치를 창출한다 하여 "1조 원의 남자"로 성공을 누린다. 그리고 그 성공남이 국가대표 반찬가게의 음식이 바로 그 고시식당 아줌마의 음식솜씨 그대로인 것을 알아차리게 된다. 국가대표 반찬가게의 남행선 사장은 고시식당 아줌마의 딸이었다. 엄마로부터 음식 맛을 전수받아서일까? 그 여사장은 일타 강사가 일하는 '더 프라이드' 사설학원에 다니는 여고생 딸을 두고 있다. 일타 강사가 아직 눈치 채진 못했지만 사실 그 여고생은 진짜 딸이 아니다.

언니가 어머니에게 던져두고 사라진 손녀이자, 자기에겐 조카뻘이다. 그 조카와 아스퍼거 증후군을 앓고 있는 남동생을 남겨놓고 어머니는 교통사고로 세상을 떠났다. 언니의 딸을 자신의 딸로 호적에 올려 키우는 이모, 가족을 위해 국가대표를 내려놓은 불운의 운동선수. 사랑의 그릇이 큰 여자였다. 참 없어 보이는데, 정말 있어 보이는 사람, 고단함과 질척거림에 휘둘리지 않는 '천사표 미혼모'였다. 그 남행선이 자신이 은혜를 입었던 고시식당 주인의 딸이란 걸 알게 된 일타 강사는 차곡차곡 자기가 받은 은혜를 딸에게 되갚기 시작한다. 반찬가게 전세금도 반으로 깎아주고 에어컨이 없는 집에 고급

에어컨도 달아준다. 나머지 로맨스는 어떻게 전개될지 지켜봐야 한다. 9회가 기다려진다.

어머니가 물 위에 던진 떡을 여러 날 후에 도로 찾아온 셈이다. 개역성경의 전도서 11장 1절 말씀은 "너는 네 떡을 물 위에 던져라 여러 날 후에 도로 찾으리라"고 되어 있다. 리빙바이블 말씀은 좀 더 이해가 쉽다. "너는 물질을 후하게 나누어 주어라. 언젠가는 그것이 너에게 되돌아올 것이다." 쉬운 성경은 좀 다르게 번역되었다. "씨앗을 물 위에 던져라. 수일 후면 수백 배로 거두게 될 것이다." 번역은 약간씩 달라도 뜻은 동일하다.

이 드라마를 보면서 물질로 긍휼을 베푸는 자의 열매는 언젠가 자녀들에게 수백 배가 되어 되돌아온다는 것을 다시 깨닫게 된다.

우리들의 현실은 어떤가? 교회의 영원히 변치 않는 구호는 사랑이다. "그중에 제일은 사랑이라"고 하며 사랑, 사랑이 입에 붙었다. 그러나 떡으로 표현되는 물질을 물 위에 던지듯 하는 나눔이 없다면 그것은 사랑 타령에 불과하다. 내가 아는 분 중에 세계에 흩어진 선교사 가족들을 돕는 일이라면 가진 것을 탈탈 털어 돕지 못해 안달인 장로님이 계시다. 그분을 보며 그런 생각을 한다. 긍휼히 여기는 마음도 하나님이 주시는 은혜요, 하나님의 마음을 품게 되니 저런 밑지는 장사도 기쁨으로 감당할 수 있을 것이라고.

그런가 하면 교회 헌금을 몇백만 불씩 교회 통장에 쟁여놓고도 말로만 사랑, 사랑이 관념화된 교회들도 있다. 사랑의 반대말은 미움이 아니라 무관심이라고 한다. 내 가정, 내 교회란 두 가지 울타리 밖으로는 나가지도 않고 관심도 없는 사람들이 대부분이다.

그러나 우리는 달라야 하지 않을까? 지금 누가 춥고 배고파하는지, 누가 밖에서 울고 있는지, 그런 신음소리 따위는 전혀 못 들은 척, 못 본 척 지나치는 사람들이라면 누가 그들을 그리스도에게 속한 사람들이라 말할 수 있을까?

교회가 싸워야 할 '치매마귀'

2010년에 개봉한 이창동 감독의 영화 〈시〉(詩)에서 주인공 미자는 〈아네스의 노래〉라는 제법 긴 자작시를 담담하면서도 서글픈 목소리로 읊으며 영화의 끝을 알린다. 손자의 성폭행 연루 소식에 자신의 알츠하이머병 진단까지 전해 들은 미자가 그저 아름답게 바라보려던 세상의 고통스러운 현실을 꾸역꾸역 받아들이며 적은 글이다.

영화 속의 미자를 연기했던 배우 윤정희 씨가 지난주 파리에서 세상을 떠났다. 사망 원인은 알츠하이머. 알츠하이머를 연기하다 결국 그 병으로 세상을 떠났다니 아이러니가 아닐 수 없다. 2016년 데뷔 50주년 기념 인터뷰에서 그는 이렇게 말했다고 한다. "전 항상 영화 속에서 살고 있어요. 저는 하늘나라에 갈 때까지 영화를 할 거예요. 영화는 인간을 그리는 건데, 인간이 젊음만 있나요? 100살까지 살 수 있을까요?(웃음) 좋은 시나리오만 있으면 그때까지 할 거예요."

그러나 안타깝게도 〈시〉란 영화가 그의 마지막 영화가 되었다. 장관을 지낸 이창동 씨가 감독을 맡아서이기도 하고, 노인이 된 윤정희 씨의 연기는 어떻게 변해 있을까 하는 호기심 때문에 아내와 함께 봤던 영화. 연기에 대한 애착과 열정을 그 마지막 영화에 남겨놓고 한세월을 주름잡던 톱스타는 세상을 떠나갔다.

치매의 일종인 알츠하이머로 세상을 떠난 이는 비단 윤정희뿐만은 아니다. 치매는 유명 여배우라는 족보 따위에 아랑곳하지 않고 아무에게나 덤벼든다. 미남 배우 출신 로널드 레이건 대통령도 그 병으로 별세했다. 그뿐인가. 서부영화 유명 총잡이 배우 찰스 브론슨도 알츠하이머로 세상을 떠났다. 콧수염으로 유명했던 배우 오마 샤리프, 철의 여인 영국 대처 수상, 〈비목〉이라는 가곡으로 유명한 우리나라 작곡가 장일남 씨도 모두 이 병으로 죽었다.

그럭저럭 치매는 이제 우리 코밑에서 맴도는 질병이 되었다. 더구나 가속노화 현상으로 옛날 어른들이 앓던 노인성 질환을 10~20년 빨리 겪게 되었고 건강하지 못한 몸으로 나머지 노년을 보내게 된다는 우울한 보고서들이 계속 보도되고 있다. 그러니 100세 장수시대가 왔다고 니나노 하며 좋아할 때가 아니다.

침묵의 살인자란 기분 나쁜 별명을 갖고 치매가 이 세상을 점령해 오면서 치매 환자와 그 가족에게는 100세 시대가 의미 없는 고통의 세월이 되었다. 생명의 길이만 늘어났을 뿐 전혀 행복하지 않은 시간의 연장에 불과하게 되었다. 그래서 암은 여전히 인간의 사망원인 중 부동의 1위를 차지하고 있지만 실제로 사람들이 가장 무서워하고 피하고 싶은 질병 1위는 암이 아니라 치매로 조사되었다.

그러면 치매를 미리 차단시켜 주는 최전방 전투병은 없는 것일까? 아직 치료약이 없는 마당에 유일한 전투병은 예방의 길밖에는 다른 방법이 없다.

이런 현실을 현명하게 파악하고 한인사회에서 치매예방운동, 그리고 치매환자 돌봄사역에 앞장서 온 분이 소망 소사이어티의 유분자 이사장이다. 유분자 장로님은 치매에 관한 강의, 실습, 유튜브, 치매환자 돌봄 매뉴얼을 개발하여 그 분야에서 개척자로 헌신하고 계시다. 우리 한인 커뮤니티가 매년 감사장을 넉넉하게 챙겨드려도 시원치 않을 훌륭한 어른이시다.

그러나 이제는 거기에만 의존할 때가 지났다. 교회마다 이 치매란 고약한 살인자에게 매달려야 할 때가 온 것이다. 자꾸 줄어드는 주일학교 학생 타령은 이제 그만하고 교회의 대다수를 차지하는 노인목회로 시야를 돌리되, 그 가운데 가장 중요한 사역 하나가 치매사역이 되어야 한다.

지난주 월드미션 대학교에서는 "시니어 복지목회 포럼"을 온라인으로 개최했다. 이 학교의 선견지명은 칭찬할 만하다. 가속 고령화 사회란 말이 한국에 국한되는 말이 아니며 미주 한인교회에게도 발등의 불이 되었다. 상록회니 갈렙회니 그럴듯한 이름을 붙여 노인들을 한 곳에 가둬둘 생각만 하지 말고 이제 '노인들의 천국'으로 교회를 리셋해야 할 때다. 굳이 교회에 트레드밀이나 근력운동을 하라고 덤벨로 가득 채우라는 말은 아니다. 우선 치매사역부터 시작해도 된다. 방치했다가는 너무 서글퍼지는 급한 불이니까….

이번 포럼 발제자로 나선 이준우 강남대학교 사회복지학 교수는 시니어 복지목회의 성격을 두고 "우선 노인들을 예수님 섬기듯 한다는 평가를 노인 당사자와 세상으로부터 받아야 한다"라고 말했다. 이 지당하신 말씀을 미주 한인교회에 던지고 가신 이 교수님에게 갈채를 보내고 싶다. 그러면서 그분은 "앞으로 교회는 '치매친화적 신앙공동체'가 되어야 하고 이를 위해서 치매 환자와 그 가족을 위한 돌봄 프로그램을 제도화하고, 세미나, 치매돌봄 사역팀을 구성하여 교육, 치매 환자와 가족을 위한 기도, 자원봉사자를 확보하는 등의 사역에 노력을 기울여야 한다"라고 말했다. 좋은 아이디어를 주고 가셨다.

윤정희 씨가 치매 환자를 연기하다 치매로 세상을 떠난 것처럼 나도 치매 예방 운운하다 빼도 박도 못하고 치매로 죽어 가는 신세가 될지도 모르겠다. 그래서 치매사역이 시작된 교회라면 교단을 따지지 않고 우선은 그 교회로 달려갈 것만 같다.

앞으로 교회가 싸워야 할 또 하나의 마귀는 치매마귀다. 불가항력의 약점을 이용하여 장송곡을 부르며 진군해 오는 그 마귀와 싸워야 할 어두운 시간들이 우리에게 다가오고 있다.

중꺾마

우크라이나 대통령 젤렌스키가 〈타임〉지가 선정하는 '올해의 인물'에 뽑혔다. 수상자는 젤렌스키와 "우크라이나의 투혼"(The Spirit of Ukraine)이라고 밝혔다. 금년 2월 푸틴이 우크라를 침공하기 전까지는 우크라가 어디 붙어 있는지, 그 나라 대통령 이름이 뭔지 모르는 사람이 대다수였다. "젤렌스키? 뭐하는 사람인데? 도스토옙스키 사촌인가?"라고 할 정도였다. 그런데 지금은 젤렌스키를 모르면 지구촌 간첩 취급을 받는다.

역설적으로 러시아의 침공이 젤렌스키를 영웅으로 만든 셈이다. 그래서 〈타임〉지의 올해의 인물은 당연히 젤렌스키일 것이라고 예상되었고, "우크라의 채플린이 21세기의 처칠이 되었다"라고 말한다. 코미디언 출신 정치인인 그는 보란 듯이 러시아와 맞서며 2차 대전에서 영국을 구해낸 '21세기 처칠'이란 별명을 얻은 것이다.

젤렌스키가 러시아와 맞짱 뜨는 전쟁은 다윗과 골리앗의 싸움이었다. 푸틴은 전쟁이 일주일이면 끝장날 것이라고 기고만장했으나 그 예상은 보기 좋게 빗나갔다. 전쟁은 지금도 계속되고 있다. 오히려 우크라의 드론이 러시아 본토를 공격하는 전세로 뒤집혔다. 젤렌스키의 돌팔매질에 골리앗이 혼쭐이 나고 있다. 푸틴의 굴욕이다.

미군이 철수하는 순간 돈 가방을 챙겨 부랴부랴 나라를 도망쳐 나간 아프가니스탄 대통령을 비슷한 시기에 목격한 세계인들은 아마 젤렌스키도 그럴 거라고 믿었다. 러시아 침공이 시작되자 암살

1순위는 젤렌스키였다. 러시아 특수부대가 그를 찾아 수도 키이우에 쫙 깔리던 날, 그는 조금도 흔들리지 않고 항전을 선언했다. 무섭다고 방탄조끼나 헬멧을 쓰지도 않았다. 그날부터 거무칙칙한 반팔 런닝구를 전투복인 양 걸쳐 입고 매일 유튜브와 트위터를 통해 전황을 알리며 세계인들에게 지원을 호소했다. 그리고 불안에 떨고 있는 우크라 국민들에게 "난 도망가지 않고 여기 있다"라고 외쳤다. 미국과 영국이 망명을 권유했건만 단칼에 거절하고 나섰다.

그 불굴의 의지에 세계가 놀랐다. 아니 감동이었다. 얕잡아 보던 미국과 EU도 그의 용기에 감탄하기 시작했다. 마침내 2022년 4월 민주주의 가치를 수호하기 위해 용기 있는 리더십을 보여 준 사람에게 주는 케네디 용기상(Profile in Courage)이 그에게 수여되었다.

〈타임〉지는 "젤렌스키는 지난 수십 년간 전혀 본 적이 없는 방식으로 세계에 큰 영향력을 행사했다"라고 하면서 "2022년 세계는 젤렌스키의 박자에 맞춰 행진했다"라고 덧붙였다.

꺾이지 않는 불굴의 투혼이 젤렌스키에게만 있는 것은 아니었다. 카타르 월드컵에 흥분했던 지구촌의 코리언들도 그 투혼을 보고 감동하며 함께 울었다. 8강 진출은 일찌감치 멀어진 꿈이었지만 16강에서 보여준 태극전사들의 투혼이 바로 그것이었다. 그 불굴의 모습이 우리의 가슴을 사정없이 뛰게 만들었다.

카타르 경기장에서 경기를 관전하던 한국인들이 태극기에 써서 선수들을 응원했던 말이 바로 "중요한 것은 꺾이지 않는 마음"이었다. 영어로도 썼다. "Never Give Up" 또는 "Impossible is Nothing"이란 말도 적었다. 한국 선수들이 16강 진출을 결정지은 포르투갈과의 경기를 끝낸 직후 이 말이 적힌 태극기를 들고 기념사진을 찍으면서 유명해진 말이 바로 "중꺾마"였다. 불행하게도 16강에서 만난 게 월드컵 우승 예상팀 브라질이었지만 그래도 꺾이지 않고 덤비는 투혼, 그 불굴의 정신을 우리는 얼마나 그리워해 왔는가?

사실 꺾이지 않는 마음으로 따진다면 미국에 사는 우리 한인 이민자들을 빼놓을 수 있는가? 영어 때문에 수치를 당할 때마다 자존심이 박살나고 가진 돈이 없어 그냥 몸과 땀으로 비비고 도전해온 세월이 얼마인가? 영주권 때문에 울기도 하고 코로나 때문에 주저앉기도 하고 내 맘대로 안 되는 자식농사 때문에 아무도 모르게 흐느끼며 한숨을 몰아쉰 세월은 또 얼마였는가? 그러나 끝내 주저앉지 않는 불굴의 정신, 고난과 역경 앞에 쉽게 무너질 수 없다는 투혼만큼은 이 나라 소수민족 중에서 누가 우리를 앞서겠는가?

그래서인가? 지난 중간선거에 미국 정계 진출에 성공한 장한 코리언 아메리칸들이 봇물처럼 쏟아져 나왔다. 어디 정치뿐인가? 이것은 모두 우리가 가슴에 묻고 살아온 좌우명 '중꺾마'의 산물인 셈이다.

영적 생활도 마찬가지다. 중요한 것은 거룩과 순결을 바라보며 거짓과 불의에 꺾이지 않는 마음이다. 더러움과 야합하지 않고 불필요한 명예에 마음을 빼앗기지 않는 것이다. 마음을 굳세게 하자. 거짓과 타협하지 말자. 작은 이익 때문에 하나님의 눈길을 피해 가지 말자. 사랑으로 불의를 이길 수 있다는 용기를 포기하지 말자. 젤렌스키가 보여준 투혼, 한국 축구선수들이 보여준 불굴의 정신, 그 꺾이지 않는 마음으로 살아가자.

"두려워하지 말라 내가 너와 함께함이라 놀라지 말라 나는 네 하나님이 됨이라 내가 너를 굳세게 하리라 참으로 너를 도와주리라 참으로 나의 의로운 오른손으로 너를 붙들리라"(사 41:10).

우크라이나 국민들이 금년에 가장 많이 읽은 성경구절은 이사야 41장 10절 말씀이라고 한다. 무슨 험한 일이 다가설지라도 결코 꺾일 이유는 없다. 하나님의 의로운 오른손이 나를 붙들고 계신다.

맨발의 여왕

향년 96세로 영국 엘리자베스 여왕이 세상을 떠났다. 장례식은 런던의 웨스트민스터 사원에서 열리는데 러시아의 푸틴과 중국의 시진핑 빼고는 거의 모든 세계 지도자들이 참석한다고 한다. 그러니까 영국 국장이 아니라 '세계 국민장'이 된 셈이다. 푸틴이나 시진핑은 본래 지구촌 왕따를 자청하는 사람들이니 이상할 것이 없다. 유럽으로 가는 가스관을 틀어막아 금년 겨울 유럽을 빙하의 나라로 만들겠다는 야만적인 적대감으로 세계의 눈총을 받는 푸틴이 무슨 면목으로 영국 초상집에 얼굴을 내밀겠는가?

"70년을 재위한 현대사의 산 증인", "한 시대가 저물다", "런던 브리지가 무너졌다", "영국의 정신적 지주 영면" 등 여러 말로 여왕의 서거 소식이 전해지고 있다. 윈스턴 처칠부터 이번 달 취임한 리즈 트러스까지 무려 15명의 영국 총리를 배출했으니 참으로 긴 세월이다. 미국 대통령도 무려 13명을 거쳤다고 한다.

한때 영국은 "해가 지지 않는 나라"라고 했지만 그게 어느 시절 얘기인가? 영국 왕정도 부침의 역사를 거듭하며 근대에 이르러 국민의 눈칫밥을 외면할 수 없는 시대를 맞고 있다. 여왕은 그 나라 최고의 권력자요, 최고의 부자인 셈이다. 그렇다고 세상을 우습게 보고 통치하고 군림하려고만 했다면 어찌 되었을까? '사치의 여왕'이라는 필리핀의 이멜다나 프랑스의 마리 앙투아네트처럼 화려하게 거만을 떨고 살았더라면 여왕이 세상을 떠났을 때 지금 같은 세계적인 찬사의 대상이 될 수 있었을까?

영국이 어떤 나라인가? 의회 민주주의의 본고장이다. '민주주의의 요람이라 불리는 나라에서 왜 왕정이 필요해?'라는 생각을 영국 사람들이 못 했을 리 없다. 그들도 등신이 아니기 때문이다. 군주제에 반기를 드는 반대 세력들이 여기저기서 수군댈지라도 왕가의 중심을 지탱하며 70년을 재위했던 엘리자베스 여왕의 통치 비결은 무엇일까? 겸손이 답이라고 생각한다. 1999년 김대중 전 대통령의 초청을 받아 영국 최고위직으로는 최초로 한국을 방문했을 때 여왕은 "가장 한국적인 모습을 보고 싶다"라고 해서 안동 하회마을을 찾아갔다. 여왕은 73세 생일을 그곳에서 맞았다.

그때 류성룡 선생의 종택인 충효당을 방문하고 마루에 오를 때, 한국 전통에 따라 여왕이 신발을 벗었다. 한옥 마루에 올라서면서 여왕이 신발을 벗었다고? 이 일화는 "신발 벗은 여왕", "맨발의 여왕"이란 제목으로 화제가 되었다. 문화적으로 맨발을 노출하는 일이 없는 여왕이 신발을 벗는 순간 외신 기자들은 수없이 플래시를 터뜨렸고 소탈한 여왕의 품격과 겸손함은 여과 없이 국제 전파를 탔다.

여왕이 다녀간 이후 하회마을은 매년 1백만 명 이상의 관광객이 방문하며 2010년에는 유네스코 세계유산으로 지정됐다. 영국 최고의 진객이 한국을 방문하면서 세계인의 관심을 받았고, '한국 속의 한국'으로 꼽히는 안동이 전 세계에 알려지는 극적인 계기가 됐다. 물론 안동의 양반들도 오만하고 콧대 높은 여왕이 아니라 신발을 벗는 여왕의 파격적인 겸손 행보에 놀랐을 것이다. 안동은 지금 세계 어느 도시보다도 다양한 여왕 추모행사가 열리고 있다.

2012년 런던 올림픽 개막식 오프닝 행사에서는 여왕의 드라마틱한 등장이 눈길을 끌었다. 〈007〉 영화의 제임스 본드인 배우 대니얼 크레이그가 버킹검 궁전을 찾아가 엘리자베스를 알현한 후 헬기를 함께 타고 올림픽 스타디움에 도착해 뛰어내리는 모습이 연출되었다. 헬기에서 뛰어내리는 건 대역을 썼지만 절묘한 타이밍과 연출로 올림픽 개막식을 지켜보던 세상 사람들의 탄성을 자아냈다. 여왕은 높은 자리에서 내려와 대중에게 가까이 가려고 노력했다.

남편 복은 많아서 73년의 결혼생활을 했으니 기록적인 일이었다. 자식 복이 없었다. 앤드류 왕자의 불륜설 때문에 골치도 아팠지만 큰 아들 찰스 왕세자가 영국인의 존경과 사랑을 독차지하던 다이애나를 따돌리고 바람을 피웠으니 왕실의 명예에 먹칠한 셈이었다. 더구나 다이애나가 1992년 《다이애나의 진실》이란 책을 통해 불행한 결혼생활을 폭로하면서 찰스 왕세자와 여왕은 동반 비난 여론에 시달렸다. 여왕은 1992년을 가장 힘들었던 시절로 꼽기도 했다.

여왕이 죽을 때까지 왕위를 찰스 왕세자에게 물려주지 않았던 이유도 아마 큰 아들이 미덥지 못해서 그랬는지도 모른다. 아들이 찰스 3세로 왕위에 오르기는 했지만 그가 모친이 받았던 국민적 존경까지도 승계받을 수 있을지는 미지수다.

세상에서 가질 것을 다 가지고 있으면서도 늘 검소하고 겸손하게 국민들과 소통하려 애쓰면서 견고하게 왕권을 지켜왔던 여왕에 대한 하나님의 축복은 바로 9988234로 귀결되었다고 본다. 농담 삼아 하는 말이 '9988234'라는 소원이 아닌가? 99세까지 팔팔하게 살다가 2-3일 앓다가 세상과 작별하는 것이다. 99세는 아니어도 96세까지 살면서 서거 이틀 전까지 신임 총리의 신고를 받을 만큼 건강의 축복을 누렸고, 이틀 만에 눈을 감았으니 참으로 복받은 인생 아닌가?

지구촌으로서는 손해가 막대하다. 겸손하고 위대한 리더 한 사람을 잃었으니. 지난달엔 고르바초프도 세상을 떠났다. 훌륭한 이들은 죄다 세상을 떠나고 전쟁이나 테러를 일삼는 불량배들만 남아 세계 패권을 틀어쥐겠다고 하면, 앞으로 세상은 어찌 될 것인가?

연방공휴일, 알고 지나가자

"준틴스 데이"(Juneteenth Day)라는 생소한 연방공휴일이 우리에게 다가왔다. 지난 6월 20일이 그날이었다. 우체부도 오지 않았고 쓰레기차도 오지 않았다. 은행이나 학교도 문을 닫았다. 연방공휴일로 지정되었기 때문이었다. 그런데 이게 무슨 날일까? '그냥 쉬는 날'이려니 하고 넘어가기 전에, 이 나라에 살 만큼 살았으니 왜 쉬는지 정도는 알고 지나가자.

지난 2021년 조 바이든 대통령에 의해 새롭게 제정된 연방공휴일이니 사실 생소할 수밖에 없다. 미국의 11번째 공휴일이다. 발음하기도 까다로운 '준틴스'란 무슨 뜻인가? 미국에서 마지막 노예가 자유인이 된 1865년 6월 19일을 의미하는 말이다. 그러니까 6월의 June과 19일이란 Nineteenth를 뭉쳐놓은 합성어다. 1983년 레이건 대통령이 마르틴 루터 킹 주니어의 생일을 연방공휴일로 선포한 이후, 2021년 제정된 이날은 유색인종 관련 두 번째 연방공휴일인 된 셈이다.

링컨 대통령이 남북 전쟁 중인 1863년 1월 1일 노예해방을 선언했고 노예제도 때문에 발발한 남북전쟁은 2년 후인 1865년 종료되었다. 노예해방을 반대하던 남부 지주들은 패색이 짙어지자 노예들을 이끌고 대거 텍사스로 이주했다. 남군 잔병들은 끝까지 북군에 저항하는 모양새였다. 이러자 북부 연합군의 고든 그랜저 장군이 텍사스 갤버스턴으로 군사 2,000명을 이끌고 쳐들어갔다. 그리고 갤버턴 중심가 건물 발코니에서 노예해방령을 선포했다. "동부 지역 노예들처럼 서부 지역 노예들도 완전 자유인이 됐다"고 선포한 것이다. 이날이 바로 1865년 6월 19일. 아쉽게도 링컨 대통령은 이날이 오기 두 달 전에 이미 암살된 상태였다.

텍사스 흑인들은 그 이듬해부터 준틴스데이 축하행사를 시작했다. "흑인독립기념일"(Black Independence Day), "준틴스 국가자유의 날"(Juneteenth National Freedom Day) 등 다양한 이름으로 불리는 이날을 텍사스 주에서는 1980년 공식 휴일로 지정했고, 그로부터 41년의 세월이 흐른 뒤 지난 2021년에 연방공휴일로 격상된 것이다.

그런데 미국인 절반 이상은 이 '노예제도 종말의 날'에 대해 전혀 모른다는 갤럽 여론조사가 발표되었다. 특히 백인들은 더욱 깜깜이 수준이었다. 그러니 아시안인 우리들도 생소하고 모를 수밖에 없었던 준틴스 데이다. 연방공휴일이라 하루 놀게 해주는 것은 그 경축의 의미를 되새길 때 비로소 놀 만한 자격이 생기는 게 아닐까?

사실 그게 무슨 날인지도 모르고 지나가는 연방공휴일도 많다. 베테랑스 데이와 메모리얼 데이를 헷갈리는 때도 있다. 노동절은 그렇다 치고 대통령의 날(President's Day)은 또 무슨 날인가?

미국의 연방공휴일은 날짜로 고정된 날과 요일로 고정된 기념일, 두 종류가 있다. 날짜로 고정된 날은 1월 1일 새해, 4년에 한 번씩 찾아오는 대통령 취임식 1월 20일, 6월 19일 준틴스데이, 7월 4일 독립기념일, 11월 11일 베테랑스데이, 12월 25일 크리스마스이다. 이날이 주말이면 대개 하루 전, 혹은 하루 후에 쉬는 대체휴일로 지킨다. 그 누구도 바꿀 수 없는 대말뚝이 박혀 있는 고정일이다.

요일로 정해진 공휴일은 매년 날짜가 바뀌지만 보통 월요일인 경우가 많다. 마르틴 루터 킹 주니어의 날은 1월 세 번째 월요일, 대통령의 날은 2월 세 번째 월요일, 메모리얼 데이는 5월 마지막 월요일, 9월 첫 번째 월요일은 노동절, 10월 두 번째 월요일은 콜럼버스 데이, 11월 네 번째 목요일은 추수감사절이다.

베테랑스 데이와 메모리얼 데이가 아리까리한데 베테랑스 데이는 11월 11일 제1차 세계대전의 종전을 기념하는 날이었다. 이날을 베테랑스 데이로 정해 미국을 지키기 위해 복무했던 재향군인들을 기리는 날이라면, 메모리얼 데이는 군 복무 중 생명을 잃은 이들을 추모하기 위한 날이다. 대통령의 날로 지키는 연방공휴일은 원래 국부인 조지 워싱턴의 생일인 1732년 2월 22일을 기념하다가 마침 링컨 대통령의 생일도 2월에 몰려 있으니, 그날을 아주 '대통령의 날'로 못 박고 다른 대통령들도 기리는 날로 정해 버렸다.

논란의 대상은 콜럼버스의 날이다. 콜럼버스의 개척정신을 기념하여 제정된 날이지만 하와이나 사우스다코타 같은 주에서는 이날을 거부한다. 콜럼버스는 나쁜 놈이고, 순박한 아메리카 원주민을 학살하고 기독교 개종을 강요하며 노예무역을 시작하게 한 백인 우월주의의 원흉이라고 본다. 유럽과 백인 주도의 침략사를 인정하지 말자는 진보 수정주의 역사관에서 비롯된 발상이라고 한다.

사실 콜럼버스가 아니었어도 다른 유럽인에 의해 아메리카 대륙은 발견되었을 것이고, 유럽인들이 대거 이주하는 역사는 자명하게 일어났을 일이다. 그의 모험의 결과를 긍정적으로 읽어야지 덮어놓고 약탈자로 부정해 버리고 그의 공헌과 성취를 침략으로 바꿔치기 한다면 그것은 극단주의자들의 삐딱한 시선에 불과할 뿐이다.

콜럼버스의 편을 들어 주는 것보다 더 다행인 것 한 가지가 있다. 지난주 갤럽 조사에서 미국인들이 하나님을 믿는다는 숫자가 역사상 최저점이라는 보도가 나왔다. 하나님을 떠나서 제멋대로 살겠다는 아메리카 합중국, 미국이 이런 세속주의에 가파르게 편승하고 있는 것은 어제오늘의 일은 아니다. 그럼에도 불구하고 추수감사절과 크리스마스는 이 나라의 연방공휴일로 엄연하게 버티고 있다.

국가 공휴일을 보면 그 나라의 역사와 골격이 대충 읽혀진다. 예수님 탄생을 국가적으로 기뻐하고 일 년에 한 번은 공휴일로 정해 하나님께 감사하는 마음을 가져야 된다는 것이 미국의 역사와 문화의 기본 골격인 셈이다.

영적으로 한창 궤도 이탈 중이라 할지라도 이 나라의 기본이 아직도 '기독교 국가'라는 것은 다행이 아닐 수 없다.

우리들의 블루스와 다운증후군

다운증후군이 겉으로 드러나는 모습은 비만과 둥근 얼굴, 낮은 코, 좁은 턱, 풀린 눈이 특징적인 얼굴 모양이다. 그래서 사람들은 이상한 눈으로 뚫어지게 쳐다보는데, 당사자에겐 그 시선이 불편하기 짝이 없다. 식당에서 밥을 먹다가도 앞 사람이 다운증후군이면 철모르는 아이들은 표정으로 놀리기도 하고 이상한 제스처로 흉을 보기도 한다. 그럴 때 당사자는 얼마나 큰 모멸감을 느끼게 될까?

다운증후군(Down Syndrome)이란 유전병의 일종이라고 하지만 학자에 따라 본인만 환자이고 대를 타고 전달되지는 않는다고 주장하기도 한다. 신체 발달의 지연을 일으키고 안면 기형과 지적 장애를 동반하는데, 평균 지능지수는 대략 9세라고 알려져 있다. 통계적으로는 1,000명의 아기당 1명꼴로 나타난다고 나와 있다.

1866년에 이 병을 처음 발견한 사람은 영국 의사 존 랭던 다운(John Langdon Down)이다. 그의 이름을 따서 다운증후군이란 이름이 붙여졌는데 한때는 환자의 얼굴이 몽골인을 닮았다 해서 발견한 이가 '몽골리즘'이란 이름을 붙였지만 특정 인종을 비하하는 단어라서 지금은 사장되었다고 한다. 이 병을 앓는 이들의 특징이 있다. 바로 얌전하고 봉사정신이 강하다는 것이다. '천사병'이란 별명이 붙은 이유다. 그래서 다운증후군 환자들이 공유하는 3가지 특징은 외모, 봉사정신, 고집이라고 한다.

야구를 좋아하는 분들은 많이 알고 있는 이야기다. 미 프로야구(MLB) 선수인 알버트 푸홀스(Albert Pujols)는 남가주 에인절스에서 뛰다 다저스를 거쳐 지금은 자신이 메이저 리그에 데뷔한 세인트루이스 카디널스에 가 있다. 그런 팀 경력보다 유명한 것은 그의 딸이 다운증후군이라는 것이다. 친자식이 아닌 현재의 아내와 이혼 전 남편과의 사이에서 태어난 딸이다. 그런데 친자식처럼 의붓딸을 더 사랑하고 자신의 이름을 따서 봉사재단을 만들어 매년 장애아동을 위한 봉사활동을 펼치고 있다. 그는 야구장을 벗어나 이런 고운 마음씨 때문에 야구팬들의 칭송을 받고 있는 '천사표 인생'이다.

지난달 넷플릭스에서 방영된 한국의 옴니버스 드라마 〈우리들의 블루스〉(Our Blues)는 다운증후군을 앓고 있는 한 젊은 여성을 픽업하여 세상을 뒤집어 놓았다. 드라마를 보고 다운증후군 환자에게 보냈던 무관심과 비정함을 회개하며 줄줄이 눈물을 흘렸다고 한다. 나도 마찬가지였다. 드라마에서 다운증후군을 가진 영희는 제주도에 사는 쌍둥이 동생 영옥(배우 한지민 분)의 언니로 나온다. 둘은 어려서 교통사고로 부모를 잃고 영희는 시설에 맡겨져 살고 있다. 동생 영옥은 영희와 멀리 떨어지려고 일부러 제주도까지 와서 해녀로 산다. 영옥은 한때 지하철에서 영희를 버린 적도 있다. 그 영희가 마침내 그리워하던 동생을 만나러 제주도에 왔다가 벌어지는 두 자매의 고통과 사랑의 이야기가 14회에서 전개된다.

다시 육지에 있는 시설로 되돌아가지 않겠다고 떼를 쓰면 어쩌나 걱정하던 동생에게 언니는 제주도에서 만났던 다정했던 이들의 얼굴 그림을 몰래 남겨놓고 약속대로 제주도를 떠나는데, 그런 영희를 생각하며 영옥은 나중에 오열하고 만다. 죽을 때까지 영희 부양은 내가 한다고 다짐하면서. 동시간대 시청률 1위를 차지했던 이 드라마에서 영희 역을 맡은 정은혜 씨는 올해 33세의 진짜 다운증후군 환자다. 그는 배우로 데뷔했지만 이미 사람들의 얼굴을 주로 그리는 캐리커처 작가로 활동하고 있다.

그가 드라마 출연 이후 〈CBS 김현정의 뉴스쇼〉에 나왔다. 다운증후군 환자로 살아가는 자신의 삶을 소개한 것이다. 그런데 인터뷰에서 나를 놀라게 한 말이 있다. 자신을 병신 취급하며 바라보는 사람들의 얼굴을 그림으로 그리면서 오히려 치유와 용서를 경험한다는 대목이었다. 아! 내 몸에 전율이 느껴지는 게 아닌가? 그가 그동안 그려온 사람들의 얼굴만 무려 4,000명! 4,000명을 용서했다는 말이 아닌가? 그의 얼굴에 예수님의 얼굴이 오버랩되는 게 느껴졌다. '천사병'이란 말이 그냥 나온 말이 아니었다.

정은혜 씨는 시선강박증에 시달렸다고 한다. 누가 자신을 괴물인 듯 쳐다보는 시선이 너무 싫어서 생긴 또 하나의 마음의 병, 시선강박증. 그런데 자신을 그렇게 혐오하듯 빤히 쳐다보는 사람들의 얼굴을 그림으로 그리기 시작했다. 얼굴을 그리는 중에 놀랍게도 용서하는 마음이 생겨났고 비웃음의 시선을 긍정의 시선으로 되돌려 주니 오히려 상처받은 가슴에 치유가 가능해졌다는 것이다. 아! 세상에 이런 아름다운 화가가 어디 있을까?

드라마를 보면서 과연 노희경이란 작가는 대단한 분이라고 감탄하지 않을 수 없었다. 다운증후군 환자들을 바라보는 우리의 시선을 이렇게 따스하게 교정시켜 주다니! 세상이 비웃고 미워할지라도 그것을 사랑으로 되돌려주는 것보다 더 큰 기독교의 가르침은 없다. 한 다운증후군 환자가 그것을 가르쳐주었다.

키오스크 공포시대

'키오스크(Kiosk) 공포시대'에 우리는 살고 있다. 키오스크는 이미 여러 해 전부터 노인들의 불편으로, 문명의 이기로 접근해 왔다. 코로나로 닫혀 있던 맥도날드도 다시 문을 열었다. 문을 열고 들어서면 주문 창구 바로 옆에 셀프 오더가 가능한 멀쩡하고 잘생긴 기계 하나가 잡다한 메뉴를 가슴에 품고 버티고 서 있다. 그것이 키오스크다. 갖가지 메뉴가 그림으로 그려져 있고 가격도 선명하게 나온다. 원하는 버튼을 꾹꾹 누르고 크레딧 카드를 긁으면 영수증과 주문 번호가 나온다. 그것을 들고 있다가 음식이 나왔다고 누군가 소리치면 찾아다 먹으면 된다. 쉬워 보인다. 직원에게 중얼중얼 말을 걸 필요가 없다. 영어도 짧은데 아주 편리해 보인다. 그런데 겉과 속이 다르다. 결코 쉽지 않은 것이 키오스크다.

나는 보통 시니어 커피를 주문한다. '맥다방' 커피는 써서 문제다. 그래서 항상 뜨거운 물 한 컵을 달라고 함께 주문한다. 쓴 커피에 타서 마시기 위해서다. 물 한 잔은 공짜니까. 그런데 시니어 레귤러 커피는 단추를 눌러서 주문이 가능한데 '핫 워터'가 눈에 띄질 않는다. 장님이 코끼리 몸을 더듬듯 손가락으로 여기저기를 눌러대다 보니, 그나마 이미 주문한 시니어 커피가 창에서 사라진 게 아닌가?

내 뒤에 길게 줄을 선 사람들이 나의 손가락을 주시하고 있는 것이 보였다. 이러다가 촌사람 취급, 노인네 취급은 당연하고 잘못하다가는 "멍청한 아시안 또라이…"라고 내 뒤통수에 대고 중얼거릴 것만 같이 느껴졌다. 핫 워터 한 잔 찾으려다 이런 망신을 당하다니! 내 자존심이 급하게 곤두박질치고 있었다. 혹시 뒤에 서 있는 젊은 것들에게 내 속 보이는 영어 실력이 들통 난 게 아닐까? 에라, 핫 워터고 나발이고 집어치우자, 키오스크 오더를 포기하고 슬그머니 자취를 감추고 있는 코리안 노인네! 그게 바로 나의 모습이었다.

키오스크는 노인들의 자존심을 밟아버린다. 어디 맥도날드뿐인가? 은행은 키오스크의 선도자 역할을 해 왔다. 은행의 ATM은 완전히 대중화된 기계다. 내가 다니는 카이저 병원은 체크인이 거의 키오스크로 전면 대체되고 있다. 영화관도 마찬가지다.

공항에서도 이미 오래전부터 시행되고 있다. 공항 키오스크는 여권의 사진이 붙어 있는 페이지를 스캔해 주어야 하는데, 얼굴을 거꾸로 스캔했다고 "다시 하라" 하고 "숫자 하나가 잘못 입력되었으니 모든 것을 처음부터 다시 프로세스를 하라"고 하면 간당간당한 비행기 탑승 시간 때문에 애간장이 타기도 하고 울화통이 터지기도 한다. 기계 보고 하소연할 수도 없고 사람 돌아버리게 만든다.

터치스크린 방식의 무인 단말기를 키오스크라고 부른다. 영어로는 Touchscreen Information Delivery System이다. 왜 이게 유행인가? 당연히 비용 절감 때문이다. 더구나 코로나 팬데믹을 지나면서 얼굴을 마주 보다가는 바이러스가 전파될까 두려웠던 참인데 기계가 일을 대신해 주니, 날개 달고 주가가 치솟아 오른 것이다.

노스캐롤라이나의 한 크레딧 유니온에서는 셀프서브 키오스크를 사용하면서 은행 창구 직원의 비용을 40%나 절감할 수 있었다고 한다. 이러니 비용절감 차원에서 키오스크는 비즈니스 세계에서는 없어서는 안 될 대세가 되고 있다.

사람 대신 일해 주는 키오스크에게 역기능이 없을 리 없다. 탈인간화(dehumanization)란 불행한 도전이다. 많은 고객들이 키오스크를 선호하는 이유는 편리함과 신속함 때문이다. 그러나 많은 사람들은 은행 직원이나 식당 종업원, 공항 카운터에 앉아 있는 직원들과 대면하여 말하기를 더 즐거워한다고 한다. 빠른 서비스보다 만남을 우선시한다. 대도시가 아니라 한적한 시골 은행이나 식당에선 찾아가는 손님들의 이름을 기억하고 불러주는 곳이 적지 않다. 이처럼 사람과 사람이 만나는 곳에 삶이 이루어지고 공동체가 형성된다.

키오스크가 지배하는 세상이 오면 결국 사람은 사라지고 말 없는 기계와 동거하는 세상을 살아가야 한다. 모든 게 탈인간화되는 고독하고 삭막한 세상의 출현이다. 장차 장례식장엔 조문객을 맞는 유족들은 사라지고 조의금을 받는 키오스크 한 대가 떡 버티고 서 있는 때가 오지 않을까? 이 무인단말기 시대가 가져올 탈인간화를 어떻게 극복할 수 있을까? 그것은 우선 학교에서 책을 펴놓고 연구하는 것으로 밥 먹고 사는 미래학자들에게 맡겨둔다고 하자.

그래도 시대에 뒤처지지 않으려면 뭔가 배워보려고 노력해야 하건만 그게 말처럼 쉽지 않다. 요즘 듣기 좋은 말이 웰에이징(well-aging)이다. 우아하게 잘 늙어가는 노후를 말한다. 건강해야 웰에이징이다. 병들면 웰에이징이고 뭐고 없다. 그런데 건강 못지않게 디지털 능력도 웰에이징의 주요 요소로 꼽는다. 은행 ATM을 사용하지 못하고, 식당이나 병원에 가서도 키오스크는 사용할 줄 모르고, 운전할 때 GPS마저 사용할 줄 모른다면 디지털 문맹인 셈이다.

디지털 문맹의 최대 연령층은 당연히 노인층이다. 키오스크는 세상을 지배하려 들고 디지털 문화는 촌각을 다투며 발전하고 있는데 노인들을 위한 '대책반'은 전무하다. 겨우 노인학교 등에서 가르쳐주는 '셀폰 다목적활용법' 정도다. 디지털 시대를 못 따라가면 디지털 장애인으로 살아가야 한다. 키오스크 공포로 떨고 있는 노인들을 구원해 줄 '구원자'는 언제 나타날까? 손자에게 하소연할 수도 없고 디지털 문맹에서는 도긴개긴인 우리 목사님을 붙잡고 가르쳐 달라고 할 수도 없는 노릇이다. 아! 불쌍한 디지털 문맹들이여!

윌 스미스와 아카데미 폭력

금년 아카데미 시상식이 폭력으로 얼룩지면서 그 파문이 가라앉지 않고 있다. 전쟁과 폭력을 반대하고 평화와 인간의 존엄을 추구하는 아카데미의 가치와는 전혀 걸맞지 않는 폭력이라니! 그것도 전 세계인들이 주목하면서 시청하는 라이브 방송 도중에 일어난 일이니 그 후유증이 오래갈 것 같다.

우크라이나가 러시아의 침공을 받자마자 다큐멘터리를 찍겠다고 현장에 뛰어든 배우 숀 펜이 이번 시상식에 젤렌스키 대통령이 초대되어 전 세계에 우크라의 평화를 호소하도록 시간을 할애해 주어야 한다고 주장했다. 그런데 그러지는 못할망정 평화고 나발이고 분을 참지 못해 주먹을 휘둘러대다니, 나 같은 사람도 "이건 아니라고 봐!"라는 말이 절로 나온다.

폭력의 주인공은 배우 윌 스미스였다. 그는 〈킹 리처드〉라는 영화의 주연배우로 남우주연상 후보에 올라 시상식장인 돌비극장의 제일 앞자리에 기분 좋게 버티고 앉아 있었다. 후보에 올랐을 뿐 아니라 동료 코미디언이자 이날 사회를 보던 크리스 록의 귀싸대기를 후려친 직후 발표된 남우주연상 시상식에서 정말로 수상자로 지명되어 오스카 트로피를 받아 쥐기도 했다.

아카데미 남우주연상! 그에겐 생애 최초의 수상이었다. 얼마나 영예로운 순간인가? 그는 비너스와 세레나 윌리엄스 자매를 세계 최강 테니스 제왕으로 등극시킨 아버지 리차드 윌리엄스 역을 맡아 열연했다. 아이들이 태어나기 2년 전, 78페이지에 달하는 챔피언 육성계획으로 무장한 리차드 윌리엄스는 두 딸을 역사의 주인공으로 만들겠다고 결심하고 불굴의 헌신을 마다하지 않는다.

LA 남부 컴튼의 형편없는 테니스 코트에서 비가 오나 눈이 오나 연습을 거듭하며 딸들에게 그는 수없이 속삭였다. "세상은 날 무시했지만 너희는 달라. 존중받게 할 거다." 그 영화를 보면서 나는 윌 스미스에게 갈채를 보냈다. 감동적인 실화 가족영화였다.

가수로서도 성공을 거둔 그였지만 2006년 영화 〈행복을 찾아서〉(The Pursuit of Happiness)의 윌 스미스는 더욱 감동적이었다. 의료기기를 판매하는 세일즈맨이었던 크리스 가드너 역으로 열연했던 그는 가난뱅이 신세가 되어 결국 아내까지 집을 나가자 노숙자로 전락하고 만다. 하나뿐인 아들과 함께 노숙자로 살아가면서 그 아들을 위해 60대 1이라는 엄청난 경쟁을 뚫고 인생 마지막 기회를 성공으로 이끌어가는 휴먼 스토리가 사람들의 가슴을 뜨겁게 했다.

극중에서 그렇게 감동을 준 그가 왜 그랬을까? 자기 아내에 대해 빈정대는 조크가 맘에 들지 않았어도 그 기쁘고 중요했던 순간을 폭력으로 말아먹은 대가는 아주 엄혹할 것으로 예상된다.

그의 폭행을 바라보는 일반인들의 시선은 차갑기만 하다. 연예전문매체 TMZ의 설문조사에서 미국 네티즌 중 다수는 '록의 농담이 지나치지 않았으며, 스미스의 행동이 도를 넘었다'고 응답했다. 아내 제이다를 향한 록의 농담이 '도가 지나쳤다'는 응답은 38%인 반면, '충분히 할 수 있는 농담'이라는 응답은 62%를 차지했다. '스미스가 록의 뺨을 때린 것은 공격이며 구타'라고 답한 사람은 83%에 달했다. '록이 맞을 만했다'는 응답은 17%에 그쳤다.

일부 네티즌들은 폭력을 행사한 스미스를 경비원을 시켜 그 자리에서 끌어내지 않은 것이 아카데미의 실수라느니, 그에게 안겨준 트로피를 당장 빼앗아야 한다는 격한 반응이 많았다. 눈물범벅이었던 그의 '수상소감이 감동적이었다'는 답변은 15%, '어처구니없는 정당화다'라는 답변은 85%로 나타났다.

아카데미 측은 조사에 착수했다고 밝혔는데, 혹시 흑인 배우에 대한 가혹한 처벌이란 부메랑을 맞을까 봐 몸을 사리는 듯하다. 오스카 트로피를 반납하거나 아카데미 근처에는 얼씬 못하게 하는 중징계가 나올지도 모르겠다. 영화를 좋아하는 나로서도 그의 행동이 아쉽기만 하다. 그 좋은 날 한 번만 참았으면 얼마나 좋았을까? 그러나 참지 못하는 게 어디 그뿐이던가?

인류 최초의 살인사건은 분노 때문에 유발되었다. 하나님께 드린 제사를 거절당하자 가인은 아우 아벨에 대한 질투와 분노를 참지 못해 살인죄를 저질렀다. 그래서 성경은 수없이 분노를 다스리라고 말씀하고 있다. 노하기를 더디하는 자는 용사보다 낫고 자기의 마음을 다스리는 자는 성을 빼앗는 자보다 낫다고 하신다.

모든 사람에게는 정도의 차이가 있을 뿐 분노조절장애가 있다. 엘리베이터를 기다리는데 다른 층에서 너무 오래 서 있으면 금방 짜증이 난다. 그로서리 익스프레스 레인에 서 있는데 내 앞에 있는 사람의 물건이 10개 이상인 것을 보면 화가 난다. 그렇다고 10개인지 세어보겠다고 덤비지 않는 이유는 분노조절 기능이 건강하게 작동하고 있기 때문일 것이다.

스미스는 이튿날 소셜미디어를 통해 "어젯밤 아카데미 시상식에서의 내 행동은 용납할 수 없고, 변명의 여지가 없다"라고 사과했지만 엎질러진 물이었다. 남의 일 같지 않다. 한 번 욱하는 걸 참지 못하면 땅을 치고 후회해도 소용이 없다. 매사에 불쑥불쑥 화내는 것을 다스리지 못하면 인생이 종 치는 수가 있다. 좀 참고 살자.

버스킹(Busking)

세상에 음악을 좋아하지 않는 사람이 어디 있을까? 누구라도 노래방에 가서 마이크를 잡으면 부끄러워하던 집사님이나 권사님들도 한 곡조씩 멋들어지게 뽑는 노래 실력들이 있다. '히든 싱어'들이다. 다만 숨기거나 외면하고 살아온 것뿐이다.

찬송가 말고 '세상 노래'를 부르면 죄를 짓는 줄 알던 사람들이 많았다. 우리 어머니도 그랬다. 그런 어머니 밑에서 어린 시절을 보낸 내가 신학교에 가서 충무로의 '티롤'이나 '필하모니' 음악감상실을 내 집처럼 드나들던 시절이 있었다. 클래식을 애호해서라기보다 그 컴컴한 음악감상실에서 혼자만의 세계를 찾고 싶었기 때문이었다. 그때 버릇 때문인지 지금도 운전하고 다닐 때 대부분 클래식 음악을 듣는다. 쇼팽이나 모차르트의 음악은 금방 알아듣는다.

옛날엔 부잣집이나 유성기판을 틀어놓고 살았지 나 같은 가난뱅이 집안의 아이들은 '금성' 라디오에서 흘러나오는 CBS 음악방송이 고작이었다. 그 유성기 음반시대가 사라지고 콤팩트디스크라는 뜻의 CD시대가 다가오니 음악을 접하는 게 훨씬 편리했다. 그런데 디지털 시대의 도래로 그 CD시대도 역사 속으로 사라질 위기에 처했다. CD로 찬송가나 복음성가를 듣던 시대가 저물어가고 있다. 그러면 우리 같은 시니어, 좀 기분 나쁜 말로 '노인네'들은 도대체 무엇으로 세상 노래건 클래식이건 혹은 찬송가건 듣고 살란 말인가?

젊은 사람들은 셀폰에 듣고 싶은 뮤직리스트를 빼곡하게 채워서 시도 때도 없이 듣고 다니지만 그것도 다운받을 때마다 돈 내라고 손을 내미는 바람에 노인네들에게는 마땅치가 않다. '판도라'라는 공짜 앱이 있긴 하지만 내가 원하는 게 아니고 지네들 맘대로 틀어주는 거라 신청곡(?)이 불가능하다. 그래서 컴퓨터나 TV 앞에 앉아 있을 때는 유튜브란 걸 이용해서 음악을 접하는 게 지금 나의 열악한 음악환경이다. 한번은 차에서 듣던 'Two Sunsets'이란 피아노곡에 혹 빠져서 집에 와서 유튜브에 검색해 보니 금방 노래가 흘러나왔다. 이탈리아 피아니스트 루도비코에 에이나우디의 연주였다.

그럭저럭 유튜브에 재미를 붙이다가 나는 놀라운 '노래 천사'를 발견했다. 바로 캐롤리나 프로첸코(Karolina Protsenko)라는 13세 소녀다. 이 소녀를 통해 나는 버스킹(Busking)이 무엇인지도 확실하게 깨달았다. '길거리에서 공연하다'라는 의미의 버스크(Busk)에서 유래되었다고 하는데 거지들의 구걸 행위에서 시작되었다는 주장도 있다. 이름 없는 젊은 음악가들의 열린 공연행위로 이해하면 된다.

버스킹을 통해 일약 세계적인 스타로 떠오른 프로첸코는 지금 한창 러시아와 전쟁 중인 우크라이나가 고향이다. 어릴 때 부모를 따라 미국에 온 프로첸코의 어머니는 피아니스트, 아버지는 기타리스트인 음악 가족이다. 할아버지, 할머니는 대형 화물트럭으로 물건을 실어 나르는 대륙횡단 운전사다. 우리네와 비슷한 이민가족이다.

그런데 바이올린에 천재적 재능을 보이던 이 소녀가 버스킹을 시작하자 길을 가던 행인들의 반응이 대단했다. 그래서 그녀의 버스킹 영상을 찍어 유튜브에 올린 것이 대박이 난 것이다. 프로첸코는 바이올린을 연주하면서 춤도 함께 추고 때로는 노래도 한다. 발랄하고 경쾌한 그녀의 길거리 공짜 연주회를 감상하기 위해 사람들이 서서히 모여들기 시작했고, 감동이 밀려오면 공연장 가운데 살며시 놓아둔 바구니에 돈을 넣고 가기도 했다. 관람료는 아니지만 사람들은 기분에 따라 팁을 놓고 간다. LA에 살고 있는 그녀의 버스킹 장소는 대개 산타모니카 3가 스트리트라고 한다.

그런데 사실은 공연장 인기보다는 유튜브 인기가 폭발적이다. 어느 버스킹 모습은 뷰어(Viewer), 즉 그 유튜브 영상을 관람한 사람의 숫자가 1,300만에 이르는 경우도 있다. 현재 전 세계적으로 636만 명의 구독자를 갖고 있으니 입이 딱 벌어진다. 〈오징어게임〉으로 신바람이 났던 넷플릭스처럼 이 소녀 때문에 신바람이 난 유튜브 채널은 아마도 표정 관리를 하고 있을 법하다. 구독자와 매일 시청률을 종합한 결과로 유튜브 채널에서 매달 이 소녀에게 지불하는 돈이 최고 120만 달러라고 하니 버스킹으로 일약 백만장자 스타덤에 오른 것이다. 돈을 떠나서 월드스타로 떠오른 프로첸코의 연주회를 구경하노라면 사실 저절로 힐링이 되는 기분을 느낀다.

공연을 본 사람들은 "이 작은 소녀와 바이올린이 사람들에게 행복을 선사한다. 하나님이 이 소녀와 늘 함께하기를 빈다", "우리 모두 다른 언어를 갖고 있지만 음악은 모두가 공유하는 공통언어임을 깨닫게 해 준다", "그녀는 기쁨을 전파하는 작은 천사"라고 찬사를 아끼지 않는다. 컴컴한 음악감상실이나 정중하다 못해 숨 막힐 것 같은 클래식한 음악당 연주에 꽁꽁 묶여 있던 음악을 길바닥으로 끌고 나온 버스킹, 행인들이 그 버스킹으로 힐링을 경험할 수 있다면야 흔히 하는 말로 "와이 낫?"(Why Not?)이다.

우리들의 찬송가나 복음성가도 길거리로 끌고 나오는 '가스펠 버스킹'은 어떨까? 행인들에게 행복과 기쁨을 선물할 수 있다면 그것도 불가능한 도전은 아니겠지만, 과연 지나가던 사람들이 걸음을 멈추고 들어주기는 할까?

'메타 사피엔스'가 온다고?

아들 부부가 팜스프링스에서 열리는 결혼식에 참석하기 위해 하루 저녁만 손녀를 봐달라고 했다. 주말인데다가 애 보는 분이 코로나에 걸렸다고 통사정을 했다. 손녀와 놀 겸 못 이기는 척 '호출명령'을 받아들였다. 밤이 되어 집안이 좀 써늘하다고 했더니 며느리가 말하길 "그래요? 아버님, 당장 히터 올려드릴게요"라는 말이 떨어지기가 무섭게 더운 바람이 들이닥치기 시작했다. 벽에 붙은 온도조절기를 팜스프링스로 떼어 갔을 리는 없는데, 그 원격조절인가로 나를 놀라게 한 것이다. 참 좋은 세상이다.

지난주 라스베가스에서 열린 CES(매년 열리는 세계 최대 산업박람회) 미디어 행사에서 한국의 현대자동차 회장님은 신차 모델을 끌고 나온 게 아니라 사람 옆을 쫄랑쫄랑 따라다니는 로봇 개를 끌고 나와 사람들을 놀라게 했다. 그분이 하는 말이 "매일 스마트폰을 들고 다니는 것처럼 언젠가는 사람들이 로봇 개를 데리고 다닐 것"이라고 했다. 정말 우리 생활 속에 로봇시대가 열릴 모양인가?

지난 연말 모 대학 부총장님에게서 책 한 권을 선물로 받았다. 제목이 우선 겁을 주는 분위기다. "세계 미래보고서-2022년 메타 사피엔스가 온다"였다. 호모 사피엔스란 말은 들어 봤는데 메타 사피엔스는 무엇인가? 책에서 설명하기를, 기술과 인간 상상력의 결합이 만들어 낸 신세계에서 살아갈 인류를 두고 "메타 사피엔스"라고 부른다는 것이다. 자기네들이 지어낸 모양이다.

그러면 메타란 도대체 무슨 뜻인가? 디지털을 좀 안다는 사람들은 "메타", "메타"를 입에 달고 다니는데 "그게 무슨 뜻이죠?"라고 물으면 딱 부러지게 정의를 말하는 사람이 없다. 구글을 뒤져서 겨우 얻어낸 결론은 그리스어로 '초월'이나 '가공'을 뜻한다는 말이다.

최근 가장 핫한 언어 중 하나가 "메타버스"라는 말이다. 버스 앞에 메타가 붙어 있으니 메타버스란 가공으로 만들어 낸 버스인 줄 알았다. 그런데 이런 무식쟁이가 있나? 메타버스란 타고 다니는 버스가 아니었다. 현실세계를 의미하는 유니버스(Universe)와 '가공, 추상'을 의미하는 메타(Meta)의 합성어로 "3차원 가상세계"를 뜻한다는 네이버 지식백과의 가르침을 얻어내기까지 나는 그냥 맹추였다.

선물 받은 책에서 주장하기를 앞으로 정치와 엔터테인먼트 산업도 메타버스에서 이뤄진다고 했다. 더 엉뚱한 말도 했다. 가족이 죽으면 묘지, 납골당, 추모공원이 아니라 메타버스에 모시는 시대가 온단다. 인공지능 챗봇으로 죽은 가족과 대화하고 메타버스 교회에 고인을 안치하고 죽은 가족과 대화뿐 아니라 만날 수도 있다는 것이다. 목사가 이런 말을 했으면 날라리 사이비 교주가 나타났다고 난리가 날 만한 엄청난 말을 태연스럽게 하고 있는 것이다.

더구나 로봇과 동거하는 세상이 온다고 한다. 동거하는 건강 도우미 로봇! 매일 약도 챙겨주고 혈압이나 당뇨 체크도 해준다면 얼마나 고마운가? 그런데 로봇이 감성을 갖고 사람과 사랑에 빠지거나 성관계까지 가능해진다고? 사람과 사람의 결혼이 아니라 사람과 로봇의 결혼시대도 열린다는 말인가? 그런 시대가 온다는 것이다.

감동적이란 설교는 죄다 데이터로 집어먹은 설교 로봇이 탄생한다면 세상에서 제일 설교를 잘하는 카리스마 넘치는 부흥강사 목사님이 탄생할 것이다. 담임목사님이 출타 중이면 이를 대체할 로봇 목사님이나 세례식, 결혼식을 집례하는 로봇 목사님도 등장할 수 있다.

그러면 로봇이 세례받고 중생을 경험하겠다고 나선다면? 쇠붙이에 손을 얹고 "내가 성부와 성자와 성령의 이름으로 세례를 주노라"를 선포할 수 있는가? 그래서 거절당하면 내친김에 세례를 주는 로봇 목사도 등장시킬 수 있지 않을까? 이러다가는 "내가 바로 재림 예수요!"라고 외치고 다니는 로봇까지 나타날 경우, 이 혼란한 말세 징후를 어떻게 교통정리하라는 말인가?

미래를 내다본다는 미래학자들은 대체로 뻥이 심하다. 곧이곧대로 믿을 필요는 없지만 그냥 지나칠 수도 없다. 문제는 이런 과학과 기술의 발전 속도가 엊그제 김정은이 미국 쪽을 향해 쏘아 올린 극초음속 미사일처럼 빨라지고 있는데, 이를 뒤따르는 신학적 담론이나 신앙 윤리적 훈련은 전무하다는 데에 있다.

나처럼 무식하여 아예 그쪽 분야에서 무슨 난리법석이 벌어지는지 관심과 이해 부족인 이들도 많다. 코로나가 창궐한 지난 2021년부터 유튜브를 통해 주일예배를 드리기 시작하자 "침대에 앉아서 런닝구 바람으로 예배드리는 것도 예배냐?"라는 주장이 나오고, 이에 대해 온라인 공간에서 예배드리는 일은 이제 시대적 요구가 되었다고 맞받아치면서 신학적 토론이 진행된 것이 가장 최근의 일이다.

메타 사피엔스 시대가 도래하면서 인공지능이나 로봇, 가상의 세계에서 펼쳐질 다양한 신학적 이슈에 대한 토론이나 가이드라인은 누가 마련해 줄 것인가? 이제는 오미크론의 슈퍼 전파력 때문에 우리 모두 혼절할 지경이다. 그래도 정신줄은 놓지 말아야 한다. 상상을 초월하는 기술혁신과 메타월드에 대처하는 우리들의 확실한 신앙적 매뉴얼은 붙잡고 살아야 한다. 그 매뉴얼을 쓰기 위한 영적 씨름이 우리 시대 교회들에게 주어진 공동 프로젝트다.

새해, 조금만 더 나이스하게

새해가 밝았다. 새해 첫날 한 살 반짜리 손녀가 세배를 했다. 그냥 엎드리는 수준이었지만 손녀에게 세배받기는 내 생애 처음이라 기분 좋은 날이었다. 그 손녀 손을 잡고 따라나선 곳이 그로브몰이란 쇼핑센터에 있는 '반스 앤 노블' 책방이었다. 아니, 요즘에도 3층이나 되는 큰 책방이 존재한다고? 손녀는 자기 아빠 손을 잡고 일주일에도 두서너 번씩 여기에 온다고 한다. 손녀의 나들이 코스다. 맨 꼭대기 층에 어린아이들 책과 장난감이 모여 있기 때문이다.

책방을 어슬렁대다 보니 눈에 확 들어오는 책 하나가 있었다. '종교' 섹션에 꽂혀 있었다. 제목은 "Be a Nice Human"이었다. 열어 보니 글자는 하나도 없었다. 그냥 백지였다. 일기나 기도문 같은 걸 쓰는 데 사용하라는 블랭크 북이었다. 그런데 이 책 제목이 자꾸 내 마음을 잡아끄는 게 아닌가? 나이스한 인간이 되라고?

며칠 전 암 투병 중인 이어령 교수 인터뷰 기사를 읽은 적이 있다. 그에겐 "우리 시대의 스승", "한국 최고의 석학", "한국을 대표하는 천재"라는 수식어가 붙는다. 그런 그가 예수님을 영접하고 "딸은 죽음이 허무와 끝이 아님을 보여주었다"라고 고백하며 세례교인이 되었다. 고 이민아 목사가 그의 딸이다. 그 후 《지성에서 영성으로》라는 책을 펴내며 큰 반향을 불러일으킨 것을 우리는 기억하고 있다.

그 이어령 교수가 지난 2021년 송년 인터뷰에서 전 세계를 흥분시

켰던 한국 드라마 〈오징어게임〉에 대해서 이야기했다. 그러면서 그 〈오징어게임〉의 진짜 재미는 주인공 성기훈이란 사람의 성이 Saint 로 해석되는 언어게임이라고 했다. 바리새인 같은 종교인보다, 실수하고 못났지만 인간을 믿고 희생애를 간직한 성기훈이 예수와 닮은 사람이라는 것이다. 마침내 456억이란 최종 상금을 손에 쥔 주인공이 친구 어머니에게 돈 가방을 남겨놓고 가는 장면은 나에게도 짠한 감동이었다. 게임장에서 만났던 탈북자 강새벽과의 약속을 지키기 위해 그녀의 동생을 보육원에서 꺼내주고, 그 아이를 돌봐달라며 친구 어머니에게 돈 가방을 던져놓고 가는 그의 휴머니티. 그런 그를 이어령 교수는 세인트라고 부른 것이다.

그러면서 〈오징어게임〉이 돈과 빚에 찌든 한국의 치부를 만천하에 공개했다는 비판에 대해 "밑바닥이 다 드러났지. 탈북자들, 이주노동자들, 해고당한 사람들…소외되고 짓밟힌 사람들이 모여서 서로 물어뜯잖아. '거지끼리 자루 찢는다'고 불행한 사람끼리 모여, 뺏고 뺏는 게임…그 모습을 감추지 않았어. 한국에 노동하러 오겠어? 악당들은 거기 다 있더구먼. 창피해서 살겠나, 싶겠지. 허허. (정색하며) 그런데 '나는 바보다'라고 말하는 사람은 바보가 아니에요. '이런 나쁜 짓을 했습니다' 하는 순간 거기서 이미 벗어난 거야. 무서운 건 그걸 감추는 나라죠. 우리는 모순을 드러냈기에 자유로운 것입니다. 고해성사 같은 거죠. 자신을 고발하고 더 높은 곳을 바라볼 수 있다면, 희망이 있어요. 선이 악을 이기고 인간은 믿을 만하다는 것, 세계인들은 그걸 보고 안도한 것입니다"라며 그의 인터뷰는 "선한 인간이 이긴다, 믿으라!"는 말로 끝나고 있었다.

그분의 "선한 인간이 이긴다"는 말과 반스 앤 노블에 꽂혀 있는 블랭크북 제목 "나이스한 휴먼이 돼라"는 말이 하나의 느낌표로 포개지면서 새해를 맞는 내 가슴에 악수를 청해 오는 듯했다.

우리는 코로나로 지쳐 있는 판국에 오미크론까지 나타나서 짜증스러운 새해를 맞이하고 있다. 금년 새해에는 흔하게 입에 오르내리던 그 "New Year's Resolution"이란 말도 별로 들리지 않는다.

그래도 분명한 것은 새해 365일을 선물로 받은 이상, 최소한의 선량한 삶을 살아내는 것이 은혜받은 자의 기본 매너일 것이다. 코로나 환난시대에 살아남아 여기까지 온 것이 사실은 눈물겹다.

비록 '인간말종'같이 보여도 약속을 지키기 위해 목숨 걸고 쟁취한 돈을 아낌없이 던져주는 따뜻한 인간애를 가진 주인공을 보고 그가 바로 성자라고 해석하는 우리 시대 스승의 말을 기억하자. 성자 하면 우리는 성 베드로나 성 어거스틴만 떠올린다. 그런 거창한 성자는 아니어도 지난해보다 조금만 더 나이스하게 변하는 인간이라면 그것이 우리가 성취할 수 있는 '작은 성자'가 아니겠는가?

크리스천의 정체성은 딱 2가지 말로 귀결될 수 있다. In Christ와 코람데오(Coram Deo)이다. 그리스도 안에 살면서 하나님의 불꽃 같은 시선을 의식하며 살아가는 신전의식, 아마 이 두 마디 말만 까먹지 않고 살아도 우리는 넉넉하게 나이스 휴먼으로 살아갈 수 있을 것이다. 너무 티나게 변해보겠다고 벼르지 않아도 지난해보다 조금만 더 나이스하게…그렇다면 새해는 '해피 뉴이어'가 될 수 있다. 밝아온 새해는 반드시 '해피 뉴이어'가 되시길!

카톡, 내 일상의 동반자

내가 지금 미국에 살면서 대한민국으로부터 '은혜'를 입고 사는 것이 딱 한 가지가 있다. 군인연금도 아니고 이런저런 공무원 연금도 아니다. 바로 카카오톡이다. 카카오톡을 줄여서 카톡, 아예 그것마저 반토막을 내서 '톡'으로 통하는 모바일 메신저 서비스다. "궁금하니 톡 좀 해라!" 그러면 카카오톡으로 문자를 보내라는 말이다.

미국 사는 한국 이민자들과 이렇게 바짝 밀착되어 있는 '한국산 서비스'가 어디 카톡 말고 또 있을까? 여기서 태어난 내 아들과 딸이 한국어 실력은 형편없지만 카톡만은 폰에 깔아놓고 산다. 우리 가족 '카톡방'엔 따로 사는 아들이 팬데믹을 두려워하지 않고 개선장군처럼 이 세상에 쳐들어온 손녀 사진을 매일 올려놓는다. 동영상 서비스도 있다. 예쁘게 크고 있는 손녀를 보며 나는 매일 저녁 '헬렐레 할아버지'로 변한다. 카톡이 주는 은혜다.

나는 신문사 원고청탁도 카톡으로, 광고비 왜 안 보내냐고 졸라대는 하소연성 협박 문자도 카톡으로, 대부분의 보도자료도 카톡으로 받는다. 이메일이나 버라이즌 문자서비스보다 훨씬 빠르고 편하다. 그래서 카톡은 누가 뭐래도 '내 일상의 동반자'다.

골프나 마라톤, 하이킹처럼 취미 활동한다는 사람들이 모이는 곳에 카톡방이 있고 웬만한 고등학교, 대학 동창회는 거의 모두 카톡방을 갖고 있다. 거기엔 세계 구석구석에 흩어져 사는 옛 동창들이

들락날락하다 보니 마치 국제조직처럼 거창하게 보인다.

팬데믹 동안 대면예배가 중단되긴 했지만 그나마 그리운 교인들과 소통하는 길이 열려 있었으니, 그게 카톡방이었다. 교회 소식과 목사님의 목회서신이 전달되기도 하고 성가대와 구역 식구들이 카톡으로 소통하다 보니 숨통이 트이는 것 같았다.

성지순례단을 이끌고 튀르키예나 이스라엘을 여행하다 보면, 하루 일정을 마치고 들어와 호텔 로비에서 여행객들이 제일 먼저 목마르게 찾는 게 호텔 와이파이 패스워드다. 그걸 입력하면 동시다발적으로 전화기에서 터져 나오는 "카톡", "카톡"이란 말이 호텔 로비에 메아리처럼 피어오른다. 카톡이 연결되었다는 신호다.

여행하면서 가족들과 연락을 주고받기 위해서라면 카톡은 필수다. 국제전화는 비싸서 어림도 없다. 그래서 카톡이 안 터지면 다음 날 여행을 죽 쑤는 이들을 많이 보았다. 그런데 이런 서비스가 공짜라니 이게 얼마나 고마운 일인가? 그래서 은혜가 아닌가?

'국민 메신저'로 자리 잡은 이 카톡의 국내외 누적 가입자 수가 지난해 기준 1억 명이고 하루 평균 송·수신 메시지가 110억 건이라고 한다. 1억의 가입자에게 한 달에 1불씩만 차지해도 한 달 수입이 1억 달러. 이 천문학적 돈을 포기하고 공짜로 베푸는 것이다.

이 카톡을 시작한 사람이 '흙수저' 김범수라고 한다. 11년 만에 118개의 계열사를 둔 15조 주식 부자가 된 대단한 성공을 거둔 사람이다. 세상을 잘못 만나 감방에서 고생 끝에 엊그제 풀려난 삼성그룹의 이재용 회장보다 주식에서는 앞서는 부자가 되었다고 한다. 한국 국민의 72%가 이 카톡을 쓰고, 유튜브나 네이버를 제치고 앱 사용자 부동의 1위를 지키고 있다고 하니 출세치고는 대박이다.

그 김범수 사장이 몸집을 불리다 보니 대리운전까지 진출하면서 골목상권을 침해하자 지나치다는 비판을 받고 있다고 한다. 그분의 종교적 배경도 잘 모르지만 카톡은 우리 한인 이민자들에게 너무 고마운 기업임에는 틀림없다. 카톡 못지않게 우리에게 고마운 기업은 '구글'이다. 그 구글 10대 신조에 이런 항목이 있다고 한다. "악해지지 않아도 돈을 벌 수 있다"(You can make money without doing evil). 나는 카톡이 그런 기업이었으면 좋겠다.

레퓨테이션 인스티튜트(Reputation Institute)란 세계기업평판 조사기관은 지난 2019년 세계에서 가장 평판이 좋은 기업 1위는 롤렉스(스위스), 2위는 레고(덴마크), 3위는 월트 디즈니(미국), 4위는 아디다스(독일), 5위 마이크로소프트(미국), 6위 소니(일본), 7위 캐논(일본), 8위 미쉘린(프랑스), 9위 넷플릭스(미국), 10위 보쉬(독일)라고 발표했다. 한국은 하나도 없다. 왜 삼성이나 LG가 빠졌는지 잘 모르겠다. 세계로 뻗어가는 한국 기업들이 구글의 신조처럼 악해지지 않고도 돈을 버는 기업으로, 좋은 평판을 받는 선한 기업으로 뻗어가기를 바란다.

김범수 사장이 혹시 미국에 오면 어느 돈 많은 장로님이 한인 교계를 대표해서 LA갈비라도 한 번 대접해 주는 걸로 그분에게 격려의 박수를 쳐 주면 어떨까 싶다. LA갈비를 좋아할런가 모르지만….

기후변화, 손 놓고 구경만 할까요?

캘리포니아 주지사가 모든 가주 주민들에게 물을 15% 절약해 달라는 '호소작전'에 나섰다. 극심한 가뭄으로 캘리포니아가 말라가고 있기 때문이다. 그래서 식품값도 천정부지로 치솟고 있다.

한인타운에 나간 김에 수박 한 통 사오라는 아내의 지령(?)을 받고 한인 상인에게서 수박 한 통을 사서 집에 들어가자 아내가 까무러칠 듯 놀라서 말했다. 아니 수박 한 통에 15달러라고? 달라는 대로 줬을 뿐인데…. 코스트코에 가면 보통 7-8불이라는 것이다. 두 배로 수직상승했으니 아내가 놀란 것이다. 생필품 가격만 문제가 아니다. 식수까지 위협받게 되면 세차와 잔디밭에 물 주는 것도 중단해야 한다. 수영장에 물을 채워 넣지도 못한다.

남가주는 사막지대에 둘러싸여 있지만 사막은 아니다. 미국에서 유일하게 지중해성 기후를 보이는 낙원(?)인 줄 믿고 살아간다. 겨울엔 비가 많이 오고 여름엔 물 한 방울 안 떨어지는 건조한 날씨가 특징이다. 그래서 과일과 야채 생산이 끝내 주는 곳이다. 미국 전체 채소와 과일 소비량의 3분의 1이 캘리포니아산이라고 한다. 그중에서 남가주가 대부분을 차지할 것이다. 그런데 언제부터인가 그 지중해성 날씨가 자취를 감췄다. 겨울에도 노 레인, 여름에도 노 레인이다. 일 년 내내 비가 없으니 찾아오는 건 극심한 가뭄이다.

남가주는 시에라네바다 산맥에 눈이 쌓이면 눈이 녹는 물을 '생명수'로 삼고 있다. 적설량이 낮으면 그해는 죽음이다. 또 하나 식수원은 콜로라도에서 발원하여 그랜드캐년과 라스베이거스 레이크 미드를 유유히 흘러 캘리포니아를 지나가는 콜로라도 강물이다. 그런데 후버댐이 막고 있는 레이크 미드의 최근 저수량이 사상 최저 수준이라고 한다. 콜로라도강까지 저렇게 말라가면 점점 인구가 늘어나는 남가주나 캘리포니아는 가뭄으로 인한 '대환난 시대'를 눈앞에 두고 있는 셈이다. 그러거나 말거나 마켓에서 '에비앙'을 사다가 마시면 되고 조금 싼 '크리스털 가이저'를 사다가 샤워하면 된다고 생각하는 사람도 없지는 않을 것이다.

"기후변화로 문명의 끝이 보인다"는 전문가들이 입에 침을 튀기며 강조하고 또 강조해도 귀를 막고 있다가는 정말 지구의 종말이 오기 전에 먼저 우리부터 종말을 만나게 될 것이다.

시애틀이나 밴쿠버는 에어컨이 없어도 사는 지역이었다. 그런데 지난 6월부터 기습적으로 100년 만에 들이닥친 살인 폭염 때문에 밴쿠버에서만 100명이 사망했다. 오리건 주는 95명, 워싱턴 주는 30명이 사망했다. 원인은 열돔(Heat Dome) 때문. 그것도 결국은 기후변화의 산물이다.

과거 기독교는 힘 있는 국가와 자본이 자연환경을 마구잡이로 파괴하는 일에 정당성을 부여해주었다. 아니 '동업자'였다. "생육하고 번성하여 땅에 충만하라. 땅을 정복하라"는 성경 말씀은 서구 열강의 패권을 신앙적으로 인정해 주는 구절로 인용되었다.

그러나 언제부터인가 교회 일각에서 "지구는 하나님의 집이며 인간은 하나님의 집을 파괴할 권리가 있는 것이 아니라 지켜야 할 의무가 있다"는 깨달음에 이르게 되었다. 지구환경에 대한 청지기적 사명이 강조되기 시작한 것이다. 세계교회협의회가 대표적 주창자였다. 그리고 '생태신학'이란 말도 등장했다.

그러나 우리 모든 개체교회는 여전히 기후변화에 별로 관심이 없다. 내가 연합감리교회를 존경(?)하며 좋은 점수를 주는 이유 중 하나는 개체교회마다 '역사편찬위원회'가 '법으로' 존재하기 때문이다. 당회처럼 개 교회마다 꼭 있어야 할 조직이라고 생각한다. 그러나 대부분의 교회는 역사 편찬을 중요하게 여기지 않는다.

마찬가지로 모든 교회는 환경위원회, 혹은 기후변화 대처위원회(내가 그냥 붙인 이름이긴 하지만)가 '법으로' 조직되어야 한다고 믿는다. 전기 소형차 혹은 자전거 이동, 나무 심기, 원예 활동, 도시농업, 야생지 답사, 환경체험교육, 쓰레기 재활용, 생태 화장실, 빗물의 재활용, 햇빛의 자원화 등 거창한 아이디어는 국가적 개발사업이긴 해도, 우선 종이컵을 안 쓰고 나무 젓가락을 사용하지 말자고 외치며 교회 친교실에서 내가 사용할 컵을 가방에 넣고 가는 작은 환경운동부터 시작해야 하지 않을까?

UN 기후변화보고서는 코로나 다음에 닥칠 인류 최대 위협은 폭염이라고 발표했다. 그래서 "Think globally, act locally"란 말이 더욱 절실하게 중요한, 기후재앙 예고편 시대를 우리는 살아가고 있다.

사막은 오아시스가 있어 아름답다

"사막이 아름다운 건 어딘가에 오아시스가 숨어 있기 때문이야!"

생텍쥐베리의 《어린왕자》에 나오는 말이다. 그래서 사막 같은 황량한 세상을 살면서도 숨어 있는 오아시스 때문에 우리는 희망을 포기하지 않고 사막을 살아간다.

차를 닦으러 다가온 가난한 소년에게 차 뒷좌석에 앉아 있던 부자 소년이 "장난감, 너 가져!"라며 선물을 주고 떠난 동영상이 세상 사람들을 울렸다. 사막 속의 오아시스가 바로 그런 거였다.

인도에서 한 페이스북 계정에 "이 영상 때문에 눈물이 났다"는 제목으로 59초 분량의 동영상이 올라왔다. 언제 어디서 촬영됐는지 나오지는 않았지만 이 영상에는 두 명의 소년이 등장한다.

영상을 보면 허름한 차림의 소년이 걸레를 들고 신호 대기를 하고 있는 승용차를 닦는다. 그 순간 승용차 뒷좌석에 타고 있던 또 다른 소년이 창문을 내리고 작은 장난감을 소년에게 건넨다. 장난감을 받은 소년은 잠시 길 한복판에 앉아 장난감을 가지고 논다.

차에 타고 있는 소년은 노란색 포클레인 장난감도 소년에게 준다. 장난감을 선물 받은 도로의 소년은 신이 난 듯 또다시 길에서 장난감을 갖고 논다. 얼마 지나지 않아 도로의 소년은 받은 장난감을 다시 차에 타고 있는 소년에게 돌려주려 한다. 하지만 소년은 그냥 가지라는 듯 도로의 소년이 들이미는 장난감을 두 번 밀어낸다.

그러자 도로의 소년은 장난감 선물에 대한 보답인 듯 자신이 팔고 있는 과자 봉지 하나를 들고 와서 소년에게 전해 준다. 두 소년은 마스크를 벗고 간식을 나눠 먹는다. 이후 신호가 바뀌면서 승용차는 출발했다. 두 소년은 미소를 지으며 서로를 끝까지 바라보면서 손을 흔든다. 이 영상은 1,480만 회 이상 조회됐고, 네티즌들은 "너무나 아름다운 감동적인 장면이다", "아이들이 인류에게 희망을 줬다"라고 하며 찬사를 보냈다고 한다.

소소하지만 우리의 가슴을 적시는 그런 작은 오아시스도 있지만 바다 같은 매머드급 오아이스도 있다. 나는 최근 아마존 창업자 베이조스의 전 부인 매켄지 스콧에게 놀라고 있는 중이다. "아니, 세상에 이런 사람도 있나?"라고 입이 벌어질 정도다. 그녀는 이혼합의금으로 아마존 지분 4%를 받아 재산이 590억 달러, 한국 돈으로 66조 원의 소유자가 되었다. 현재 이 세상에서 가장 돈 많은 여성 중 한 명이다. 그것은 별로 부러움의 대상이 아니다. 그것을 쓰고 있는 씀씀이가 부럽다. 아니, 경이롭다.

그가 지구촌의 '기부왕'으로 등극한 것이다. 그는 이번 달에도 286개 기관에 27억 4천만 달러를 기부한다고 발표했다. 대학과 칼리지, 예술센터, 인종 및 성평등 활동기관 등 '좋은 세상'을 만들겠다는 기관에는 구차하게 이것저것 따지지 않고 '살포 수준'으로 기부금을 보내주고 있다.

남가주에서도 캘폴리 포모나 대학이 4천만 달러, 랜초쿠카몽가에 있는 차피 칼리지도 2,500만 달러를 받았다. 캘스테이트 노스리지 대학이 4천만 달러, 일미 박물관이 1천만 달러…. 죄다 나열할 수 없을 만큼 많다. 지난해 7월 인종평등과 공중보건을 위해 116개 단체에 17억, 같은 해 12월 취약계층을 위해 384개 단체에 42억, 그러면 금년 것을 합하면 모두 786개 기관에 도합 85억 달러를 기부한 것이다. 그것도 1년 동안에 말이다.

"내 주머니가 바닥날 때까지 기부하겠다"라고 하던 그녀의 말이 건성은 아니었다. 어떻게 이런 기절시킬 수준의 통 큰 기부가 한 개인에게 가능한 것일까? 이런 사람에게 노벨상을 줄 수도 없고 미국의 '대통령 자유메달' 상을 줄 수도 없고…. 이 나라는 도대체 무엇으로 매켄지 스콧에게 고마움을 표시해야 옳을까?

그러나 기부의 기쁨은 기부해 본 사람만이 경험하는 특권이라고 한다. 그런 상을 받을 목적으로 그 많은 돈을 뿌리는 바보가 어디 있을까? 자신의 철학에서 비롯된 신비롭고 행복한 나눔의 체험을 간직하고 있기 때문일 것이다.

우리가 살고 있는 사막에선 철저하게 '기브 앤 테이크'(give and take)를 삶의 원리로 삼는다. 그러나 조건 없는 기부, 아낌없는 긍휼, 주고 또 주고 싶어 하는 마음으로 이 세상을 살아가는 이들도 있다. 그들이 바로 이 세상의 오아시스다. 전도서의 말씀대로 물 위에 떡을 던지듯 주는 일에 두려워하지 않는 사람들 때문에 이 세상은 아직도 아름답다.

연합감리교회 앞에 놓인 '비아 돌로로사'

5월 4일은 역사적인 날이었다. 미국 역사에서 처음으로 여성 목사가 탄생한 날이었다. 1956년 감리교회에서 일어난 일이다. 모드 젠슨(Maud Jensen)이라는 여성이 남성 목사와 똑같은 자격으로 목사 안수를 받은 날, 같은 해 미국장로회(PCUSA)에서도 여성 목사가 탄생했다. 65년 전의 일이니 길다면 길고 짧다면 짧다.

65년이 지난 지금도 여성목사 안수가 성경적이냐, 아니냐로 교회는 양분되어 있다. 감리교나 미국장로회, 복음주의루터교회나 성공회는 여성 목사를 대량 방출(?)하고 있다. 구세군도 마찬가지다. 그러나 가톨릭교회를 비롯하여 미국에서 가장 큰 교단인 남침례교는 여성 목사를 반대한다. 루터교, 미주리시노드도 반대한다. 한국의 장로교도 여성 안수에 찬반이 분명하다. 장자 교단이라 불리기를 좋아하는 예장합동은 절대 반대, 반면 예장통합은 찬성이다.

여성 목사 안수는 지금도 풀리지 않은 숙제다. 교단에 따라 제각각이다. 성경해석을 달리하고 있기 때문이다. 예장합동의 경우 '여성 안수 반대는 영원한 진리'라고 외치고 있다. 그런데 감리교가 역사 속에 제일 먼저 여성 목사 안수를 치고 나왔다. 진보적인 모습을 보인 것이다.

여성 목사 안수 등 감리교와 비슷한 신학적 성향을 보이던 복음주의형제교회(Evangelical United Brethren Church)가 있었다. 독일 경건주의에 뿌리를 두고 있던 이 복음적인 교단과 감리교가 연합을 결의하고 함께 뭉친 것이 1968년이다. 두 교단이 그해 교단 대 교단 통합을 선언하면서 이름을 연합감리교회(United Methodist Church, UMC)로 정했다. 그래서 꼭 53년 전 UMC가 탄생한 것이다.

이 연합감리교회는 글자 그대로 연합을 사랑해서였는지 소수인종 교회를 대대적으로 환영하고 사랑했다. 교단의 최고 지위인 감독직에 그동안 한인 감독 4명(고 김해종, 박정찬, 조영진, 정희수 감독)이 배출된 것을 보면 충분히 공감이 가는 부분이다. 자료에 따르면 미주 내 한인연합감리교회 목회자는 현재 1,073명으로 남성 855명, 여성이 218명이며, 은퇴목회자는 그중 226명이다. 교단 이름에 '연합'이란 이름을 등장시킴으로 분열보다는 연합이 좋고, 나누고 갈라지는 것보다는 서로 이해하며 합치는 게 좋다는 걸 암시라도 하듯 근사하게 이름값을 해오던 연합감리교회였다. 그런데 그 연합의 역사가 깨질 위기를 맞았다. 2년 전에 갈라서기로 결의한 것이다.

원인은 '동성애'였다. 한쪽은 동성애를 품고 가자는 진보 쪽이고 다른 쪽은 '동성애 반대는 영원한 진리'라고 주장하는 보수주의 쪽이다. 미국 대법원도 동성애를 합법화한 마당에 교회도 동성애를 품고 가자는 교단 입장에 반대하여 교단 내 보수주의와 대다수 한인 교회들이 '내 목에 칼이 들어와도 동성애는 반대'라는 강경한 입장으로 충돌한 것이다. 더러 동성애를 지지하는 한인교회들도 있다.

서로 견해 차이가 있다고 해도 다양성의 차원에서 견딜 수 있고, 잘하면 화합의 여지가 있다고 치자. 그런데 신앙공동체에선 '신조'에 금이 가기 시작하면 볼 장 다 본 셈이다. 상대를 두고 다르다 말하지 않고 틀렸다고 말하기 시작하면 갈라서야 한다. 나뉘는 게 낫다.

그래서 합의에 이른 것은 좋았으나 한때는 한솥밥 식구였으니 "은혜롭게 갈라서자"는 처음 약속은 희미해지고 험한 꼴로 이별을 맞이할 것 같다는 불길한 예감이 앞서고 있다. 가슴 아픈 일이다.

최근 남가주를 비롯 미 전역에서 동성애를 반대하며 보수적인 교단을 만들어 분리를 주장하던 목사들에게 돌연 파송중지 통지서가 날아오자 '은혜로운 분리'는커녕 '전쟁선포'라는 격한 분위기가 감돌고 있다. "벌써 예배당 재산 싸움인가?"란 반응도 있다. 이렇게 되면 감리교회가 '연합'이란 이름으로 똘똘 뭉쳐 하나님 나라 선교 역사 속에 이뤄놓은 수많은 기념비들은 어찌해야 하는가?

세상 이혼이든 교회 이혼이든 갈라서는데 무슨 은혜? 그런 냉소주의를 겸손하게 내려놓자. 연합감리교회란 공동체 구성원으로 있는 모든 이들은 하나님 앞에서 나와 우리를 살피자. 앞으로 나의 선택이 주님 앞에 부끄럽지 않은 선택이었는지…. 이왕에 헤어질 거면 하나님의 자녀다운 모습으로 헤어지게 해달라고 기도하자.

교단 정치 때문에 진리 수호가 오염되어선 안 된다. 정의를 외치다 신앙이 매몰되는 일도 없어야 한다. 교단 분리의 길이 비아 돌로로사처럼 험하고 긴 슬픔과 고난의 길일지라도 그분 손에 붙잡혀 오르는 길이라면 그 길이 승리의 길, 부활의 길이란 믿음으로 움직이자.

'말세 매뉴얼'도 숙지하자

트럼프 대통령이 물러가면 미국의 고질병 중 하나인 총격 사망사고는 수그러들 것이라고 생각했다. 워싱턴 정계를 쥐락펴락하는 강력한 로비 파워를 가진 총기협회가 공화당과 단짝인 줄만 알고 민주당 정부가 들어서면 총기 범죄는 줄어들겠지 했다. 그런데 이게 웬걸, 바이든 시대가 열리면서 총기사건은 매일 하루가 멀다 하고 터져 나오고 있다. 무고한 시민들은 하염없이 쓰러지고 CNN은 허겁지겁 현장에 달려가 브레이킹 뉴스로 사건을 보도하느라 숨이 찬다.

물론 바이든 대통령이 이 같은 현실을 모르는 건 아니겠지만 코로나로 가슴에 눌려 있던 험악한 분노의 방아쇠가 제어되지 못하고 폭발하고 있으니, 이것마저 코로나의 반작용이란 말인가?

그러자 미 연방 범죄수사국(FBI)이 나서기 시작했다. 총기난사 상황에 맞닥뜨리면 어떻게 하면 좋을지 기억하기 쉽게 구호처럼 만든 것이다. 바로 "도망치고, 숨고, 싸워라"(Run, Hide, Fight)는 말이다.

FBI는 총기난사 상황에서 총소리를 듣는 순간 도망치라(Run)는 것이다. 제자리에 얼어붙는 것은 최악의 행동이라고 한다. 1초, 1초가 중요하기 때문에 제자리에 쪼그리고 앉지 말라는 것이다. 도망치는 것이 어려운 상황이면 숨어야 한다(Hide). 전문가들은 총기난사 상황을 통상 3분 정도로 보고 있다. 그 시간 동안 정확히 무엇을 할지, 알고 있어야 한다. 그래서 그로서리 마켓이나 영화관, 은행, 학교

등에 갈 때 비상 출구를 확인해 두는 것도 중요하다.

그런데 도망치거나 숨는 것 모두 불가능할 경우, 그 절망적인 순간에 남는 선택지는 단 하나로 싸우는 것(Fight)이라고 FBI는 조언한다. 태권도를 배워둔 것도 아닌데 그 총 쏘는 놈과 맞장 떠서 싸우라고? 그러나 남은 최후의 방법이 그것 하나일 때는 어쩌랴! 그래서 FBI는 총기 난사범과의 정면 대치는 극도로 위험하기 때문에 '최후의 수단'으로만 삼아야 하고 범인과 부득불 싸워야 할 때는 그가 총을 재장전하는 때를 기다리라고 설명하고 있다.

총기난사 상황에 직면했을 때 이렇게 차분하게 대처하는 것이 참으로 가능할까? 그러나 매일 방탄조끼를 입고 생활하지 않는 한 우리에게는 매우 도움이 되는 매뉴얼임에는 틀림없다.

소방당국은 화재 현장을 만나면 "멈추고, 누워서, 굴러라"고 말한다. 불이 났을 때 대처하는 간단한 매뉴얼이다.

LA같이 지진이 많은 지역에서 지진 매뉴얼은 항상 숙지 대상이다. 어른이나 아이들이나 마찬가지다. 늘 머릿속에 담고 살아야 한다. 지진이 나면 우선 Drop(몸을 낮춰 머리를 무릎 쪽으로 숙이고), Cover(손과 팔로 머리와 목을 감싸고), Hold On(흔들림이 멈출 때까지 기다린다)하라는 것이다. 초등학생들도 달달 외우는 지진 대처 매뉴얼이다.

가만 있자. 그러면 지진이나 총기난사 사건과 비교할 수 없는 '말세 매뉴얼'을 우리는 외우고 있는가? 성경에는 말세의 징조에 관해 설명해주는 여러 말씀들이 있다. 우선은 '가짜 그리스도'가 출현한다는 것이다. 난리와 난리의 소문이 날 것이고 기근, 지진, 역병이 있고 사랑이 식어질 때가 말세의 징조라고 예수님은 가르치셨다.

"내가 곧 Second Coming Jesus"라느니 '재림 예수'라고 진지하게 헛소리를 퍼트리고 다니는 사람들이 더러 있었지만 요즘엔 잠잠해졌다. 미군이 후세인을 무찌르기 위해 이라크로 쳐들어 갈 때 그것이 말세의 징조라고 외치던 어른들도 있었다. 요즘엔 그런 난리 소식이 들리지 않는다. 탈레반의 만행이나 이슬람국가(IS)의 잔인한 폭력도 뜸해졌다. 지긋지긋하던 아프가니스탄에서 오는 9월 미군을 완전히 철수시킨다는 바이든 대통령의 결심이 섰다고 하니 난리가 아니라 지구촌에 평화의 비둘기가 떼 지어 날아오르려나?

말세의 징조를 제멋대로 해석해서 신실하게 신앙생활에 열중하던 성도들에게 겁주기를 밥 먹듯 하던 '말세론 애호가'들은 요즘 코로나란 신종 아이템을 아주 즐겁게 애용하고 있을 수도 있다.

누가복음에 보니 예수님은 말세에 관한 징조들이 나타날지라도 '끝은 곧 되지 아니하리라'며 종말 유보 자세를 취하신 후에 우리에게 그런 징조가 나타나면 매뉴얼을 잘 준수하라고 말씀하고 계신다. 주님이 당부하시는 말세 매뉴얼을 한마디 슬로건으로 환산하면 '깨어 있으라'는 말씀이다. 그 말세는 지구상의 모든 사람에게 덫과 같이 임할 것이니, 방탕함과 술 취함과 생활의 염려로 마음이 둔해지지 않도록 조심하라는 것이 말세 매뉴얼의 핵심이다.

다른 건 몰라도 코로나 팬데믹을 지나면서 누구에게나 '생활의 염려'가 따따블로 늘어난 건 사실이다. 그놈의 코로나 때문에 돈 걱정, 교회 걱정, 건강 걱정으로 누적된 생활의 염려… 그런 염려로 마음이 둔해지지 않도록 늘 깨어 있는 것을 말세 매뉴얼로 기억하며 살자. 총기난사 현장에서 살아남기 위하여, 지진과 화재 현장에서 살아남기 위하여 매뉴얼이 필요하듯 부활의 첫 열매가 되신 주님을 따라 살기 위해 필요한 우리들의 영적 매뉴얼을 늘 기억하자.

⟨미스 트롯2⟩를 보며 찬송가를 생각하다

전두환 전 대통령의 차남인 전재용 씨가 목사가 되려고 신학교에 간다는 뉴스를 한국 언론들이 일제히 보도했다. 극동방송 김장환 사장님이 직접 TV 인터뷰를 해서 세상에 알려졌다고 한다. 금년 57세이니 아마도 세컨드 커리어로 목회자의 길을 선택한 모양이다.

교도소에서 2년 8개월을 보낼 때 멍하니 창밖을 바라보던 어느 날 찬송 소리에 깊은 감동을 받았다는 것이다. '종교방'에서 울려오던 찬송 소리를 듣고 눈물이 났고 예배드리고 싶은 마음이 간절해졌고 목회자의 길을 가기로 결심했다고 한다.

감리교 창시자 요한 웨슬리 목사님도 찬송으로 은혜받지 않았는가? 조지아 주 선교사로 가는 대서양 뱃길에서 풍랑을 만났지만 죽을까 봐 겁에 질려 있는 자신과는 전혀 다르게 풍랑에도 아랑곳하지 않고 태연하게 찬송에 열중하고 있는 모라비안들을 보고 충격을 받은 것이다. 왜 내게는 저런 평안이 없는지를 영적으로 파고들어 결국은 1738년 런던 올더스게이트의 회심을 경험한 후 타락한 18세기 영국을 구원하고 그 후에 감리교를 비롯해 성결교, 구세군, 나사렛 교단을 세운 결과를 가져왔으니 찬송의 힘은 참으로 위대하다.

비텐베르크에서 거주했던 종교개혁자 마르틴 루터가 교황청의 소환을 받아 말을 타고 보름스로 내려갈 때, 그의 발걸음은 죽음을 각오한 것이었다. 내려가던 길에 소학교 시절 성가대원으로 활동하던 아이제나흐의 성 게오르규 성당을 찾아간 것을 보면 어린 시절을 추억함으로 공포에서 벗어나고 싶었는지도 모른다. 절박했던 루터는 주님을 향해 "주님은 강한 성"이라고 고백할 수밖에 없었을 것이다. 그래서 탄생한 찬송가 585장 "내 주는 강한 성이요"는 루터의 파문 후에 그를 지지하는 종교개혁 추종자들의 '18번 찬송가'가 되었다.

구약에서도 여리고 성을 정복할 때 찬송을 불렀다. 이스라엘이 찬송할 때 암몬 족속과 모압 족속이 패망했다. 다윗은 예배 때마다 노래하는 자를 따로 세웠다고 한다. 예루살렘 시온산에 있는 다윗의 가묘를 들어가려면 황금빛 다윗 동상을 만나게 된다. 그가 들고 있는 건 돌팔매도 창이나 검도 아닌 하프이다. 하프로 하나님을 찬양하던 다윗은 바로 찬송의 사람이었음을 보여주는 동상이다.

오래전 돌아가신 어머니의 예배당 행차 가방 속 2종 세트는 성경과 찬송가였다. 둘 중 하나라도 빠지면 거의 이단 취급이었다.

그런 찬송가가 시방 코로나 시대를 지나면서 '멸종 위기'를 맞고 있다. 그나마 대면 예배라고 찔끔 열려도 비말이 튀어나갈 걱정 때문에 마스크를 쓰고 찬송을 불러야 하는 현실이 되었다. 성가대는 더 심각하다. 언제쯤일지, 복원될 것 같지도 않다.

온라인 예배 속에서 찬송은 중요하지 않은 순서로 치부되었다. 줌으로 예배를 드릴 경우 성도들의 얼굴은 스쳐 지나가고 목사님의 설교는 확실하게 들려도 회중 찬송 소리는 한 공간에서 부르는 게 아닌지라 강약 조절이 잘 안 된다. 아예 찬송을 생략하는 경우가 많아지다 보니 찬밥신세다. 그래서 멸종 위기다. 한 인생을 뒤집어 놓기도 하고 인류의 물줄기를 바꾸기도 하는 찬송가의 위력이 코로나에게 인질로 잡혀 있다고 생각하면 죄송하기 짝이 없다.

그러면 그냥 립싱크로 대신한다? 립싱크란 가수를 무대에 세워놓고 노래는 녹음기가 하고 가수는 입만 뻥긋대는 것이다. 그러다 보면 노래에 영혼이 스며들겠는가?

최근 나는 한국에서 인기를 끌고 있는 〈미스 트롯2〉란 대중가요 경연프로그램을 보고 감탄했다. 물론 거액의 상금이 걸리고 일약 스타덤에 오르는 기회를 잡기 위해서라지만 참가자들의 태도는 너무 진지하고 엄숙했다. 열정과 정성, 노력과 기술의 결정체였다.

트로트라는 노래 수준이 저렇게 훌륭했나? 옛날 프랭크 시나트라나 잉글버트 험퍼딩크를 수입했듯이 주현미나 나훈아도 해외 수출용이라는 생각도 들었다. 경연 참가자들이 자신들의 인생을 표현하는 '인생곡' 미션은 더욱 간절했다. 눈물이 치솟는 대목도 있었다.

나의 인생곡 찬송가는 뭘까? 어머니가 즐겨 부르시던 찬송은 "내 기도하는 그 시간"과 "너 근심 걱정 말아라 주 너를 지키리"로 기억된다. 돈 한 푼 없이 미국 가겠다는 나에게 송별예배에서 가족들이 불러준 찬송가다. 어머니와 형제들의 간절한 기도와 찬송처럼 이민 광야에서 주님이 나를 지켜 오늘에 이르게 하셨으니, 언제 들어도 눈물 나는 찬송가가 "너 근심 걱정 말아라 주 너를 지키리!"이다.

인생곡이고 아니고 간에 좌우지간 찬송가는 열정적으로 불러야겠다는 생각을 〈미스 트롯〉을 보면서 했다. 예배당에 가면 립싱크 수준으로 입만 뻥긋대던 뜨뜻미지근한 버릇을 버리고 대면예배가 다시 열리면 〈미스 트롯〉 경연자들처럼 노래에 영혼이 녹아질 듯 진지하고 간절하게 찬송하리라! 그런 때가 언제쯤 도래하려나? 찬송가 찬밥 시대는 정녕 종말을 고하게 될까?

영화 〈미나리〉의 속삭임

이번 주 배달된 〈타임〉지를 보면 "떠오르는 가장 영향력 있는 100인"을 소개하고 있다. 차세대 리더들이라고 하니 내가 아는 사람은 몇이나 될까 훑어보았더니 이런 쪽팔리는 일이…. 그 100명 가운데 겨우 이름이라도 아는 정도가 3명뿐이라니! 젊은이들이긴 해도 그 정도면 빵빵하게 세계에 알려진 사람들일 텐데 겨우 3명이라…. 내가 벌써 세상과의 교감상태가 그 정도로 둔감해졌다는 증거인가?

그 세 사람 중 한 명은 한국인이다. 유일하게 한국의 장혜영이 이름을 올렸다. 정의당 국회의원이라고 한다. 나머지 둘은 내가 최근에 접한 이름이다. 하나는 배우 안야 테일러 조이. 넷플릭스 오리지널로 방영된 〈퀸스 갬빗〉이란 영화의 주인공으로 '체스 신동'인 베스 하몬 역을 연기했던 여배우다. 이 영화를 보면서 '저렇게 연기를 잘하는 배우도 있구나!'라고 감탄하면서 갈채를 보낸 적이 있다.

또 하나는 시(詩)가 이런 위대한 파워를 지녔다는 것을 단칼에 보여준 하버드 출신 청년 계관시인 아만다 고먼이다. 바이든 대통령 취임식에서 축시 한 편으로 그는 순식간에 미국을 흔들어 놓았다. 〈우리가 오르는 언덕〉(The Hill We Climb)이란 시 한 편으로 스타덤에 오른 그녀는 이 나라는 "깡마른 흑인 소녀, 노예의 후손, 싱글맘 아래 자라난 자신과 같은 사람도 대통령을 꿈꿀 수 있는 나라"라고 노래한 뒤 "빛은 언제나 존재한다, 우리가 그 빛을 직시할 용기가 있고, 스스로 그 빛이 될 용기가 있다면…"이라고 끝을 맺는다. 하루아침에 그녀의 트위터 팔로워가 150만 명으로 늘어나는 폭발적인 유명세를 누리기 시작했다.

"차세대 영향력 있는 100인"에 이름은 못 올렸지만 이 나라를 이끌고 갈 자랑스런 차세대 일꾼들을 나는 보았다. 영화 〈미나리〉에서였다. 아직 일반 개봉관에서 볼 수 없어 카톡방으로 주거니 받거니 해서 보는 영화라고 들었다. 어렵사리 어디서 파일을 구했는지 우리 집 TV 앞에서 드디어 개봉에 성공한 영화 〈미나리〉.

이 영화에는 몇 가지 키워드가 있다. 하나는 바퀴달린 집(모빌하우스), 넥타이 매고 가는 교회, 전천후 가족이동수단인 스테이션 왜건, 서울서 가져온 고추장, 냄새나는 할머니…. 사정은 조금 다르지만 우리 모두는 불편하고 익숙하지 않던 '바퀴달린 집'에서 이민생활을 출발했다. 미국에 도착하던 첫날밤은 보통 친척집 리빙룸에서 송사리 떼처럼 한 가족이 모여 잤다.

마켓도 왜건, 교회도 왜건, 학교도 왜건. 왜건은 이민자 가정의 전천후 교통수단이었다. 왜건은 지금 눈을 씻고 봐도 찾을 길이 없다. 그리운 스테이션 왜건. 지금이야 웬만한 한인 마켓에는 고추장이나 된장이 차고 넘친다. 그러나 그때는 서울에서 오는 친척 편에 고추장이나 된장, 마른 오징어를 밀수입해서 먹고 살았다. 애 봐줄 사람이 없어서 할머니를 직수입하던 때였다. 크는 아이들은 할머니에게서 냄새가 난다고 투덜대곤 했다. 〈미나리〉에 나오는 그대로다.

주중에는 대개 꾀죄죄한 일상이지만 주일이면 넥타이에 양복을 깔끔하게 차려입고 가족들과 함께 교회당에 간다. 믿음이고 뭐고 그냥 가야 하는 곳으로 알고 다닌 곳이 교회였다. 그러다 보니 어느새 교회는 미숙아표 한인 이민자들을 코리안 아메리칸으로 숙성시켜 주는 요람이 되었다. 양복에 넥타이란 멋진(?) 드레스 코드 전통은 어디다 말아먹고, 잠바때기나 남방을 걸치고 교회당에 나가야 신식 신자인 것처럼 길들여 놓은 게 누구인지 모르겠다.

이 영화에서 가슴 뭉클했던 아름다운 장면은 바로 그 순간이었다. 자신의 실수로 사위집 농장 창고에 불을 내고 죄책감을 억누르며 실성한 듯 어디론가 하염없이 걸어가고 있는 할머니를 뒤따라가서 그게 길이 아니라고, 우리 함께 집으로 돌아가자고 할머니를 돌려세우는 두 손주, 앤과 데이빗의 모습이었다. 결코 철없는 아이들이 아니었다. 가족사랑은 그런 절망 가운데 더욱 빛이 난다는 사실을 우리 모두는 험난한 이민생활을 통해 경험해 왔다.

이민 1세대의 절망과 눈물을 보고 성장한 우리들의 차세대 데이빗과 앤은 지금 어디에 있을까? 아마도 미 연방의사당에도 있을 것이다. 백악관에도 있을 것이다. 대학교와 병원과 공장, 월스트릿이나 군대에도 있을 것이다. 아니, 50개 주 어느 도시, 어느 마을에서도 꽃피는 인생을 살고 있을 것이다. 오클라호마에서 민들레처럼 퍼져나가 미국 산야를 덮어가며 할머니의 눈물, 아버지의 절망과 어머니의 기도를 가슴에 새기며, 민들레보다 더 샛노랗게 인생의 절정을 살아내고 있을 우리 후손들이 있기에 바퀴달린 집에서 시작한들 우리들의 이민 여정은 결코 부끄럽지 않았다.

이민자들을 어느 때는 샐러드 볼이라고 불렀다가 어느 때는 멜팅 팟, 또는 바람 따라 여기저기 흩어져서 물 없는 곳에서도 끈질기게 꽃을 피우는 민들레로 비유하기도 했다. 이 영화에서 미나리는 우리 이민자들이라고 했다. 어디에 떨어져도 죽지 않고 쑥쑥 자라주는 생명력 하나만은 허다한 잡초들의 추종을 불허하는 그 미나리.

민들레가 되었든, 미나리가 되었든 우리들의 이민 역사도 120년을 훨씬 넘었다. 영어 때문에 숨이 막히고 알게 모르게 당하는 편견과 조롱을 참고 또 참아내며 고단하게 걸어온 여정이 결코 실패가 아니라고, 역경을 이겨내며 세탁소, 마켓, 리커 스토어에서 일하고 병아리 감별사로 일궈낸 이민 역사는 결코 실패가 아니라고, 여전히 대를 이어 희망의 언덕을 오르고 있는 중이라고 영화 〈미나리〉는 그런 찬사와 위로를 담아 이민사회에 바치는 헌사로 느껴졌다.

그래서였는가? 미국영화연구소(AFI)는 "2020년 올해의 10대 영화"에 〈미나리〉를 선정했다. 배우 윤여정과 정이삭 감독은 수많은 영화협회, 비평가협회로부터 감독상, 여우주연상을 수상했다. 2021년 4월 오스카 시상식에서는 윤여정이 여우조연상을 수상했다.

아만다 고먼처럼 이름을 드러낸 차세대 영향력 있는 100인은 아닐지라도 희망의 언덕 한구석을 꿋꿋하게 오르고 있는 코리안 아메리칸 차세대들은 우리에게 너무 간절하고 소중한 존재들이다. 그들도 "빛을 직시할 용기가 있고, 스스로 그 빛이 될 용기가 있다면" 분명 이 세상에 눈이 부시도록 영향력을 미치는 떠오르는 별이 될 것이다. 영화 〈미나리〉가 그렇게 속삭여 주었다.

사순절은 '죽음 묵상절'

청교도 신학자 조지 스윈녹은 "죽음의 제동장치에는 손잡이가 없다"라고 했다. 그 제동장치가 풀려서인가? 연이어 안타까운 죽음의 소식이 들려온다. "전설"이란 말이 붙은 유명인들이 세상을 떠나고 있다. 방송 인터뷰의 전설이라 불리는 래리 킹이 향년 87세로 세상을 떠났다. 무려 여섯 번째 아내를 두어 더욱 유명했던 그였지만 결국 코로나가 그 길을 멈춰 서게 했다.

〈사운드 오브 뮤직〉의 전설적인 배우 크리스토퍼 플러머도 세상을 떠났다. 금년 91세. 그가 불러 더 유명해진 "에델바이스"의 주인공이자 줄리 앤드류스와 오스트리아에서 스위스로 탈출에 성공하는 그 잘생겼던 미남 대령도 별세했다. 또 "야구의 전설"이었던 행크 에런도 세상을 떠났다. 야구 역사상 두 번째로 가장 많은 755번의 홈런을 때린 메이저 리그 역사상 최고 타자 중 한 명이었다.

"다저스의 전설"인 토미 라소다 감독도 세상을 떠났다. "박찬호의 양아버지"로 알려져 한인들에게도 널리 사랑을 받던 라소다 감독은 1988년 다저스가 월드 시리즈 트로피를 들어 올리게 한 장본인이었다. 모두 2021년에 세상을 떠난 분들이다.

그런데 죽음은 전설들에게만 찾아오는가? 금년 들어 우리 주변에도 세상을 떠나는 분들이 부쩍 늘고 있다. 우선 더글라스 김 목사님의 별세 소식은 그야말로 충격이었다. 향년 62세. 결혼도 포기하고 중고등부 시절 미국에 이민 온 한어부 청년들의 고독과 소외감을 달려주며 그들을 주님께로 인도하기 위해 부름받았다고 늘 말씀하시던 김 목사님이 그렇게 빨리 우리 곁을 떠나가시다니! 청년집회를 열 때마다 찾아와 포스터를 놓고 가시면서 "목사님, 기도해주세요" 하고 부탁을 받으면, 나와 목사님은 함께 엎드려 '청년 부흥'을 위해 간절하게 눈물로 기도하지 않았는가?

금년 104세 조찬선 목사님의 죽음 또한 충격이었다. 연세가 많으시긴 했지만 철저하게 건강관리를 하시며 늘 긍정과 감사로 사셨던 목사님은 깨알 같은 친필로 원고를 써서 몇 달 전까지 우리 신문에 기고해 주셨던 분이었다. 조 목사님은 '기면 기고, 아니면 아닌' 분이었다. 단호하기가 대쪽같았지만 사랑과 정이 넘치는 어른이셨다.

이민교회 개척자 중 한 분이셨던 김익환 목사님도, 남가주 교계에서 마당발인 양 분주하셨던 전재학 목사님도 세상을 떠나셨다. 모두 금년 들어 우리 곁을 떠나신 분들이다.

'나도 이젠 죽을 준비를 하며 살아야 하는데'라는 생각을 하지만 그건 염치없는 말뿐이다. 수십 년 전 클레어몬트 신학교에 재학 중일 때 예기치 않게 목뼈가 부러지는 사고를 만나 죽음, 아니면 반신불수라는 불길한 판정을 받은 때가 있었지만 기적적으로 멀쩡하게 건강을 회복하게 되었을 때 스스로 뭐라고 고백했는가? "주님, 내 남은 인생은 덤으로 주신 것입니다. 주님을 위해 살겠습니다."

그렇게 얘기해 놓고 지난날을 되돌아보면 그것은 왕싸가지 거짓말이 되었다. 죽음 앞에 벌벌 떨다가 괜찮다 싶으면 언제 그랬냐며 기고만장해 살아가는 꼬락서니가 죽음의 거울 앞에 비친 우리의 추한 모습이 아닌가? 다음 주 수요일은 '재의 수요일'이다. 목사님이 이마에 재를 발라 주시면서 말씀하신다. "너는 흙이니 흙으로 돌아갈 것이니라." 재를 몸에 바르고 흙으로 돌아갈 우리의 허망한 실존을 학습하는 날이다. 세상 말로 "까불지 마! 너도 결국은 죽을 인생이야!"라는 사실을 상기시켜 주는 날인 셈이다.

이날부터 사순절이 시작된다. 사순절은 '죽음 묵상절'이다. 사순절 40일 동안 흙으로 돌아갈 내 인생의 운명을 묵상하며, 그러면 남은 때를 어떻게 살아야 하는지를 매일 묵상할 수 있다면 그건 A+ 크리스천이다. 초상집에 가는 것이 잔칫집에 가는 것보다 낫다는 전도서 기자의 말은 사순절을 죽음 묵상절로 지키라는 말과도 같다.

청교도 신학자 느헤미야 로저스의 말을 여기 인용하고 싶다.

일 년만 더 살았으면 하는 소망을 갖지 않는 노인은 하나도 없다. 그래서 사람은 통상적으로 모든 인간은 죽는다라고 말하지만 자기 자신에 대해서는 헛되게도 영원히 살기를 바라는 망상을 가지고 있다.

영원히 살 것 같다는 망상을 버리는 절기가 사순절이기도 하다. 금년에 많은 분이 세상을 떠난 것처럼 나의 죽음도 멀리 있지 않다.

미국은 예수님 보유국

성추행 사실이 노출되자 스스로 목숨을 끊은 대한민국 서울시장의 후임을 뽑는 보궐선거에 출마하는 여당 소속 한 여성 정치인이 "대한민국은 문재인 보유국"이란 말을 해서 시끄럽다고 한다. 문 대통령의 생일을 축하하며 페이스북에 올린 말이란다. 표를 얻기 위해서라면 무슨 말인들 마다하지 않는 정치인들의 아첨은 크게 이상할 것도 없다. 당연히 문 대통령의 극성 지지세력인 '친문'의 표를 겨냥해 그런 말을 했을 것이다. 그러자 야당에선 "文비어천가"라느니, "대한민국은 문제아보유국"이라느니 하는 말로 맞받아쳤다고 한다.

그런 낯뜨거운 표현도 환영받는 세상이라면 이것은 어떤가? "대한민국은 우리 어머님 보유국" 혹은 "대한민국은 창녕 조씨 보유국"이란 말은 이상한가? 유럽 축구에서 스타로 군림해 가는 '손흥민 보유국', 세계 여자 프로 골프의 전설 '박세리 보유국', 혹은 빌보드 차트를 주름잡는 '방탄소년단(BTS) 보유국', 야구장에서 코리안의 긍지로 느껴지는 '류현진 보유국'이란 말은 절대 욕먹을 말이 아니다. 그들이야말로 대한민국을 빛내는 월드 스타들이 아닌가? 그들의 보유국이란 것이 자랑스럽다.

특정 정치인을 놓고 보유국이란 말로 추켜세우겠다면 미국은 '트럼프 보유국'인가? 트럼피즘 추종자들은 여전히 그런 신념을 갖고 있을 것이다. 임기 동안 2번이나 탄핵을 당한 역사상 유일무이한 대통령에다, 대통령 이취임식에도 빠지고 셀프 환송식을 갖고 백악관을 빠져나온 대통령이 아닌가? 경선 불복을 외치다 못해 정신 나간 모리배들을 동원시켜 연방 의사당에 난입시킨 결과 국가내란 혐의로 탄핵절차가 진행 중인 그를 두고 보유국 타령이라면 그것도 '트비어 천가'라고 비판받을 만하다.

보유국이란 말의 사전적 의미는 "어떠한 자원, 시설, 기술 따위를 가지고 있거나 간직하고 있는 나라"다. 그래서 우리는 핵무기 보유국이란 말에는 익숙해 있다. 미국은 핵무기 최다 보유국이다. 불명예스럽다. 자동차 최다 보유국이기도 하다. 지구를 오염시키고 온실가스 최대 방출국이란 오명이 뒤따른다. 불명예스럽긴 마찬가지다.

그러나 부끄럽기는커녕 오히려 영광스럽게 보유하고 있는 빛나는 보유자산이 미국에는 있다. 무엇일까? 바로 우리 주님 예수 그리스도이다. 그래서 미국은 '예수님 보유국'이다. 땅 부자인 소련이나 중국에는 밀리지만 그래도 미국만 한 넓은 땅에 널리 퍼져 있는 예배당을 상상해 보라. 국가별로 따져 봐도 하나님을 예배하는 예배당이 가장 많은 나라는 단연 우리가 사는 아메리카 대륙이다.

예배당만 많으면 무슨 소용인가, 모두 죽은 믿음, 행함이 없는 믿음, 모양만 있고 알맹이는 없는 가짜 교회라고 덮어놓고 비판질이나 해대는 개혁의 목소리도 있기는 하다. 물론 영적 갱신과 교회 개혁을 위해 끊임없이 내면적 성찰을 추구하는 일은 교회에게 주어진 사명 중 하나다. 그걸 간과하고 외형을 따지자는 말이 결코 아니다.

만약 우리가 이민 와서 사는 이 나라가 이슬람 사원으로 도배되었다고 가정해 보자. 튀르키예나 요르단과 같은 중동 이슬람 국가를 여행하다 보면 새벽마다 모스크의 종탑에서 울려 퍼지는 '이맘'의 구슬픈 기도소리를 들었을 것이다. 태국과 같은 불교국가에 가면 널려 있는 것이 불교사원이요, 불상이다. 대문 앞에도 불상, 집의 정원 네 귀퉁이에도 불상을 모시고 살아간다. 그와 비교하면 미국은 십자가로 뒤덮인 나라다. 그래서 우리가 이 나라로 이민 온 것 아닌가?

기독교 신앙을 갖고 사는 우리들이 미국과 같은 종교자유국가에서 새벽기도회를 하든, 통성기도회를 하든, 철야기도회와 구국기도회를 합쳐서 하든 시비 거는 사람이 있는가? 미국이 영적으로 병들고 신앙적 다원주의에 깊게 빠져들고 동성애가 판을 치는 세상으로 변하고 있다 할지언정 이 나라는 여전히 지상 최대의 예수님 보유국임을 감사하게 생각해야 한다.

나는 그것을 지난번 대통령 취임식에서 보았다. 어느 나라 대통령 취임식에서 "어메이징 그레이스"가 울려 퍼지는가? 어느 나라 대통령 취임식이 기도를 하고 시작하는가? 대통령이 성경 위에 손을 얹고 취임 선서를 하는 나라가 있는가? 대통령이 "그러므로 하나님, 나를 도우소서!"(So help me God)라는 말로 취임 선서를 끝내는 나라가 미국 말고 또 어디 있는가? 미국이 삼천포로 빠져서 영적으로 허우적거리는 때가 올지도 모르겠다. 그러나 예수님 최대 보유국인 이 나라를 하나님께서 하염없이 보고만 계실까?

'긍휼지심' 수은주를 올려보자

내 책상 위에는 'LA미션'에서 보낸 편지 한 통이 눈에 띄는 곳에 꽂혀 있다. LA미션은 1936년 엘드릿지 목사라는 분에 의해 창립되어 LA다운타운 빈민가에서 노숙자들에게 음식을 제공해 주고 있는 역사적인 비영리단체다.

우리 아이들이 하이스쿨에 다닐 때 우리는 매년 추수감사절을 앞두고 가족 숫자대로 노숙자들의 감사절 음식 준비를 위해 도네이션을 하곤 했다. 몇 년 전부터는 소식이 없다 싶었는데 금년에는 아들 이름으로 메일이 왔다. 분가해서 사는 아들 몫을 내가 보내려고 리틴 봉투를 보관하고 있다.

봉투에 든 넉 장의 밀 티켓(Meal Ticket)은 한 장에 5불이다. 5불이면 두 사람에게 식사를 제공해 줄 수 있다고 써놓고 있다. 그리고 성경말씀도 적혀 있다. 시편 33편 20절의 말씀이다.

"야훼는 우리의 도움, 우리의 방패, 우리는 애타게 그분을 기다린다"
(공동번역).

추수감사절을 앞두고 밀 티켓 몇 장을 선교단체에 보내는 것이 '긍휼지심' 면피용으로 적당한 것일까? 내가 생각해도 참 쪼잔하고 우스운 발상이다. 그 돈 몇 푼으로 면피가 된다고? 프리웨이 램프에서 'HELP'라고 쓴 종이 판때기를 들고 서 있는 노숙자들에게 잔돈 몇 푼을 집어주는 것으로 "네 이웃을 네 몸과 같이 사랑하라"는 말씀을 행동에 옮겼다며 스스로 영웅적 크리스천으로 착각하는 유치찬란함과 크게 다를 바 없다.

지난 2년 전 봄 코로나 바이러스가 광풍처럼 세상에 퍼져갈 때 멕시코 깜뽀를 대상으로 선교활동을 벌이고 있는 선배 목사가 카톡으로 보내온 "애들이 굶고 있어. 큰일 났다!"라는 말이 생선가시처럼 아직도 내 목에 걸려 있는 중이다. 깜뽀는 멕시코 농장 주변에 널려 있는 원주민 집단 숙소다. 멕시코 시민권도 얻지 못하는 이들은 농장에서 그냥 죽어라 일하는 노동자들이요, 이들이 사는 곳이 깜뽀다.

거기엔 전기는 물론이고 수돗물도 없고 화장실도 없다. 학교도 없고 희망도 없다. 없는 것 천지다. 도무지 사람 사는 곳이라 느껴지지 않는 그곳을 둘러보노라면 눈물이 절로 나온다. 배고픔이 언제나 상존하는 곳, 그 깜뽀의 어린이들은 팬데믹 기간 동안 얼마나 더 주린 배를 움켜쥐고 있을까? 굶고 있다는 선배의 말에도 못 들은 척 지낸 지가 몇 달이 되었다. 이러고도 긍휼지심, 어쩌고를 말하고 있는 내가 참으로 가소롭고 창피스럽다. 어서 얼마를 챙겨 거기 보내야 내 목에 가시가 빠질 것 같다.

지난 2021년 노벨평화상은 세계식량계획(WFP)에게 돌아갔다. 노벨위원회에게 박수를 보내고 싶다. 속된 골프용어를 빌리면 '지잘공'이다. '지금까지 친 공 가운데 가장 잘 친 공'을 '지잘공'이라 흔히 말한다. 2021년 노벨평화상은 노벨위원회의 지잘공인 셈이다.

세계식량계획(WFP)은 매년 약 88개국 1억 명에 가까운 빈곤층을 돕고 있고 분쟁, 내전, 가뭄, 홍수 등 자연재해 피해를 입은 사람들에게도 식량을 제공하고 있는 UN기구다. WFP는 1995년부터 25년간 매달 100만 명에 가까운 북한의 임신부와 어린이를 기르는 어머니, 어린이들에게 영양식을 제공하고 있기도 하다. 평화상은 당연히 이런 곳에 주어야 마땅하지 않은가? 이번 평화상은 배고픔이 뭔지 모르고 살아가는 세상 사람들에게 세계 빈곤층의 현실을 일깨워준 소프트 펀치였다고 볼 수 있다.

미국은 비만과의 전쟁을 벌이고 있는 나라다. 너무 잘 먹고 살다 보니 불어나는 살을 주체할 길이 없어 다이어트에 매달리는 바람에 다이어트 식품시장의 규모가 2018년 기준 53억 달러에 이르고 있다. 미국 성인 인구 비만율은 40%. 다시 말해 10명 중 4명은 영양과잉상태다. 전 세계에서 생산되는 식품 가운데 3분의 1은 그냥 쓰레기로 버려진다. 양으로 따지면 13억 톤, 돈으로 환산하면 약 4,000억 달러에 이른다고 한다.

버려지는 게 그뿐인가. 불필요한 식품을 생산하고 운반하는 데 쓰이는 물, 토양, 에너지, 노동력 및 자본도 함께 내버려진다. 이런 황당한 낭비 따위에 양심의 가책은 없다. 마침내 비만사회에 경종을 울리며 "코로나 백신이 나오기 전 최고의 백신은 식량"이라고 외치며 노벨위원회는 WFP에 상을 준 것이다.

신명기에서 "네가 밭에서 곡식을 벨 때에 그 한 뭇을 밭에 잊어버렸거든 다시 가서 가져오지 말고 나그네와 고아와 과부를 위하여 남겨두라"는 말씀에서 하나님의 긍휼은 눈부시다. 시어머니 나오미를 따라 베들레헴에 온 룻이 이삭줍기를 하러 나서던 보아스의 황금벌판은 바로 긍휼의 벌판이었다. 예수님도 사람들의 배고픔을 외면하지 않으셨다. 벳새다 들판의 오병이어 기적은 굶주린 사람들에게 먹을 것으로 배를 채워주고 싶어 하신 예수님의 긍휼지심이 발단이었다.

그런 예수님의 모습을 닮아가려고 이른 새벽이면 다운타운 노숙자들을 찾아나서는 수많은 한인교회들이 있다. 뜨거운 국물냄비와 빵을 들고 노숙자의 주린 배를 채워주려고 육체적 수고와 불편을 마다하지 않고 새벽길을 헤치고 나서는 이들의 발걸음은 얼마나 아름다운가? 노숙자들뿐인가? 배고픈 사람들은 사실 우리 주변에 지천으로 널려 있다. 그들에게 측은지심을 갖고 지갑을 열 수 있다면 세계식량계획이 따로 있는가, 우리가 바로 그들이다.

   WFP의 모토는 "굶주리는 사람은 사라져야 한다"이다. '제로 헝거'(Zero Hunger)를 외치며 배고픈 곳을 찾아나서는 이들은 '식량 위기 팬데믹'이 우려된다면서 전 세계 2억 7,000만 명이 기아 위기에 놓일 것이라는 전망을 내놓았다. 우리가 무슨 통뼈라고 지구촌의 그 천문학적 숫자의 기아 위기를 책임질 수 있겠는가? 그러나 '우리 밭'에 떨어진 이삭들을 배고픈 이들을 위해 그냥 남겨두고 지나치는 작은 긍휼은 얼마든지 가능하다.

   코로나 때문에 세상 모두 불안한 나날을 보내고 있다. 이런 때일수록 굶주린 이웃을 향한 우리들의 긍휼지심 수은주는 상승곡선을 그려야 마땅하다. 2021년 노벨평화상 수상단체가 우리에게 그렇게 말을 걸고 있다.

긴즈버그 장례식장의 '푸시업'

2021년 별세한 루스 베이더 긴즈버그 대법관은 "진보의 아이콘"으로 널리 알려져 있었지만 사실은 암을 달고 산 '인생 종합병원'이었다. 그가 TV에 나왔을 때 누구든지 그렇게 느꼈을 것이다. 그는 네 가지 암에 시달렸다. 간암, 결장암, 췌장암, 그리고 폐암. 암이란 암 모두가 그를 덮쳐온 셈이다. 그래서 암 치료만 5차례나 받았으니 그의 육체가 87년을 견뎌준 것만 해도 대단한 일이 아니었는가? 겉으로는 훅 불면 날아갈 것처럼 쇠약한 노인네였지만 깡다구는 그게 아니었다. 암 투병 중 결혼식 주례를 서기도 했고 TV에서 부르면 달려가서 인터뷰에도 응했다.

보수 진영에서는 저런 몸으로 어떻게 대법관 업무수행이 가능하냐며 은근히 그의 은퇴 선언을 학수고대하고 있었을 것이다. 대법관 임기는 종신제다. 샌드라 오코너 대법관처럼 치매 남편을 돌본다고 스스로 퇴임하지 않는다면 죽을 때까지 그 자리에 앉을 수 있다. 긴즈버그는 "여전히 법원의 일원으로 남아 있겠다"라고 하며 자진퇴임을 거부해 왔다.

그렇지만 죽음은 예외가 없었다. 진보가 사라지면 이제 보수 대법관이 들어서서 대법원이 우경화될 것이란 염려 따위가 죽음 앞에 통할 리가 없었다. 긴즈버그가 무덤에 묻히던 날 트럼프 대통령은 자녀 7명을 두었으며, 총기 권리를 지지하고 낙태 반대, 이민 반대를 외치는 깡보수 여성 대법관을 후임으로 지명했다. 상원 청문회에서 그

신참 대법관을 놓고 공화와 민주가 살벌하게 대립하게 될 것은 뻔한 일이다. 긴즈버그는 미국 역사상, 특히 사법 역사상 아주 묘한 시점을 골라 인생을 마감하게 된 셈이다.

긴즈버그는 미 연방의사당에서 장례식이 치러진 최초의 유대인이 되었다. 그것만 봐도 긴즈버그의 생애가 차지하는 무게감을 설명해 주고 있다. 의사당 돔 밑의 넓은 홀 이름은 로툰다 홀이다. 여기서 한 개인의 유해를 일반에 공개하는 것은 연방정부가 고인에 대한 최대의 애도와 경의를 표하는 의전이라고 한다. 대통령이나 유명한 의원들, 혹은 사령관쯤이나 되어야 여기 해당된다고 한다.

한 여성 랍비가 장례식 조사에서 신명기 16장 20절을 외치는 소리가 쩌렁쩌렁하게 로툰다 홀을 압도했다. "Justice, Justice, You Shall Purse"(너는 마땅히 공의만을 따르라 그리하면 네가 살겠고 네 하나님 여호와께서 네게 주시는 땅을 차지하리라). 이 말은 긴즈버그가 자신의 집무실에 걸어 놓고 거울처럼 들여다본 말씀이다.

그날 로툰다 홀에서 벌어진 가장 흥미 있는 조문은 한 남성의 세 번의 푸시업이었다. 한 남자가 성조기로 덮어 놓은 긴즈버그의 관 앞에 서더니 겉옷을 걸친 채 푸시업을 시작하는 게 아닌가?

알고 보니 긴즈버그와 20년 동안 가장 가깝게 지낸 그의 퍼스널 트레이너였다. 브라이언트 존슨이란 이 남성은 1999년부터 긴즈버그와 트레이너로 인연을 맺어 온 긴즈버그 인생에서 빼놓을 수 없는 인물이었다. 긴즈버그가 20년이 넘는 암 투병과 고령에도 비교적 건강을 유지한 비결은 이 트레이너가 그의 운동을 책임져 왔기 때문이었다. 그는 관 앞에서 팔굽혀펴기 세 번으로 고인을 배웅했다.

전 국민의 애도 속에 삶을 마감한 긴즈버그는 '육체의 연습'을 게을리하지 않았던 레전드였다. 그는 암 투병 중에도 육체의 연습을 생략하지 않았다. "공의만을 따르라"는 하나님의 말씀을 실천하기에 앞서 육체의 연습도 중요하게 여겼다. 80이 넘은 할머니였지만 푸시업을 하고 근육운동을 쉬지 않았다. 트레이너 존슨은 2017년 긴즈버그의 이름을 딴 《RBG 운동법》을 출간하기도 했다. 긴즈버그도 그해 "내 인생에서 가장 중요한 사람은 존슨"이라고 언급했다.

사도 바울이 "육체의 연습은 약간의 유익이 있으나 경건의 훈련은 범사에 유익하다"라고 해서인지 예수 믿는 사람들 중에는 육체의 훈련에 힘쓰는 사람을 보면 세속적이고 타락한 사람인 양 깔보는 경향이 있다. 영성훈련을 열심히 해서 천국 갈 생각은 안 하고 곧 지나갈 현생의 즐거움을 위해 사는 저속한 인생으로 본다.

그 때문인가? 교회당 주변에 도서관을 만들거나 심지어 카페를 차리는 교회는 봤어도 헬스장을 만들어 트레드밀이나 아령 같은 것을 들여놓는 교회는 보지 못했다. 운동복을 입고 마라톤을 하는 목사님이나 골프채를 메고 골프장으로 가는 목사님에게 괜히 딴죽을 걸려는 발상도 육체의 연습을 경시하려는 태도에서 비롯된 것이다.

애플의 수장인 팀 쿡은 사이클링 광이다. 한창 주가가 오르고 있는 테슬라 모터스의 일론 머스크는 테니스 광이고, 전 영부인 미셸 오바마는 "운동전도사"로 알려져 있다. 기회 있을 때마다 아이들에게 운동하라고 외치고 다닌다. 로마에 있는 프란치스코 교황님도 아르헨티나에 살 때는 축구광이었다. 이런 지구촌의 VIP들이 육체의 연습에 몰두하다 보니 더 좋은 세상이 열리는 게 아닌가?

경건의 훈련이 범사에 유익함을 우리 모두는 잘 알고 있다. 그러나 육체의 훈련도 중요하긴 마찬가지다. 바울도 고린도전서에서 우리의 육체는 "성령의 전"이라고 말씀하고 계신다. 육체도 청지기적 사명을 갖고 건강하게 관리해야 마땅하다. 긴즈버그에게 푸시업이란 방법으로 마지막 인사를 나눈 트레이너의 독특한 조문은 코로나로 아무것도 못하고 주저앉아 있는 우리들의 무력해진 육체를 향해 지금 벌떡 일어나 푸시업을 시작하라는 경고장으로 느껴진다.

파트 2

우리 집 새 식구 '헤이 구글'

1. 모스크로 바뀌는 성 소피아 성당
2. 슬기로운 가정생활
3. '백인 예수'도 청산 대상이라고?
4. 벽을 허는 오스카, 벽을 쌓는 워싱턴
5. 토마스 제퍼슨과 종교자유의 날
6. 정다운 북한말
7. 떠날 때는 카톡으로?
8. 쫄지 말고 메리 크리스마스
9. 메멘토 모리
10. 숍 스몰, 숍 스몰처치
11. 기후변화와 그리스도인
12. 광장의 기독교, 메테오라의 기독교
13. '호텔제국' 힐튼의 전설
14. 조부모의 날
15. 아리랑과 티쿤 올람
16. 학교로 복원되는 "In God We Trust"
17. 또 총기난사…이젠 할 말도 없다
18. 중성사회 강요하는 요지경 세상
19. '지공선샤'와 105세 할머니 목사님
20. 아모르 파티
21. 치매, 그 불편한 불청객
22. 갈릴리 호숫가에서
23. 사순절, 남들이 지키거나 말거나
24. 헷갈리는 장례식 용어
25. 열받게 하는 백인 우월주의
26. 호(好) 시절과 메멘토 모리
27. 우리 집 새 식구 '헤이 구글'
28. 세밑에 생각나는 목사님
29. 잘츠부르크와 베들레헴
30. 미국은 지금 '多不有時'(다불유시) 전쟁 중
31. 떠날 때가 더 아름다운 사람
32. 영화 《침묵》이 묻는 질문
33. '싱글'도 행복한 교회
34. 스타벅스에게 한 수 배운다?
35. 그리운 '우리 교회'
36. 10초의 인내

모스크로 바뀌는 성 소피아 성당

그 옛날에는 콘스탄티노플이라 불렸던 지금의 튀르키예 이스탄불에 가면 다 빼놓아도 여행객들이 절대 건너뛰지 않는 곳이 있다. 바로 소피아 성당이다. 돔으로 된 웅장한 지붕이 멀리 나타나기 시작하면 금세 감동과 흥분에 빠져들고 긴 줄을 기다려 마침내 성당 안에 들어서는 순간 사람들은 입을 뻥끗할 수가 없다. 웅장함에 압도당해 말문이 열리지 않는다. 높은 천장만 바라보며 탄성을 낼 뿐이다. 신비로움이 느껴지기도 한다. 그래서 세계 7대 불가사의에 이 성당을 포함시킨 사람들도 있었나 보다.

"거룩한 지혜"라는 의미의 성당 이름은 튀르키예어로는 "아야 소피아"지만 그리스말로는 "하기야 소피아"라 부른다. 라틴어로는 "상크타 소피아"(Sancta Sopia), 영어로는 "세인트 소피아"다. 여러 이름으로 불리는 만큼 파란만장한 역사를 품고 있다. 하나님의 영광을 위해 건축된 "비잔틴 건축예술의 최고봉"이라는 찬사와는 달리 건물주가 여럿 바뀌는 바람에 아픈 상처로 얼룩진 성당이다. 사람이었다면 아마 정신착란을 일으켰을 것이다.

그런데 정신병이 도질 또 하나의 사건이 발생했다. 인류의 문화유산이라며 박물관으로 개장되고 있던 이 성당을, 에르도안 튀르키예 대통령이 지지율 하락에서 벗어날 정치적 돌파구로 다시 이슬람 사원으로 바꾼 것이다. 전 세계가 코로나 바이러스와 싸우면서 신음하고 있는 동안 튀르키예에서는 이런 일이 자행되었다. 그러자 역사적으로 튀르키예와 앙숙인 그리스 정부는 "전 문명 세계에 대한 공개적인 도발"이라고 발끈하고 나섰다. 한때 이 성당은 그리스 정교회의 총본산이었다. 러시아 정교회도 강하게 유감을 표명했다.

유네스코 사무총장도 끼어들었다. "성 소피아는 수세기 동안 유럽과 아시아의 교류를 증명하는 독특한 유산"이라며, 유네스코와 사전 협의 없이는 어떠한 결정도 피하는 것이 좋다고 말했다. 폼페이오 당시 미 국무장관도 성명에서 "성 소피아는 종교와 전통, 역사의 다양성을 존중하겠다는 약속의 모범 사례"라며, "모든 사람이 성 소피아에 접근 가능해야 한다"라고 강조했다.

프란치스코 교황도 모스크로 전환된 일을 두고 "성 소피아를 떠올리며 깊은 슬픔에 잠긴다"라고 말했다. 세계교회협의회(WCC)도 튀르키예의 결정에 대해 "비탄과 실망"이라고 강하게 항의했다고 전해진다. 그러나 모두 '뒷북'이다. 에르도안은 이미 TV 방송을 통해 성 소피아 박물관을 이슬람 사원으로 전환한다는 선언을 해버렸다.

간단한 역사 공부를 해 보자. 이 성당은 동로마 제국 황제 유스티아누스에 의해 서기 537년에 완공되었다. 우리나라 역사로 따지면 삼국시대에 일어난 일이다. 5년 10개월 만에 완공된 낙성식에서 황제는 "예루살렘 성전을 지은 솔로몬을 내가 능가했다"라고 말했다고 한다. 너무 흥분해서 오버하는 말을 서슴지 않은 것이다. 로마의 베드로 성당이 완공되기 전 거의 1,000년 동안 세계 최대의 성당이던 성 소피아는 세계 건축 역사를 바꾼 건물이란 찬사를 받아 왔건만 이 무슨 역사의 장난이란 말인가?

1453년 오스만 제국에 의해 동로마 제국이 멸망하는 순간 성 소피아도 임자 잃은 비운의 주인공이 되었다. 정복자 황제 마흐메드 2세의 명령에 따라 졸지에 황실 소속 이슬람 사원으로 변신한 것이다. 이때 보물과 같은 예수상, 성모상과 같은 성당 내 황금 모자이크 벽화 위에 석회가 뿌려졌다. 모든 성화를 지워버렸다. 이것은 기독교에 대한 이슬람의 잔인한 테러요, 모독이었다. 그리고 이슬람 예배 인도자인 '이맘'의 흐느끼는 기도 소리가 새벽마다 울려 퍼지도록 미나렛 여러 개를 우뚝 세워놓았다. 미나렛은 성 소피아에 결코 어울리지 않게 지금까지 엉거주춤 버티고 서 있다.

그런데 1차 대전으로 오스만제국이 멸망하고 공화정이 들어서면서 초대 대통령이 된 "튀르키예의 아버지" 무스타파 케말 아타튀르크는 강력한 세속주의를 앞세워 1934년 성 소피아를 박물관으로 전환하여 문을 열었다. 그는 성 소피아는 인류의 유산이라고 했다. 지당하신 말씀이었다. 그때부터 성당 안의 아름답던 모자이크 벽화에 뿌려졌던 횟가루가 서서히 벗겨져 본래의 모습을 다시 드러냈다. 그러자 유네스코는 이 지역 전체를 세계문화유산으로 등재했고 연간 400만 명이 찾아오는 튀르키예 최대의 관광명소가 되었다.

916년 동안 성당이었다가 481년 동안은 이슬람 모스크, 그러다 박물관으로 열려 있던 85년의 세월이 지나 다시 모스크로 변신한다고? 사람이었다면 정신착란이 일어나지 않고 배겨날까?

어디 성 소피아뿐인가? 사도 바울의 발자취와 초대교회의 숨결이 그대로 남아 있는 유적들이 튀르키예에는 즐비하다. 관광 목적으로 어느 정도 보존되고는 있지만 사실은 대영박물관이나 루브르 박물관의 예술품처럼 값지게 보존되어야 할 기독교 역사의 보물들이다.

성 소피아 성당의 소유주는 튀르키예가 틀림없다. 그러나 유서 깊은 그 예배당의 정신적 소유주는 동방교회, 더 나아가서는 기독교가 아니겠는가? 기독교의 이정표적 건물이 이슬람 사원으로 변하는데 세계는 불꽃놀이 보듯 구경만 할 참인가? 힘없는 외교적 코멘트 말고 튀르키예를 상대로 덤벼들어 "그러면 안 된다"라고 막아설 세계적인 보이스는 어디 없을까? 전 세계가 코로나에 볼모로 잡혀 있지만 기독교 역사의 커다란 모퉁잇돌 하나를 도둑맞은 기분이라, 튀르키예라는 나라에 이젠 가고 싶은 생각도 없어진다.

슬기로운 가정생활

사람 사는 동네에서 사람을 못 만나고 산다면 창살 없는 감옥 아니겠는가? 우리 모두는 코로나 때문에 창살 없는 감옥에 살고 있다. 경제가 열리기 시작하자 하향곡선을 기대했던 코로나 확진자 수가 갑자기 폭증하고 있다. 식당 내 식사도 열자마자 닫혀버렸다. 맥도날드나 스타벅스도 '드라이브 스루' 말고는 굳게 문이 닫혔다.

커피 한 잔 시켜 놓고 죽치고 앉아서 이 얘기, 저 얘기를 주고받는 게 이민자들의 힐링타임이었다. 이 거대한 도심 속에 사람 앉을 자리가 없다는 것은 언어도단이다. 힐링타임도 사라졌다. 대인관계가 절벽이다 보니, 가슴에 곰팡이가 서리는 것처럼 느껴진다.

내가 사는 로스앤젤레스 에릭 가세티 시장은 "내가 아닌 다른 사람 모두는 코로나 확진자라고 생각하라"고 했다. 조언 같은 협박에 가깝다. 집에 콕 박혀 '집콕' 하는 게 상책이라는 말이다.

돈 없고 빽은 없지만 성실과 근면을 밑천 삼아 아메리칸 드림을 이루려는 보통 사람들도 마음속에서 폭동이 일어날 심정이다. 고분고분할 때가 따로 있지, 코로나가 이렇게 염장을 지르는데 참는 데도 한계가 있는 거 아닌가? 이런 마당에 이 나라 대통령은 보건당국이 통사정을 해도 자신의 잘난 얼굴을 불명예스럽게 마스크로 덮을 수는 없다는 심보인가? 마스크를 쓰지 않고 끝내 버티고만 있다. 이래서야 영(令)이 서겠는가? 두루두루 화가 난다.

어쩔 수 없다. 나는 또 '집사'로 전락하게 됐다. '집에서 사는 사람'을 집사라고 한단다. 내 아내는 누가 투표로 뽑아주지도 않았건만 '장로'가 되었다. 여기서 장로(장노)는 '장기적으로 노는 사람'이다. 아내가 일하던 공립학교가 코로나 때문에 장기 휴교에 들어가면서 일찌감치 장로가 되었다. 요즘 거의 모든 집에는 회장님 한 분이 앉아 계신다. '거안실업 회장님'이시다. '거실과 안방만 오가는 실업자 회장'이란 말이다. 웃자고 누가 만든 말일 것이다.

우리 부부가 집사와 장로가 되어 집구석에 틀어박혀 있는 것은 모두 코로나 때문이다. 전혀 마음에도 없는 거안실업 회장 신세가 된 것도 그놈 때문이다. 내 마음에 찾아든 모든 정신적 피해를 코로나에게 청구해야 마땅하다. 재산상 피해는 말할 것도 없다.

그러나 피해 보상은커녕 당장 이 세상에 코로나를 이길 자는 한 명도 없다. 코로나를 다스리는 자가 나오면 당장 인류의 영웅으로 추앙을 받든가, 떼돈을 벌어 돈방석에 앉을 것이다. 코로나는 지금 천하무적이다. 대적할 대통령도 없고, 어느 강대국도 코로나를 체포할 군대나 첨단무기가 없다. 그런 황당무계한 슈퍼 파워를 피해 숨을 곳은 집밖에는 없다. 거안실업 회장도 집이 있어 가능하고 장로와 집사가 되어 피신할 곳도 집밖에는 없다. 아! 코로나 때문에 절실하게 느껴지는 우리들의 스윗홈이다.

코로나의 피난처가 집이라고는 하지만 집에는 나만 사는 것이 아니다. 가족이 있다. 보통 때는 서로 다른 공간에서 8시간을 살다가 저녁 때면 집에 모이는 게 가족이었다. 당연히 습관이 다르고 취향도 다르다. 오늘 저녁에 나는 냉면을 먹고 싶은데, 아내는 비빔밥이 땡긴다고 한다. 나는 관중 없이 다시 시작한 골프 채널을 보고 싶은데 아내는 한국의 〈미스터 트롯〉을 보자고 한다. 합의점을 찾기가 어려워질 때가 많다. 이렇게 코로나가 불러온 24시간 집콕 생활은 당연히 조화보다 갈등의 시간이 더 많을 것이다. 그래서 놀랍게도 코로나 이후 부부 이혼율이 수직 상승하고 있다는 보도를 읽었다.

우리 집이라고 맨날 평화롭겠는가? 하루 종일 붙어 있자니 평화보다는 짜증이 대세다. 그런데 나는 발견했다. 코로나가 불러온 슬기로운 가정생활의 비결을! 요즘 한국의 〈슬기로운 의사생활〉이라는 TV 드라마 때문에 '슬기로운 의원생활', '슬기로운 직장생활' 등 슬기롭다는 말이 뻔질나게 나온다. 그러면 나의 슬기로운 가정생활의 비결은? 밭으로 나가는 것이다.

우리 집 뒷마당엔 자동차 두 대를 세울 만한 크기의 밭이 있다. 밭이라고 족보에 올리기가 쑥스럽지만 우리는 "밭"이라고 부른다. 그 밭에는 지금 코로나 이후 심어놓은 토마토, 고추, 옥수수, 오이, 깻잎이 무럭무럭 자라고 있다. 이미 상추는 엄청 많이 따 먹었다.

나와 아내는 이 밭에서 함께 일할 때만큼은 평화 그 자체다. 밀레의 〈만종〉에 나오는 부부가 따로 없다. 밭을 함께 가꾸는 일이 우리 집 슬기로운 가정생활의 비결이다.

아내는 뒤뜰에 무성하던 선인장을 정리하면서 큰 화분에 여섯 개의 크고 작은 막대 선인장을 심은 것을 밭 근처에 옮겨놓고 내게 설명했다. "두 개의 선인장은 당신과 나, 그리고 또 하나는 시집 안 간 딸내미, 그리고 세 개는 결혼한 아들 부부와 손녀." 아내가 심어놓은 여섯 개의 선인장을 바라보자니 콧등이 시큰해졌다. 이 코로나 역경 중에도 가족이 있으니까, 가족이 우리 집 백신이요, 치료제가 아니던가? 혼자 웃으며 되씹는 오자성어가 있다. 처화만사성(妻和萬事成), 즉 아내와 화목하면 매사가 순조롭다는 뜻이다. 코로나의 유탄이 슬기로운 가정생활의 지혜를 가져다주었다.

'백인 예수'도 청산대상이라고?

스페인 최고 성지인 몬세라트 수도원은 가톨릭 수도회 중 '예수회'를 창립한 이냐시오 데 로욜라가 이곳의 검은 성모상, 즉 블랙 마리아 앞에 칼을 봉헌하고 성모의 기사가 될 것을 약속한 것으로 유명하다. 몬세라트는 예수회의 산실이라고 할 수 있다.

이 블랙 성모상은 성 누가가 예루살렘에서 만들었고 그 후 베드로가 AD 50년경에 몬세라트로 가져왔다고 전해진다. 이 성모상은 카탈류냐의 수호성인이다.

수년 전 가족들과 이곳 몬세라트에 왔을 때 나도 2시간을 넘게 줄을 서서 기다렸다가 그 검은 성모상을 만났다. 수도원 바실리카 대성당 뒤편 2층에 있는 마리아상은 유리로 완벽하게 주위를 막아 놓았다. 성모상이 손에 쥐고 있는 우주를 상징하는 작은 공만 순례자들이 만져볼 수 있도록 주먹이 들어갈 만한 구멍을 만들어 놓았.

그 공을 만지며 기도하면 모든 소원이 성취된다고 믿는 가톨릭 신자들은 거의 순교적인 각오로 줄을 서서 그 공을 만지며 기도하고 지나간다. 마리아가 안고 있는 아기 예수도 손에 솔방울을 쥐고 있다. 솔방울은 풍요와 다산의 상징이라고 한다. 나는 거기서 처음 검은 마리아를 보았다. 그리고 처음 흑인 예수님도 만났다.

지금 세상에서는 백인 예수상을 없애야 한다는 해괴한 주장들이 일고 있다. "흑인 생명도 중요하다(BLM)"는 단체가 주도하는, 조지 플로이드 죽음 이후 인종차별에 대한 항의시위가 몇 주째 계속되고 있는 가운데, 과거 인종차별적인 언사를 입에 올렸던 사람들이 죽사발이 되고 있다. 그들의 동상까지 찍혀 내릴 위기를 맞고 있다.

우선 앤드류 잭슨의 동상이 위협받고 있다. 백악관 가까이 라파예트 광장에 세워진 이 동상이 시위 중에 파괴될까 봐 트럼프 대통령은 "훼손하는 자는 감옥행"이라고 엄포를 놓기도 했다. 취임 직후 잭슨의 초상화를 집무실에 걸어 놓을 정도로 트럼프의 존경을 받는 그는 2달러짜리 지폐에도 등장할 만큼 유명한 정치인이지만 한편에선 백인우월주의자, 아메리칸 인디언 박해자로 알려진 인물이다.

워싱턴 DC 링컨공원 안에 있는 링컨 대통령 동상도 철거대상으로 떠오른다. 노예 해방을 선언한 당사자이지만 무릎 꿇은 흑인 남성을 앞에 뒀다는 이유로 그의 동상도 시위대로부터 찍힌 것이다.

남가주 오렌지카운티에 있는 존 웨인 공항도 이름을 바꿔야 한다는 주장이 나오고 있다. 그가 배우 시절 흑인을 비하했다는 발언이 알려지면서부터 그도 척결대상이 되었다. 이러다가는 마운트 러시모어에 있는 4명의 대통령 조각도 철거대상이 될지 모른다. 링컨도 찍힐 정도라면 백인 대통령들인 워싱턴, 제퍼슨, 루즈벨트라고 빠져나갈 구멍이 넉넉하겠는가?

나는 많은 교회들이 인종차별 항의시위에 동조하고 연합감리교 최고 지도자들인 감독회도 성명을 내고 백인우월주의는 청산되어야 하며 인종차별은 철폐되어야 한다고 선언하고 나선 것에 갈채를 보내고 있는 중이다. 그러나 우리 사회의 정의와 평등을 갈구하는 프로테스트는 오늘과 내일을 낳기 위한 생산적인 캐치프레이즈가 되어야지, 과거사를 파헤쳐 이미 역사가 된 인물들의 동상이나 초상화를 까뭉개는 일까지 벌인다면 그것은 또 하나의 테러일 뿐 역사적 진보요, 정의로운 처사라고 보지 않는다.

지금 아메리칸 원주민들이 들고 일어나 자신들의 영토를 빼앗은

청교도들이 세운 하버드 대학을 박살내자고 들고 나온다면 이해할 것인가? 미국 내 히스패닉 주민들이 미국-멕시코 전쟁의 패배로 현재 캘리포니아를 비롯한 유타, 애리조나, 네바다 주 등을 모두 빼앗겼던 역사에 앙심을 품고 이 땅을 빼앗는 데 혁혁하게 공을 세운 윈필드 스콧 장군의 워싱턴 DC 동상을 부숴버리자고 억지를 쓰고 나오면 동조할 수 있는가?

인류 역사상 가장 큰 죄악의 상징 가운데 하나는 폴란드의 아우슈비츠 유대인 수용소일 것이다. 잔혹했던 나치의 흔적을 지우기 위해 수천 발의 대포나 수류탄으로 아주 박살을 내도 시원치 않을 그곳에 지금은 멀쩡하게 박물관과 기념관이 세워져 있다.

이런 참상이 결코 재현되어서는 안 된다는 무언의 역사 교육장이 된 것이다. 나쁜 역사도 남겨야 한다는 교훈이다. 동상이나 벽화는 역사 교과서로 봐야 한다. 오늘의 분노를 거기다 투사하기보다는 미래를 위한 저항의 에너지로 농축시키는 것이 훨씬 지혜롭고 생산적인 프로테스트다. 그런데 백인우월주의에 대한 항거 분위기에 편승하여 이참에 '백인 예수'도 없애야 한다는 움직임까지 감돌고 있다. 어이없는 일이 아닐 수 없다.

예수님의 얼굴은 6세기 이후 비잔틴 시대에 접어들면서 하얀색, 그리고 수염과 긴 머리카락을 가진 인자한 남자로 묘사되기 시작했다. 그러다가 서구 유럽이 전 세계를 대상으로 식민지 전쟁을 벌일 때 백인들이 본격적인 '백인 예수'를 만들어 냈다. 그리고 잔인한 노예제도를 정당화하는 데도 암묵적인 협조자로 전락시켰다.

누가 예수님의 얼굴을 백인으로, 또 백인우월주의자로 만들었는가? 성경에 예수님 스스로 백인이라 밝힌 흔적이 있는가? 정작 예수님은 백인이 아니라 갈릴리와 땡볕 유대 광야를 배경으로 사역하시면서 태양에 그을린 짙은 갈색의 중동 남자 얼굴색을 가지고 있었을 것이다.

사실은 그것이 문제가 아니다. 그분은 피부색을 초월하는 분이다. 인간의 몸을 입으시고 이 땅에 오신 존재 이유, 그것은 피부색 따위로 제한받을 수 없는 궁극의 목표가 따로 있기 때문이다. 그분의 얼굴 색깔은 과학적 팩트 체크를 통해 알아낼 수도, 아니 그럴 필요도 없다. 문화의 옷을 입고 시대와 인종에 따라 달리 묘사되는 표현의 산물일 뿐이다. 그러면 몬세라트 수도원의 블랙 마리아는 백인들의 척결대상인가? 한국의 김학수 장로님이 그린 두루마기와 갓을 쓴 '동방의 예수님'은 비동양권의 테러대상인가?

백인들도 길게 줄을 서고 있는 몬세라트 수도원의 흑인 예수상을 문득 회상해 보면서, 백인 예수를 없애자는 인종차별 항의시위가 억지 춘향길로 빠지고 있다는 생각을 접을 수가 없다.

벽을 허무는 오스카, 벽을 쌓는 워싱턴

"미국에 살다 보니 이런 날도 있구나!" 대부분의 한인들이 흥분되어 이구동성으로 외친 말이다. 바로 오스카 시상식이 벌어진 2020년 2월 9일 밤이었다. 오스카 시상식에서 한국 영화 〈기생충〉이 영화 본고장 할리우드를 완벽하게 접수하자 감격적인 탄성이 한인사회를 뒤덮었다. 그도 그럴 것이 오스카 각본상 수상 역시 한국 영화 최초라니 감격이었다. 뒤이어 외국어 영화상도 받게 되니 더 놀라웠고 흥분하기 시작했다.

그런데 감독상까지? 오스카 3관왕이라고? TV를 지켜보던 한인들은 1세, 2세, 3세 할 것 없이 난리가 났다. 그런데 오스카 최고상이라 할 수 있는 작품상까지 수상한 것이다! 단박에 4관왕을 차지하며 오스카를 점령하자 한인들은 모두 까무러치는 눈치였다. 아들이 감격해서 카톡 축하 문자를 보내왔다. 노스캐롤라이나에 사는 외숙모, 텍사스를 여행 중인 이모까지 친척들도 흥분을 감추지 못했다. "오스카 나잇"이 아니라 "코리안 나잇", "기생충의 날"이었다.

우리는 오스카 혹은 아카데미 영화상이라고 하면 모두 백인들이 나눠 먹는 상으로 알고 있었다. 우리는 그냥 구경꾼에 불과했다. 레드카펫이 어쩌고, 어느 배우가 디자이너 누구의 옷을 걸치고 나왔느니 하는 것은 딴 세상 가십거리 정도로 알고 살아왔다. 그런데 끊임없이 시대의 요청을 경청해 온 오스카가 금년에는 확실하게 '백인, 남성'이 독식하던 종래의 이미지를 벗고 한국 영화에 4관왕을 안겨

주다니! 흑인과 다인종, 여성에게 야박하다고 비판을 받아왔던 오스카가 벽을 헐고 과감하게 변신을 시도한 영화축제였다.

우선 이번 시상식에서는 지난해처럼 사회자가 따로 없었다. "힙합 황제", "랩의 신"이라 불리는 래퍼 에미넴이 바지가 흘러내려 팬츠를 훤히 내보이며 정신없이 노래하는 모습도 고급 드레스와 나비넥타이로 존엄을 과시하는 오스카 무대에 도발적으로 등장했다. 역시 벽을 허무는 모습이었다. 특별히 기독교적 가치를 배경으로 제작된 〈브레이크 스루〉나 〈해리엇〉이 후보작으로 오른 것도 그랬다. 〈두 교황〉에서 프란치스코 교황이란 실존 인물을 연기한 조나단 프라이스가 남우주연상 후보가 된 것도 그렇게 보였다.

그러나 〈기생충〉에게 작품상까지 안겨준 것은 오스카의 높은 벽을 과감하게 헐어버리는 할리우드 영화사의 새 역사였다. 시상식 마지막에 작품상 수상작을 발표하던 여배우 제인 폰다의 얼굴에서 언뜻 보인 '어찌 이런 일이?'라는 놀랍고 씁쓸한 반응이 바로 영화 본고장의 표정이었을 것이다. 그러나 오스카는 유색인종, 한국 영화, 비영어권이란 높은 벽을 과감하게 헐어버리고 〈기생충〉을 선택한 것이다.

오스카가 벽을 헐고 있다면 워싱턴에서는 계속 높은 벽을 쌓아올려 이 나라를 갈라놓고 있다. 대통령의 연두교서라면 정치에 관심 없는 일반 국민들도 대통령이 무슨 말을 하는지 눈여겨보는 날이다. 그런데 지난 4일 트럼프 대통령은 의사당에서 열린 연두교서를 시작하면서 뒤에 앉은 하원의장 낸시 펠로시가 내민 악수를 기분 나쁘다는 듯 외면해 버렸다. 국정연설이 끝나자 낸시 펠로시는 이에 보복이라도 하듯 트럼프의 연설문을 갈기갈기 찢어 버렸다.

트럼프 입장에서는 자신의 탄핵을 주도한 펠로시가 미워도 한참 미웠을 것이다. 그래도 악수 거절은 대통령의 품격에 맞지 않는다. 국정연설에서 트럼프가 알맹이는 모두 빼고 치적 자랑으로 재선 성공을 위한 리얼리티 쇼를 벌였다고 하자. 그래도 전 국민이 보는 앞에서 연설문을 찢어 버린 펠로시의 행동은 폭력적이었다. 이를 지켜보던 미국인들은 모두 허탈감에 빠졌을 것이다. 워싱턴 정치가 저렇게 높은 벽을 쌓고 으르렁대니 "아메리카 퍼스트"고 나발이고 정치에 희망을 걸고 살기엔 날 샌 것 아니냐는 절망감이 느껴졌다.

그런데 연두교서가 끝나고 며칠 후 워싱턴 DC 힐튼호텔에서 제68차 연례 국가조찬기도회가 열렸다. 여기에 참석한 트럼프와 낸시 펠로시는 설교자인 하버드대학교 아서 브룩스(Arthur Brooks) 교수의 설교를 듣고 침을 맞을 때처럼 가슴이 꼭꼭 찔렸을 것이다. 브룩스 교수는 "오늘 미국의 위기는 경멸과 분노의 사회 양극화"라고 한탄하며 "예수님은 원수를 사랑하라고 하셨다. 원수를 포용하거나 받아들이는 정도가 아니라 사랑하라고 명령하신 것"이라고 강조했다. 그러면서 정치적으로 동의하지 않는 이들을 여러분은 얼마나 사랑하느냐고 물었다. 한쪽으로 벽을 쌓고 있는 모두에게 아픈 도전이었다.

워싱턴이 지금처럼 원수처럼 으르렁대던 때가 있었던가? 오바마나 부시, 클린턴 등 역대 어느 대통령 때도 민주, 공화 양당이 이렇게 벽을 쌓고 분노와 경멸의 언어로 상대를 저주한 적이 있었는가? TV를 켜도 폭스는 폭스대로 민주당을 헐뜯기 바쁘고, CNN이나 MSNBC는 이들대로 트럼프와 공화당을 상대로 전쟁을 벌이고 있다.

오스카 네 번째 트로피를 안고 소감에 나선 봉준호가 함께 작품상 후보에 오른 마틴 스코세이지 감독을 지목하며 "영화를 공부하며 '가장 개인적인 것이 가장 창의적'이라는 저분의 말을 가슴에 새기며 공부했는데 함께 후보에 오른 것 자체가 영광"이라고 하자, 관객들은 일어나 우레 같은 박수갈채를 보냈다. 텍사스 전기톱으로 트로피를 5개로 잘라, 후보분들과 나누고 싶다는 말에 관객들은 더 큰 감동의 박수를 아끼지 않았다. 도대체 오스카의 이 감동이 왜 워싱턴 정치판에는 실종되었단 말인가? 선거가 다가오지만 찍을 자 없어 고민이 깊어지는 이유를 대선 후보들은 알까?

토마스 제퍼슨과 종교자유의 날

1월 16일은 미국의 '종교자유의 날'(Religious Freedom Day)이다. 이날 트럼프 대통령은 그의 집무실 오벌 오피스로 다양한 종교 배경을 가진 학생들을 초청하여 "너희들은 학교에서 기도할 권리가 있다. 그것은 매우 중요하고 강력한 파워"라고 말했다. 원론적인 말이다. 개신교에서는 매년 5월 첫째 목요일에 지키는 '국가기도의 날'에 전국적인 기도행사가 열려도, 1월 16일 종교자유의 날은 모르고 지나치거나 별 관심도 없어 보인다.

이날은 1786년 미국 '민주주의 아버지'라 불리는 토마스 제퍼슨이 제안하여 만들어진 '버지니아 종교자유법'이 제정된 것을 기념하는 날에서 유래되었다. 이 버지니아 종교자유법은 미국 헌법에서 종교자유와 관련한 조항들이 명문화될 수 있는 토대를 제공한 법이라서 유명한 것이다. 그래서 제퍼슨이 만든 버지니아 종교자유법을 기념하기 위해 1월 16일을 종교자유의 날로 정한 것이다.

토마스 제퍼슨은 미국 건국 당시 기독교를 국교로 하자는 데 반대했다. 영국도 성공회를 국교로 정하고 있으니 개신교를 국교로 하자는 주장이 있었다. 그러나 제퍼슨은 "우리는 가톨릭도 아니고 성공회나 침례회도 아니다. 크리스천이다"라고 우기며 국교 폐지를 주장했고, 국가와 종교는 분리되어야 한다는 정교분리 원칙을 못 박았다.

제퍼슨 찬양이 어디 '민주주의 아버지'뿐인가? 우선 그는 미국의 3대 대통령이었다. 그는 30대에 미국 독립선언서 초안을 작성했다.

사우스다코다 러시모어의 명물, 대통령의 '큰 바위 얼굴' 워싱턴, 링컨, 루즈벨트와 함께 얼굴이 조각된 사람도 제퍼슨이다.

대통령 재임 당시 프랑스 나폴레옹으로부터 루이지애나를 사들여 이 나라를 땅 부자로 만든 장본인이기도 하다. 현재의 로키산맥 동부 지역인 몬태나, 와이오밍, 콜로라도, 오클라호마 등지를 모두 미국 영토로 만들었다. 그의 얼굴을 보고 싶으면 호주머니에서 2달러짜리 지폐를 꺼내 들면 된다. 그가 거기에 있다.

워싱턴 DC에 가서 관공서 주변을 둘러볼 때 꼭 눈에 들어오는 것이 워싱턴 기념탑, 링컨 메모리얼, 그리고 제퍼슨 기념관이다. 특별히 제퍼슨 기념관은 둥근 돔으로 건축된 판테온 건축양식으로 지어졌다. 판테온은 고대 로마의 신들에게 바치는 신전으로 사용하려고 지은 로마 건축양식으로, 판테온(Pantheon)이란 그리스어로 '모든'(πᾶν)과 '신'(θεός)이 합쳐진 것이다. '모든 신을 위한 신전'으로 지어졌던 판테온 양식으로 그의 기념관이 나중에 건축된 것은 그가 신앙적으로는 이신론자였다는 것과 무관하지 않을 것이다.

그가 기초한 미국 헌법에서 하나님은 우리가 생각하는 창조주 하나님, 삼위일체의 하나님, 인격적인 하나님이 아니다. 조지 워싱턴을 비롯해서 미국 건국의 아버지들은 제퍼슨처럼 모두 이신론자들이었다. 이신론(Deism)은 17세기 계몽주의시대에 만개한 신학사상으로 초월적인 신의 존재를 인정하되 그분은 이 세상을 창조한 뒤 어디로 사라져 버리고 세상에는 더 이상 개입하지 않는다고 믿었다. 흔히 자연신교, 이성종교라고 알려진 이신론자들은 성경의 기적이나 예언을 믿지 않고 삼위일체도 부정한다. 계시와 기적을 부정하여 종교라고도 할 수 없다. 철학적 종교관을 가진 사람들이라고나 할까?

제퍼슨은 이런 말도 했다. "성령으로 잉태한 동정녀로부터 예수가 태어났다는 이야기가 아테나가 제우스로부터 태어났다는 우화와 같은 수준으로 여겨질 날이 언젠가 오게 될 것이다." 동정녀 탄생은 우화에 불과하다는 주장이었다. 그는 복음서의 내용을 편집해 자기만의 성경을 만들기도 했는데 이 요약본에는 예수님이 행한 기적이나 죽은 지 3일 만에 부활하신 내용 등은 모두 지웠다고 한다. 그러니 제퍼슨의 하나님과 우리가 믿는 하나님은 동일한 분이 아니다. 복음을 믿는 척했지만 본질이 다른 '유사복음'을 믿던 것이다.

제퍼슨을 민주주의 아버지라고 부르기에도 좀 그렇다. 사람의 인권을 그렇게 존중하는 척했지만 아메리칸 인디언들을 무자비하게 핍박했고 흑인들의 인권은 눈에 보이지도 않았다. 그가 죽은 지 100년 후에나 흑인인권운동이 일어났으니까….

그의 이중인격이 드러나는 부끄러운 가족사도 있다. 제퍼슨은 부인의 몸종으로 처갓집에서 데려온 흑인 노예 샐리 헤밍스와의 사이에 사생아를 낳기도 했다. 부인이 죽고 그 흑인 노예가 제퍼슨의 부인 행세를 했음은 역사에 다 알려진 사실이다. 흑인 부인을 데리고 살았지만 그의 눈에는 백인의 인권만 보인 셈이다.

종교자유의 날이면 꼭 거론되는 토마스 제퍼슨의 묘비에 쓰인 내용은 더 놀랍다. 미국 제3대 대통령을 지낸 인물이었음에도 자신이 미국 대통령이었다는 사실이 별 볼일 없는 일이라며 묘비에 적지 말라고 했다는 것이다. 그래서 버지니아대학교에 세워진 묘비에는 그의 유언대로 "미국 독립선언서의 기초자이자, 버지니아 종교자유법의 제안자, 그리고 버지니아대학교의 아버지 토머스 제퍼슨, 여기 잠들다"라고 쓰여 있다.

자신의 경력에서 대통령은 빼는 게 좋다고 생각했던 그의 겸손함을 보라고 소리치는 이도 있다. 그러나 내가 보기에 그는 절름발이 민주주의 아버지이자 유사복음 신봉자다. 그래서 그로부터 유래된 '종교자유의 날'도 기독교에서는 시큰둥하게 바라보는 모양이다. 그러나 기억은 해두자. 1월 16일은 미국 종교자유의 날이라고….

정다운 북한말

몇 년 전 중국 선교사로 나가서 사역하다 별세한 고 최민 목사님은 한때 우리 신문사의 편집국장으로 일한 분이었다. 나와 나이가 비슷했다. 사역에 열정도 많고 저서도 많이 남긴 귀한 분인데 너무 일찍 돌아가셨다. 그분은 중국 연변에서 대학까지 나왔지만 고향은 북한이었다. 그래서 수시로 북한말이 튀어 나왔다. 무슨 신문사 행사를 진행할 때면 꼭 이렇게 물었다. "주석단엔 누가 앉게 됩니까?" 반공주의자인 나는 '주석'이란 말만 들어도 김일성 일가가 생각이 나서 최 목사님께 불쾌하게 쏘아붙였다. "아니, 여기가 공산주의 나라예요? 주석단이라니! 주석단이 뭡니까?"

당시 나는 주석단이란 북한 공산주의자들이 회의를 할 때 그들의 '독재 왕초'가 앉는 자리인 줄로만 알았다. 알고 보니 '주석단'이란 '귀빈석'을 이르는 말이었다. 모든 행사에는 귀빈석이 있는 법이다. 그래서 어느 자리에 귀빈을 앉혀야 하느냐고 물은 것인데, 난 왜 그때 김일성만 머리에 떠올렸을까? 북한말에 문맹이었던 내 무식의 소치였다. 그분에게 바가지로 퉁을 주면서 북한말에 왜 그런 알레르기 반응을 보였는지 죄송하기 짝이 없다.

난 요즘 북한말에 재미를 붙이고 있다. 북한에서는 다이어트를 '살까기', 도시락을 '곽밥', 주스를 '단물'이라고 부른다. 서울대학교 출신을 S대 출신으로 부르듯 김일성대학 출신을 '김대 출신'으로 부른다. '김대 출신'은 북한에서는 최고의 엘리트로 평가받는다.

나는 북한에 가본 적은 없다. 수년 전 중국 도문에서 두만강 건너 빤히 보이는 북한 땅을 하염없이 쳐다본 적은 있어도…. 그리고 무산광산으로 유명한 무산시를 압록강 건너편에서 도둑고양이처럼 살짝 건너다 본 적은 있어도 북한 땅을 직접 밟아보진 못했다.

그런 내가 북한말에 재미를 붙이게 된 이유는 현재 한국에서 방영되고 있는 〈사랑의 불시착〉이라는 연속극을 보면서부터다. 너무 재미있다. 그러다 보니 북한말에 빠져들고 있는 중이다. 넷플릭스를 통해 보노라면 영어 자막이 나오기 때문에 레지던트 마지막 해를 보내고 있는 바쁜 우리 딸도 그 연속극에 빠져 있다. 딸은 혼자서 두 번씩 재탕해서 본다.

이 드라마는 패러글라이딩 사고로 북한에 불시착한 재벌 상속녀 윤세리(손예진)와 북한 인민군 장교인 중대장 리정혁(현빈)이 사랑에 빠지는 과정을 그리고 있다. 리정혁이 거주하는 '사택마을' 사람들이 드라마의 감초다. 사택마을은 남한의 어느 동네 모습과 다르지 않다. 방과 후 아이들을 데리러 가는 모습이나 숙제하라고 다그치는 모습이나, 하루가 멀다 하고 정전이 되지만 쌀밥에 고기는 물론 한국 화장품에 전기밥솥까지, 남한과 다를 바 없는 여유 있는 모습에 시청자들 중에 "아! 이거 북한 찬미가 아냐? 좌파 드라마라고!"라고 외치는 사람들이 생기자 제작진은 처음부터 선언하고 나왔다. "본 드라마는 픽션이며 등장하는 인물, 사건, 조직 및 배경은 실제와 어떠한 관련도 없음을 밝힙니다"라는 자막이 초장부터 뜬다.

보통 피도 눈물도 없는 잔인하고 비겁한 이미지로 그려지던 북한군 장교에 미남 배우 현빈이 열연하고 그가 목숨을 걸고 남한 여자를 수호하는 모습에 한국의 여성 40대 시청률이 최고 16%까지 돌파하며 순식간에 '여심 저격 드라마'로 저력을 과시하고 있다고 한다.

드라마에서 "일 없습니다"라는 말이 나온다. 얼핏 들으면 싸가지 없게 들릴 수 있다. 북한에서는 이 말이 '괜찮습니다'라는 말이다. 오히려 겸손의 말이다. 원피스는 '달린 옷', 전구는 '불알', 장인은 '가시아버지'라고 부른다. 콜라는 '코코아 탄산 단물', 라면은 '꼬부랑국수', 온천은 '더운물 미역'이라 부른다. 더 우스운 말도 있다. 삿대질을 '손가락 총질', 나이프는 '밥상칼', 햄버거는 '고기겹빵'이다.

북한은 어떤 나라인가? 언어와 외모도 같고 뿌리도 같지만 만날 수 없고 만나서는 안 되는 사람들이 사는, 그래서 이상하고 무섭고 신기하고 궁금한 나라이다. 그런데 이 드라마에 빠져들다 보니 거기에도 사랑과 연애가 있고 눈물과 우정, 의리가 있는 나라가 아닌가? 탈북자 출신 작가와 북한말 전문가의 조언을 들어가며 만들었다니 픽션이라곤 하지만 완전히 '공상소설'은 아닌 것 같다.

'북한 미화' 논란에도 촌스럽지만 순수하고 정답게 느껴지는 북한말이 자꾸 내 입술을 자극하는 것은 웬일까? 그런 생각도 들었다. 한국의 좌파 정권이 저렇게 막무가내로 내달려서 통일에 이르면 제일 먼저 발생할 통일한국의 남북갈등 문제는 '햄버거'가 표준어냐, 아니면 '고기겹빵'이 표준어냐, 그걸로 새로운 싸움이 시작되지 않을까? 햄버거는 정작 미국산인데 남북한이 어느 말로 표준어를 삼을지 싸움을 벌인다면 통일 후가 더 골치 아파질 것 같기도 하다.

떠날 때는 카톡으로?

미주 한인들에게 없어서는 안 될 필수품목이 '카톡'이다. 이게 없으면 시쳇말로 죽음이다. 분명 한국산인 거 같은데 가입비나 월 수수료도 내지 않고 무한정 공짜로 쓰는 게 참으로 고맙지 않은가? 크리스마스 카드도 날라주고 연하장도 날라준다. 카톡 때문에 카드 장사가 멸종할지도 모르겠다. 그런데 역기능이 있기도 하다. 연말연시가 되어 교회를 옮기려는 사람들이 "목사님, 다음 주부터 교회 안 나갑니다"라고 카톡을 날렸다고 하자. 이것은 목사님에 대한 해고 통지서나 마찬가지다. 카톡이 서운하게 느껴지는 순간이다.

연말연시가 되면 교회는 시끄럽다. 새해 예산을 짜다 보니 "목사 월급이 무지하게 많네", "목사네가 가져가는 게 한두 푼이 아니네", "목사한테 그런 고급차를 사줘야 하는 이유가 뭔데?" 등등 예산을 세우면서 터져 나오는 불협화음들이 교회를 시끄럽게 한다.

또 새해 들어 교회 임원이나 각 기관 책임자를 새로 세우다 보니 당연히 '참새 방송'이 극성을 떤다. "술 먹고 담배 피우는 자가 무슨 감투를 썼다고?" 임원 선출에서 배제된 자들이 계속 입방아를 찧고 담임목사에게 평소 삐딱하게 놀던 '야당인사'들이 논스톱으로 유언비어를 쏟아내기도 한다. 새해를 맞아 모든 성도들이 성령으로 충만해져서 전도와 봉사로 우리 교회를 새롭게 하자는 결의가 넘쳐나고 백전백승 전투태세로 뭉쳐도 될까 말까다. 그런데 지금 세상은 그렇게 돌아간다. 전도해서 새 신자 한 명을 얻는 데 10-20년 전에는 10이 필요했다면 지금은 100을 들여도 확신할 수 없게 되었다.

이런 판국에 대한민국의 '동물국회'처럼 교회마저 삼삼오오 분열되고 쪼개져서 여기서 수군, 저기서 수군대는 소리만 들린다면 그 교회는 이미 종친 셈이다. 축복이 넘치는 새해? 아이고, 꼬라지는 이미 저주받은 새해가 된 것이다. 분열 마귀, 의심 마귀, 불순종 마귀가 교회를 지배하다 보니 도대체 예수 그리스도는 없고 오직 인간적 이문이나 체면만 챙기려고 떠드는 도떼기시장을 닮아가고 있다고 생각하면, 얼마나 서글프고 비관적인가?

이 꼴 저 꼴 보기 싫다고 교회를 옮겨 보겠다고 작심하는 때가 바로 이때다. 그런데 까놓고 얘기해 보자. 이민교회는 사실 어느 교회를 가도 도토리 키재기 아닌가?

이민 1세 목회자들이 사라지고 이제 1·5세, 2세 목사들로 대체되고 있는 실정이다. 담임목사를 찾을 때 교회들은 이미 60대는 제쳐놓는다. 농익은 목회 절정기는 60대라고 생각하지만 현실은 40-50대가 대세다. 젊은 목사들 중에서도 커뮤니티에 대한 배려심도 깊고 교회를 일궈놓은 1세 목사나 원로목사들의 목회비전을 따라 충실하고 훌륭하게 목회를 잘해 내는 목사님들이 많다.

그러나 왕싸가지 젊은 목사들도 적지 않다. 미주 한인 교계가 성장해 온 것은 지역사회 복음화를 위해 교파를 초월하여 내 몸처럼 협력하고 헌신했던 1세 목사님들의 열린 선교 마인드 때문이었을 것이다. 그런데 일부 젊은층 목사들은 자기 교회 밖은 상관없는 세상으로 본다. "한인 교계? 난 그런 거 몰라요. 난 이 교회 담임목사로 족합니다." 그런 이들에게 "신학교에서 그렇게 배웠냐?"라고 핀잔을 주고 싶어도 꼰대 소리를 듣고 싶지 않아 참아내곤 한다.

그럼에도 덮어놓고 2세, 덮어놓고 젊은 목사만 고집하는 게 가관이다. 그런다고 베드로의 설교를 듣고 단숨에 3천 명의 세례교인이 생긴 초대교회의 기적이 일어날 것 같은가?

　1세 목사님은 자상하고 따뜻해서 좋고, 2세 목사님은 영어를 잘해서 좋고, 박력과 추진력이 넘쳐서 좋다. 큰 교회는 큰 교회대로 시설 좋고 다양한 프로그램이 신앙 성숙에 도움을 준다. 작은 교회는 작은 교회대로 큰 교회에서 맛보지 못하는 성도들과 목사님과의 끈끈한 유대감이 기쁨이요, 장점이다.

　시끄럽다고 내 맘에 꼭 드는 교회를 '서치'하다 보면 더 시끄러운 교회에 정착할 수도 있다. 목사님 설교가 맘에 안 들어 교회를 옮기다 보면 결국 자격증도 없는 설교평론가 신세로 전락하여 귀만 커지고 믿음은 바닥나는 떠돌이 교인이 된다.

　그럼에도 불구하고 교회를 옮길 때 카톡 한 방으로 끝내는 꼴은 너무 매정하지 않은가? 떠나는 마당에 불편하긴 해도, 찾아가 "목사님의 기도와 사랑에 감사했습니다"라며 마지막 인사를 정중하게 나누고 헤어진다면, 이 얼마나 성도다운 매너인가? 내 신앙생활을 위하여 목자 역할을 해주셨던 담임목사님이 아니었던가?

　"떠날 때는 말없이!" 유행가 가사다. "떠날 때는 매너 있게!" 이것은 그리스도인의 기본이다. 해가 바뀔 때마다 교회를 옮겨 다니면 영원히 '철새'가 될 수 있다. 어쩔 수 없이 철새가 되어야 한다면 카톡으로 '교회 사표'를 내는 무례함은 피해 가자.

　이런 카톡조차 없이 출석하던 교회에서 조용히 사라지는 '매너꽝' 교인들도 적지 않은 현실이니 그래도 양반으로 봐야 하나?

쫄지 말고 메리 크리스마스

인도네시아에서는 크리스마스를 앞두고 교회에 대한 테러가 감지되어 이번 주 160,000명의 보안요원과 군인들을 위험 지역에 배치했다고 한다. 인도네시아의 무슬림 인구는 2억 3천만에 달한다. 그러다 보니 크리스천은 테러의 타깃이 된다. 크리스마스 시즌엔 더 극성이라고 한다. 메리 크리스마스가 아니라 위험한 크리스마스다.

영국에서 엊그제 일어난 일이다. 우리가 어릴 적부터 성탄절이 다가오면 줄곧 불러왔던 대표적인 찬송가 하나가 〈그 어린 주 예수〉(Away in a Manger)이다. 그 곡을 보면 "그 어린 주 예수 눌 자리 없어 그 귀하신 몸이 구유에 있네~ 저 하늘의 별들 반짝이는데 그 어린 주 예수 꼴 위에 자네"란 가사가 나온다.

여기서 주 예수(Lord Jesus)란 말을 빼고 그냥 아기 예수(Baby Jesus)라고 가사를 고쳐서 아이들에게 노래를 가르친 한 초등학교가 크리스천 학부모들의 항의를 받았다. 학생 중에는 크리스천이 아닌 학생도 있어서 그랬다고 학교 측이 변명했다고 전해진다.

그 아기 예수가 '주 예수'라는 데서 기독교가 탄생했고 기독교 문명의 바탕이 거기서 비롯된 것이다. 그렇지 않다면 예루살렘의 변두리 베들레헴 촌구석에서 태어난 베이비 지저스가 도대체 우리와 무슨 상관이 있단 말인가?

성지순례단을 이끌고 베들레헴에 가면 예수님이 탄생하신 마구간, 바로 그 자리에 건축된 예수탄생 기념교회를 빼놓지 않고 방문한다. 그 옛날 이슬람 정복자들이 말을 타고 들이닥치는 것을 막으려고 돌로 된 예배당 정문을 보통사람의 배꼽 높이로 만들었다. 누구든지 구부리고 들어오라는 말이다. 주 예수가 탄생하신 곳을 찾아왔다면 감히 뻣뻣하게 고개 들고 거만 떨지 말고 허리를 90도 각도로 바짝 숙이고 들어오라는 뜻이다. 그래서 '겸손의 문'이다. 그리고 그 예배당 중앙 제단 밑으로 내려가면 14개의 꼭지점으로 된 은색의 둥근 별이 나타난다. 바로 그 자리가 예수님이 탄생하신 곳, 둥근 별을 따라 새겨 있는 라틴어의 뜻은 '이곳은 예수 그리스도가 동정녀 마리아에게서 탄생한 곳이다'이다.

그 별을 보려면 순례객들은 보통 한나절 동안 줄을 서서 기다려야 한다. 그래도 그곳을 찾는 이들의 발걸음은 끊이질 않는다. 그 자리가 단순히 베이비 지저스가 탄생한 곳이라면 밥 먹고 할 짓이 없어 줄을 서서 허송세월하겠는가? 그 아기가 주 예수이기 때문이다.

크리스마스를 앞두고 괘씸한 뉴스는 또 있다. 이번엔 넷플릭스다. 넷플릭스는 세계적으로 널리 알려진 미국의 주문형 콘텐츠 서비스 제작 기업이다. 쉽게 말하면 미국이나 외국에서 제작되는 TV뉴스나 드라마, 영화, 스포츠 게임, 다큐멘터리 등등을 죄다 비축해 놓고 보고 싶을 때 보라고 콘텐츠 장사를 하는 곳이다.

현재 190여 개국에서 1억 5,800만 개의 유료 멤버십을 보유하고 있으니 대단한 기업이다. 요즘 젊은이들은 지상파 TV는 물론이고 케이블도 노땡큐다. 모두 넷플릭스나 훌루 같은 콘텐츠 서비스에 만족하고 있다. 뉴스시간에 맞춰 TV를 보는 게 아니라 자기가 편리한 시간에 '꺼내서 보는' 시대다. 그래서 넷플릭스가 돈을 번다.

그런데 돈을 좀 벌었다 싶으니까 넷플릭스가 기고만장하는 것일까? 요즘 〈게이 지저스〉라는 코미디 프로그램을 겁 없이 팔고 있는 것이다. 제목부터가 얼마나 도발적인가?

본래 브라질에 있는 한 제작사가 유튜브에 올린 45분짜리 코미디를 넷플릭스가 TV-MA란 시청자 가이드 등급을 붙여 콘텐츠로 올려놓았다. 가이드 등급에서 MA는 성인을 뜻하는 것으로 성인만이 시청 가능하다는 것이다. 17세 미만 청소년은 금지 프로라고 슬쩍 힌트는 주었지만 〈게이 지저스〉라는 말에 청소년들이 더 흥미롭게 이 프로그램에 달려들 것 같지 않은가? 이 코미디에서 30세의 게이 예수는 "나는 하나님의 아들이 아니라 그냥 요셉의 아들이고 싶다"라는 등 헛소리를 하는 모양이다.

금년 미 연합감리교회는 동성애 찬반 문제로 특별총회를 열고도 해결을 보지 못하자 내년 정기 총회에서는 교단을 가르자고 모이는 모양이다. 동성애 문제로 역사적인 주류교단이 분열되는 마당에 안방극장에 〈게이 지저스〉까지 등장시켜 불을 지르겠다는 것인가? 거룩한 크리스마스에 넷플릭스가 재를 뿌리는 모양새다. 사태가 이렇게 흘러가자 이 코미디에 뿔난 크리스천 180만 명이 서명운동에 참여하여 당장 넷플릭스에서 그 프로그램을 지워버리라고 청원했다고 한다.

크리스마스를 앞두고 세계 도처에서 별의별 공격이 다 일어나고 있다. 아이 돌잔치를 한다고 초대받아 가면 돌을 맞은 아이는 방에서 혼자 울고 있고 부모들과 손님들은 먹고 노느라고 정신 못 차리는 것을 목격하곤 한다. 주인공은 완전히 찬밥이 되는 게 돌잔치다. 우리들의 크리스마스가 예수님은 찬밥이고 우리만 먹고 마시며 즐기는 허무한 돌잔치가 되지 않게 하자.

크리스마스가 다가오면 무슨 수를 써서라도 아기 예수를 공격하고, 교회를 공격하는 이 세상의 온갖 헛소리들을 바울 사도처럼 모두 '배설물'로 여기고, 이 추운 땅에 오신 아기 예수로 인하여 마냥 기쁘고 평화가 넘치는 명절로 즐기고 감사하자. 허다한 공격에 쫄지 말고 우리 모두 메리 크리스마스!

메멘토 모리

지난주는 '손흥민의 70미터 드리블과 원더골'이 화제 중의 화제였다. 만나는 사람들마다 "손흥민 봤지?", "손흥민 드리블 봤어?"가 인사였다. 어떤 이는 셀폰에 영상을 담아가지고 다니며 보여주기도 했다. 나는 스포츠 하면 골프에다 야구, 요즘엔 카와이 레너드를 좋아하는 터라 NBA 클리퍼스 경기를 가끔 보는 정도다. 축구는 아니다.

그러나 하도 "손흥민", "손흥민"을 해대는 바람에 인터넷 검색을 해봤다. 손흥민은 잉글랜드 프리미어 리그 토트넘 핫스퍼 팀에서 뛰는 차범근이나 박지성 급에 속하는 한국 출신 유망주다.

그런데 그 손흥민이 지난주 번리(Burnley)란 팀과의 경기에서 무려 8명의 선수들을 제치고 70미터 드리블과 원더골에 성공하여 5대 1로 토트넘에 승리를 안겨준 것이다. 시즌 10호 골이었다. 이것은 골프로 말하면 홀인원이요, 야구로 말하면 노히트 노런이었다.

이 골로 전 세계가 난리가 났다. 그야말로 "손세이셔널"이었다. 축구의 레전드 호나우두를 빗대어 그를 "손나우두"라 부르기도 했고 "월드클래스", "세계가 뒤집어졌다", "숨이 멎는 듯했다" 등 별의별 찬사가 쏟아져 나왔다. 세계에서 축구 잘하는 사람들만 모여 있는 유럽 축구에서 겨우 한 사람 제치고 앞으로 전진하는 것도 쉬운 일이 아닌데, 무려 8명의 '축구귀신'들을 물리치고 골대로 전진하는 모습은 누구라도 흥분을 감출 수 없게 하는 명장면이었다.

우리 인생도 축구장과 비교하면, 미드필드에서 조금도 움직이지 못하고 공격에 실패할 때가 많다. 공격은커녕 헛발질을 해서 실수도 하고 뜻하지 않은 핸들링으로 반칙을 할 때도 있다. 확신을 갖고 패스를 했는데 상대방 선수가 가로채는 바람에 패스미스를 하는 부끄러운 경우는 또 얼마나 많은가? 손흥민과 같은 드리블과 골로 성공인생을 거머쥔다는 것이 말은 쉽지만 결코 쉬운 일은 아니다.

그래서 아마도 미친 듯이 볼을 몰아 골문으로 대시하는 손흥민을 보면서 어쩌면 대리만족 같은 것을 경험했기에 축구 팬이 아니더라도 사람들이 "손흥민!", "손흥민!"을 외치고 있는지 모르겠다.

이번 주 또 한 명의 뉴스메이커는 고 김우중 씨였다. 대우그룹 회장을 지냈던 그분이 83세를 일기로 세상을 떠났다. 1970년대 서울에서 제일 높은 빌딩은 삼일빌딩과 서울역 앞 대우빌딩으로 기억하고 있다. 대우빌딩을 올려다보며 그 시대 서울역을 오가는 청년들의 로망은 대우 사원이 되는 것이었다.

와이셔츠 장사로 시작하여 세계 시장을 넓혀간 그는 1998년 말에는 396개 해외 현지법인을 포함해 해외 네트워크가 모두 589곳에 달했고 해외 고용 인력은 무려 15만2천 명이었다고 한다. 그때 당시 김우중 씨의 연간 해외 체류기간이 280일이 넘는 것으로 유명했다. 대우는 그래서 '신화'와 같은 기업이었다.

김우중 씨는 세계를 우습게 보았다. 그리고 세계에 덤볐고 마침내 세계를 품에 안았다. 그래서 '세계경영'이란 말은 그에게 붙어 다니는 말이 되었고 그때쯤 펴낸 책이 바로 《세계는 넓고 할 일은 많다》였다. 그러나 그에게도 실패는 찾아왔다. 1997년 한국의 금융위기를 겪으면서 휘청대기 시작하더니 결국은 분식회계 혐의로 2006년 8년의 징역형을 선고받고 수감생활을 해야 했다. 2년 만에 특별사면으로 풀려났지만 재기하지 못하고 베트남을 오가는 낭인생활을 하다 결국 병을 얻어 별세하기에 이른 것이다.

생전에 모교인 연세대 특강에서 "개발도상국 한국의 마지막 세대가 되어서 '선진 한국'을 물려주고 싶었다. 우리는 아직 선진국에 진입하지 못하고 있다. 선진국을 물려주지 못해 미안하고 부끄럽다"라고 말하기도 했다. 대한민국을 세계에 알린 신화적인 기업인의 이 아쉬운 말 한마디가 긴 여운으로 우리에게 남는다.

김우중 씨의 성공 드라이브는 아마도 손흥민의 70미터 폭풍 드리블에 견줄 만하다. 그렇게 힘차게 대시했고 세계를 놀라게 했다. 그런데 그에게도 실패는 찾아왔고, 그에게도 어김없이 종말은 찾아온 것이다. 그래서 영원한 성공도 없고, 영원한 실패도 없다. 성공에도 끝이 있고 실패에도 끝은 찾아오는 법이다.

손흥민처럼 제치고 제치며 인생의 미드필드를 달려가야 한다. 목표를 향하여 그렇게 남은 인생을 대시하며 전진하자. 그러나 성공의 끝자락이 보일 때도 절망할 필요는 없다. 아니 인생의 끝자락을 늘 염두에 두고 달려가는 지혜가 필요하다.

지난 한 해의 패스미스, 그럴 때도 있다. 예기치 않은 핸들링, 그것도 잊어버리자. 너무나 어이없는 헛발질, 그것도 부끄러운 일은 아니다. 수많은 실패 없이 성공의 드리블은 전혀 가능한 일이 아니다.

그러나 폭풍 질주를 하면서도 우리가 망각하지 말고 가슴에 담고 살아야 할 라틴어 한마디는 그것이다. 메멘토 모리(Memento mori)! 새해를 기다리는 이 회한의 시즌에 김우중 씨의 별세 소식을 들으니 더욱 다가오는 그 말, 바로 메멘토 모리(네가 죽을 것을 기억하라!)이다.

숍 스몰, 숍 스몰처치

추수감사절이 끝나고 대강절이 찾아왔다. 추수감사절 다음 날은 블랙 프라이데이다. 이날 미국은 '쇼핑에 살고 쇼핑에 죽는 날'이다. 그리 사들일 것이 많은지 큰 규모의 쇼핑이 이루어지는 날이다. 잘은 모르겠지만 '눈감고' 아무거나 사고 보자라 블랙인가?

사이버 먼데이도 있다. 추수감사절 후에 찾아오는 첫 월요일이 그 날이다. 온라인으로 가장 싸게 물건을 살 수 있다고 정신없이 광고를 해대는 바람에 그것이 무슨 대단한 날인 양 들뜨게 만든다. 모두 장삿속이다. 그러면 그 중간에는 없는가? 있다. 추수감사절 직후 첫 토요일을 그냥 놔둘 수 없다 하여 시작된 것이 바로 '스몰 비즈니스 새터데이'(Small Business Saturday)이다.

10년 전에 아메리칸 익스프레스사가 연말연시 쇼핑시즌에서 소외되기 쉬운 로컬 소매점들을 이용해서 지역경제에 도움을 주자는 취지에서 시작된 것인데 해가 지나면서 큰 인기를 얻고 있다고 한다.

블랙 프라이데이에 고객들이 길게 줄을 서고 있는 대형 매장들, 예컨대 베스트바이, 메이시스, 타겟, 월마트, 시어스, 노드스트롬, JC 페니는 연중 최대의 대목을 노리기 위해 다양한 판매 전략을 짜서 손님들을 불러들인다. 그러면 그 옆에 있는 '하꼬방'만 한 소매점들을 연상해 보자. 그들의 상대적 박탈감이 쉽게 상상이 간다.

미국의 전국소매점연합회(NRF)는 "숍 스몰"(Shop Small)이란 슬로건을 내걸고 올해 스몰 비즈니스 새터데이를 진행했다고 한다. 그러니까 대형업소만 찾지 말고 동네 골목길에 있는 작은 소매점도 찾아달라는 캠페인이었다. 작은 소매점이나 식당을 이용하여 커뮤니티 경제를 활성화하고 동네 상인들에게 힘을 실어주자는 캠페인은 한인 커뮤니티에서는 더욱 절실한 하소연이 아닐 수 없다.

우리 집엔 쉬지 않고 날아드는 '화살표'가 있다. 함께 사는 딸이 온라인으로 구매하는 상품들이 화살표가 그려진 온라인 최대기업 '아마존' 박스에 담겨 배달되기 때문이다. 아마존에 들어가면 이 세상에 팔기 위해 존재하는 모든 아이템이 다 모여 있다.

나도 온라인 거래에 '문맹'이 될 수는 없지! 그래서 금년 크리스마스 카드를 온라인으로 주문했다. 콕스베리 출판사의 웹사이트를 열고 예수님과 마리아, 요셉이 등장하는 성탄카드를 기분 좋게 주문하고 크레딧 카드로 계산을 끝냈다. 빠르고 간단했다.

그런데 이게 웬일인가? 막상 도착한 크리스마스카드의 크기가 겨우 손바닥 넓이였다. 보내고도 욕을 먹을 것 같았다. 난감해졌다. 주문 전 깨알같이 적혀 있는 카드 크기를 확인했어야 했는데, 중간 크기려니 짐작해 클릭한 게 실수였다. '내 나이에 무슨 온라인? 동네 카드점에 가서 사면 될 것을!' 후회가 막심했다.

식당도 그렇다. 미국에 살다 보니 파스타가 한식보다 더 땡길 때가 많다. 유명한 스테이크 하우스는 또 얼마나 많은가? 일식당에서의 신선한 스시 몇 점, 생각만 해도 군침이 돈다. 요즘엔 타이 푸드, 그릭 레스토랑에 가는 한인도 많고 좀 비싸긴 하지만 다양한 고기를 무제한으로 먹는 브라질리언 바비큐 하우스도 인기다.

그래도 우리가 한식당을 고집하는 것은 왜일까? 입맛? 물론 그걸 무시할 수 있으랴. 그러나 우리를 고객으로 모시려고 문을 열고 있는 식당이겠거니 생각하고 한식당을 더 많이 이용해 주면 그게 바로 동포애가 아닐까? LA 한인타운에서 열심히 돈을 벌어 부자가 된 사람이 식사는 리틀 도쿄에 가서 하고 쇼핑은 베벌리힐스에 가서 한다고 가정해 보자. 욕먹을 짓 아닌가?

소매상인들의 금년 표어가 "숍 스몰"이었다고 하니 문득 교회가 생각났다. 내가 늘 외치고 싶은 말이 바로, 숍 스몰에다 교회란 말을 하나 더 붙여 "숍 스몰처치"이다. 대형교회는 얼마나 편리하고 화려한가? 식사 당번, 주차 정리, 안내 위원…. 사람들이 넘쳐 크게 걱정하지 않는다. 때 빼고 광 내고 가서 예배 보고 유유히 빠져나와도 누가 뒤통수에 대고 욕하는 사람도 없다. 얼마나 자유로운가?

그런데 작은 교회를 가면 한 몸으로 두세 개는 물론이고 모노드라마를 하듯 수십 개의 역할을 감당해야 하니 쉽게 '번 아웃'이 될 때도 많다. 그래서 "교회는 큰 교회가 최고야!"라고 중얼대는 이유도 이해는 간다. 그러면 화려한 옷을 차려입고 나가서 대형백화점에서 쇼핑하고 빠져 나오듯 한 바퀴 돌고 나오는 게 교회인가?

대형교회를 가지 말라는 말이 결코 아니다. 이사를 가고 이민을 오고 직장을 옮겨서 교회를 '쇼핑'할 때 꼭 대형교회만 고집하지 말고, 작은 교회도 찾아가는 "숍 스몰처치" 또한 크리스천의 열린 선택임을 말하고 싶다. 골목의 작은 커피숍을 피해 굳이 스타벅스만 찾아가듯, 이웃에 있는 작은 교회를 가 보지도 않고 피하지는 말자. 믿음공동체의 균형 있는 성장을 위해 의도적으로 작은 교회를 섬기는 일은 아름다운 성도의 성숙한 결단일 수 있다.

기후변화와 그리스도인

베니스에 물난리가 났다고 한다. 산마르코 광장과 곤돌라로 유명한 베니스는 본래 "물의 도시"라고 부를 만큼 주변이 모두 물이다. 그런 곳에 반백 년 만의 대홍수까지 겹쳤으니, 광장은 물바다가 되었다. 베니스의 상징인 1,200년 역사의 성마르코 성당까지 물에 잠기자, 지난주에 광장은 폐쇄되고 모든 학교에 휴교령이 내려졌다. 광장의 수많은 비둘기 떼는 어디로 피신했을까? 대부분 유네스코 문화유산으로 지정된 도시의 문화재들이 피해를 입었고 물에 잠긴 교회만도 50여 개에 이른다고 한다. 베니스는 점점 가라앉고 있는데다 홍수까지 겹치면 재앙이 아닐 수 없다.

심각한 대기오염에 시달리고 있는 인도의 수도 뉴델리에서는 지난주부터 약 2주간 강제 휴교령이 내려졌다. 얼마나 심각하면 골프장에서조차 입에 마스크를 쓸 정도였다고 한다. 심각한 대기오염으로 2017년에만 인도에서 124만 명이 사망한 것으로 집계되었다. 사람들은 뉴델리를 "가스실"이라고 부른다.

그래서 등장한 게 '산소카페'다. 약 5달러를 내면 15분간 신선한 산소를 마실 수 있는데 짧은 시간에 고농축 산소를 들이키는 것이 건강에는 '별로'라는 회의적 반응을 얻고 있다고 한다.

노년을 서울에서 살겠다고 역이민을 간 사람들의 제1호 고민거리는 미세먼지라고 한다. 노인에게 공짜로 주는 것이 많아 그런 대로 땡기는 맛이 있지만 미세먼지만 생각하면 당장 짐을 싸서 미국으로 달려오고 싶다는 하소연을 들었다. 모두 기후변화가 초래한 비극적 현실의 단면이다. 미 동부 지역은 때도 아닌 11월 북극 한파로 지난주 화씨 0도까지, 섭씨로는 영하 17도까지 내려가는 강추위를 경험했다. 캘리포니아는 산타아나 강풍이 불면 정신없이 번지는 산불 때문에 툭하면 비상사태가 선포된다. 기후변화 때문이다.

이러다가는 안 되겠다 싶어 2016년 195개국이 서명하여 기후변화에 대처하겠다는 의지를 갖고 발효된 것이 '파리기후협정'이다. 세계 각국이 공동전선을 펴서 지구의 기온상승을 섭씨 1.5도로 제한하자는 협약이었다. 이 협정을 제일 먼저 깨고 나온 것이 미국이다. 트럼프가 돈만 벌면 되지 기후변화가 무슨 상관있냐고 내팽개친 것이다. 기후변화의 주범으로 몰리는 미국, 인도, 중국 중 미국이 박차고 나오니 다른 나라들이 협약을 지켜줄 리가 있는가?

그러니까 2019년 9월 유엔 기후행동정상회의에서 스웨덴의 16세 소녀 환경운동가 그레타 툰베리는 "우리들의 미래를 망치고 있는 어른들이여, 당신들이 어찌 이럴 수 있습니까?"라고 고함을 친 것이다. 이는 트럼프 대통령에게 들으라고 하는 소리 같았다.

내가 LA에 도착한 1981년, 스모그 때문에 '천사의 도시'는 늘 안개 낀 도시였다. 캘리포니아 차량국(DMV)에서 보내는 차량갱신 통지서에는 지금도 스모그 체크를 하라는 말이 함께 붙어 온다. 자동차 배기가스가 한도를 초과하면 수리를 해야 차량 등록 리뉴얼이 가능해진다. 프리우스라는 토요타 하이브리드가 나왔을 때 부리나케 그 차를 샀다. 혼자라도 카풀 레인을 운전할 수 있는 특권에다 주정부 리베이트도 있었다. 지금은 하이브리드가 아니라 닛산 리프와 같은 전기차가 그런 혜택을 받는다. 모두 대기오염의 주범인 차량 배기가스를 줄여 보자는 가주 정부의 노력에서 나온 것이다.

어찌 되었는가? 차에서 나오는 오염물질이 1970년대보다 1% 미만으로 축소되었고 대기의 질은 1980년대보다 2배 이상 좋아졌다고 조사되었다. 이만하면 성공 아닌가? 그러나 그게 하루아침의 일이 아니었다. 대기오염을 줄이자는 60여 년에 걸친 노력의 보상이다.

플라스틱 빨대를 없애자니 소비자는 불편할 수밖에 없다. 맥도날드에 가서도 고객이 요구할 때만 주는 것으로 법이 바뀌었다. 불편을 감수해야 기후변화에 맞설 수 있다. 일단 내주고 보는 식당의 물컵도 요구할 때만 주게 되었다. 그것도 기후변화에 맞서는 길이다.

1970년대 세계 교회들은 이 같은 기후변화로 인한 생태학적 위기 상황을 신학과 교회의 핵심과제로 삼아야 한다고 선언하고, 창조신앙에 근거한 생태신학으로 극복할 것을 촉구하고 나섰다. "땅을 정복하고 모든 생물을 다스리라"는 창세기의 말씀은 자연을 억압하거나 파괴하라는 뜻이 아니라 인류의 행복과 평화를 위해 '가꾸고 돌보는 사명'이라고 해석한 것이다.

기후변화 하면 할 일 없는 진보주의자들이 들쑤시고 다니는 화젯거리려니 구경만 하던 우리 기독교인들의 의식도 180도 전환되어야 한다. 자연을 착취하고 소비하는 만큼 우리도 함께 죽어 가고 있다는 사실을 깨달아야 한다. 금년에는 맹렬한 북극 한파가 또 얼마나 많은 사람들의 목숨을 앗아갈까? 산타아나 강풍이 불어 말리부, 벨에어 같은 부자 동네, 허름한 동네 가리지 않고 단숨에 삶의 현장을 초토화시키는 산불로 얼마나 많은 고통을 감수해야 할까?

불편해도 실천에 옮겨야 한다. 지구에 부담을 덜 주는 청정 라이프, 좀 더 걷고, 좀 더 아끼고, 좀 더 자연을 가꾸고 돌보는 사명을 깨달아 기후변화에 맞서는 것이 바로 파리기후협정을 실천하는 길이다. 트럼프 대통령은 '파리기후협정'에서 빠져나왔지만 지구를 살려 후손에게 물려주는 일은 우리끼리 해도 되는 일이다.

광장의 기독교, 메테오라의 기독교

지난주에 끝난 〈크리스천 위클리〉 주관 '튀르키예 그리스 성지순례' 중에서 가장 인상적인 곳은 마케도니아 지역이었다. 20여 년 전 이 지역을 여행할 때는 육로가 아니라 배를 타고 에게 해를 건너 튀르키예에서 아테네로 직접 건너갔다. 이번엔 사도 바울이 아시아에서 유럽으로 전도 방향을 튼 드로아를 거쳐 마케도니아에 첫발을 디딘 네압볼리, 즉 현재의 카발라 항구를 찾아갔다.

빌립보, 데살로니가를 거쳐 방문한 곳이 바로 메테오라 수도원이었다. 이곳은 나의 버킷 리스트, '소망목록' 중 하나였다.

그리스엔 아토스 산(Mount Athos)이라는 세계 유일의 수도원 공화국이 있다. 모든 것이 자치적이며 그리스와 별도로 비자를 받아야 입국할 수 있는 반 자치공화국이다. 그리스 정부도 마음대로 못하는 아토스 산에 사제와 수도사 3천여 명이 사는데, 성인 남성들뿐인 금녀의 땅이다. 전성기였던 15세기엔 40여 개의 수도원이 있었는데, 지금은 20개가 남아 있단다. 이곳도 나의 버킷 리스트다.

아토스 다음으로 수도원이 많은 그리스 두 번째 수도원 마을이 바로 메테오라이다. 거대한 돌기둥이 마치 숲을 이루고 있는 듯하다. 처음 이곳을 보는 순간 뛰는 가슴을 진정하기 어려웠다. 메테오라는 희랍어로 '공중에 떠 있는 마을'이란 뜻인데 얼마나 감동을 많이 받았으면 맥아더 장군은 "메테오라를 보지 않고는 그리스를 다녀왔다고 말하지 말라"고 했을까?

기독교인들이 박해를 피해 이 돌기둥 꼭대기에 숨어 살기 시작하다가 나중에는 수도원으로 바뀌었다는 이곳엔 현재 6개의 수도원이 있고 그중에는 2개의 수녀원이 포함되어 있다. 꼬불꼬불한 수백 미터 높이의 절벽을 버스를 타고 올라가서 관광객들에게 일정 시간만 오픈하는 '발라암 수도원'을 방문한 것은 행운이었다.

이곳 메테오라의 정교회 수도사들은 하루 24시간 중에서 8시간은 기도와 묵상, 8시간은 노동, 8시간은 자신의 특기에 따라 성경 필사, 나무 조각, 성화 작업 등을 하며 보낸다. 수도사들의 유일한 동무요, 놀이기구는 '꼼보스끼니'라고 불리는 묵주이다. 하루의 삶이 대부분 침묵 속에서 이루어진다. 청빈과 순종을 엄격하게 훈련하는 수도원, 여기서 나는 침묵의 영성을 보는 듯했다.

우리 시대 최고의 영성가로 알려진 헨리 나우엔은 참된 기도를 드리기 전에 침묵의 단계를 거쳐야 한다고 말한 적이 있다. 침묵은 우리를 늘 순례자의 길에 서게 한다. 사실 침묵을 거치지 않은 말은 "울리는 징과 요란한 꽹과리"에 불과할 뿐이다.

오래 벼르고 벼르다가 찾아간 메테오라. 거기에는 유명한 성화나 성경 필사본이 아니라 빛으로 구별되거나 색으로 감지할 수 없는 고요한 침묵이 있을 뿐이었다. 메테오라는 침묵의 훈련장이었다.

그날 저녁 메테오라에서 내려와 호텔에 묵으면서 나는 아이패드로 뉴스를 훑어보았다. 서울의 광화문 광장에선 대규모 시위가 벌어지고 있었다. 기독교도 그 광장의 한 부분을 차지하고 있었다. 우리 시대의 기독교는 그렇게 떠들고 외치면서 세상으로 몰려가는 광장의 기독교가 되어 버렸다. 섬김의 상징인 스톨을 어깨에 두르고 거리에서 떠드는 기독교, 웬만한 저질 정치인들의 속된 말을 서슴없이 애용하는 속물 기독교, 입을 열어 평화니 정의니 떠들면서도 위선과 거짓, 부도덕으로 도배질을 하면서 공산주의와 짜고 치는 고스톱을 즐기는 양 보이는 좌파 기독교, 툭하면 법정으로 달려가 상대방을 법으로 묵사발을 만들겠다고 벼르는 고발 기독교, 패거리로 몰려다니며 자기만이 선지자요, 예언자인 양 온갖 문자를 나열하며 떠드는 성명서 기독교, 이런 기독교를 통해 예수 그리스도의 복음이 이 황무한 세상에 전파될 수 있을까?

기독교에서 침묵이 사라지고 있다. 하나님의 뜻을 내 삶에 담아내기 위한 침묵, 시대를 향한 주님의 음성을 듣기 위해 목말라 엎드리는 침묵, 자아의 부끄러움을 내려놓고 그분의 긍휼을 구하려 마주 앉는 침묵, 주님의 은혜가 아니고는 전혀 씻을 수 없는 교만 때문에 몸부림치는 침묵…. 그러니까 메테오라의 기독교는 실종되고 광장의 기독교만 흥하는 시대에 우리는 살아가고 있는 것이다.

모든 교회가 수도원이 될 수는 없다. 그렇다고 교회를 팔아 세상의 이득을 취하려는 광장의 유혹도 경계해야 한다. 외침은 있으되 이기주의로 들리지 않게, 수도원에 오르되 비겁한 도피나 무관심으로 굳어지지 않는, 우리들의 온전한 신앙적 직립보행의 자리는 어디쯤일까? 교회가 서야 할 자리는 광장과 메테오라의 중간 어느 지점, 균형 잡힌 참여와 침묵의 자리, 그 어디쯤이 아니겠는가?

'호텔제국' 힐튼의 전설

세상엔 지독하게 나쁜 부자도 많지만 선한 부자도 많다. LA한인사회에는 굉장한 부자들이 많다. 장학금, 모교 발전기금, 난민기금 등으로 많은 돈을 쾌척하는 존경스러운 부자들이 있는가 하면 "노랭이", "악덕 업주"라는 비판을 넘어 이름만 나와도 "아주 악(evil) 그 자체"라며 머리를 살래살래 흔들게 만드는 나쁜 부자도 있다.

같은 동포들에게 욕을 바가지로 얻어먹으며 돈을 벌어본들 무슨 소용이 있겠는가? 사람은 죽어 이름을 남기고 호랑이는 가죽을 남긴다고 하는데, 사람들을 열받게 하는 후안무치한 부자들은 이름을 남겨본들 후손들이 얼마나 부끄러워할까? 그런데 지난주에 별세한 "호텔왕" 배런 힐튼은 유산의 97%를 기부하고 유족들에겐 단 3%를 물려줬다고 하니 존경스러운 부자가 아닌가?

평생을 살면서 한 번쯤은 투숙했을 것 같은 아주 흔한 미국 호텔이 바로 힐튼호텔이다. 1979년 힐튼그룹 회장에 오른 배런 힐튼은 라스베이거스에 플래밍고 힐튼을 열었고, 2000년대에는 해외 힐튼호텔 400여 개를 다시 사들여 전 세계 2,800여 개 지점을 거느리는 '호텔제국'을 건설했다. 2006년에 뉴욕의 상징 월도프 아스토리아 호텔도 인수했다. 이쯤 되면 "호텔왕"이라 불러도 무방하다. 가끔 TV에 나와 "힐튼호텔 상속녀"란 말과 함께 수많은 가십거리를 제공하기로 유명한 방송인 패리스 힐튼은 바로 배런 힐튼의 손녀딸이다.

그러나 배런 힐튼보다 더 유명한 이는 아버지 콘래드 힐튼이다. 그는 가장 존경스러운 미국의 크리스천 CEO의 한 사람으로 평가 받는 인물이다. 배런이 "호텔왕"이라면 콘래드는 "호텔황제"라고나 할까?

자본주의는 부익부, 빈익빈이란 야수성을 피해 갈 수 없다. 부자는 빈자를 합법적으로 수탈하여 부자가 된다. 그들 중 자신의 돈을 가난한 이들에게 베풀고 나눠 사회 치유의 길을 열어 갔던 선한 부자들이 있었다. 철강왕 카네기, 자동차왕 헨리 포드, 석유왕 록펠러와 같은 사람들이다. 바로 콘래드 힐튼도 그런 반열의 부자였다. '부의 사회환원'이란 기업가의 신선한 도덕률을 제시한 사람들이다.

콘래드 힐튼은 뉴멕시코 주 샌안토니오에서 잡화상을 하던 노르웨이 이민자 아버지와 독일계 어머니 사이에서 태어났다. 텍사스 주 시스코라는 도시의 평범한 '모블리 호텔'을 사들이면서 힐튼제국은 역사 속에 태동하기 시작했다. 그는 호텔 현관에 조그만 상점을 열기 시작해 신문, 잡지, 면도기, 칫솔, 치약을 팔았다. 호텔 로비의 상점들은 바로 콘래드의 아이디어에서 출발한 것이다.

점점 호텔 수를 늘려가던 콘래드에게 악재가 나타났다. 바로 대공황이었다. 왕래가 끊어지니 호텔사업도 아사 직전이었다. 대공황 때 미국 호텔 80%가 문을 닫았다. 하도 딱해 보였던지 벨보이가 사장인 콘래드에게 300달러를 꾸어주기도 했다고 한다.

대공항의 위기 속에서 자살까지 생각했던 그에게 어느 날 어머니가 어릴 적부터 늘 해주던 말씀이 떠올랐다. "하나님은 어떤 상황에서든지 너의 피난처가 되시는 분이다", "네 인생 가운데 투자할 수 있는 최고의 투자는 바로 기도란다"라는 말씀이었다. 콘래드의 어머니 매리 제네비는 독실한 가톨릭 신자였다. 콘래드가 다시 성공한 후 가톨릭 수녀회 등을 통해 수많은 돈을 기부한 것도 어머니의 가톨릭 신앙을 물려받은 데서 기인한 것이었다.

콘래드는 호텔 등급을 별 하나에서 다섯까지 나누는 파이브스타(Five Star) 시스템을 도입하는 등 고난의 때를 털고 일어나 힐튼왕국을 건설하는 데 성공했고, 여배우 자자 가보와 결혼까지 했다. 지난주에 타계한 아들 배런에게 호텔을 물려주고 《Be My Guest》라는 자서전을 남겼다. '호텔왕국'의 건설 스토리와 고객 서비스 정신을 담은 그의 자서전은 호텔사업의 '경전'으로 평가받고 있다.

콘래드 힐튼은 여러 나라의 어려운 사람들을 돕기 위해 힐튼 자선기금을 설립했고, 죽은 후 자기 몫의 재산을 이 자선기금에 기부했다. 아버지 콘래드가 그렇게 했던 것처럼 아들 배런도 97%의 유산을 기부하고 별세했으니, 부전자전인 셈이다.

예수님의 마음을 통하지 않고는 세상에 선한 부자란 존재하기 어렵다. 어머니의 신앙을 물려받아 기도하며 하나님의 은혜 가운데 절망을 벗어난 콘래드 힐튼처럼 야수들의 동물농장 같은 살벌한 자본주의 세상에서 선한 부자가 줄줄이 탄생하면 빈자들이 절망 가운데 치유의 손길을 느낄 수 있으련만…. 한인사회에는 동포들에게 욕 먹는 악한 부자만 늘어나고 있으니 안타까운 일 아닌가?

조부모의 날

9월에는 그랜드페어런츠 데이, '조부모의 날'이 있다. 어머니의 날, 아버지의 날이 있는 미국에서 조부모의 날이 있는 것은 당연한 일 같지만 할아버지, 할머니란 말만 나오면 귀찮은 꼰대, 잔소리쟁이, 낄 데 안 낄 데를 분간 못하는 주책바가지, 그래서 늘 뒷전으로 밀어내려는 '젊은 것들'의 숨어 있는 구박 때문에 쉽게 지켜지거나 환영받지 못하는 경축일이 이날이다.

'조부모의 날'은 1956년 웨스트버지니아에 살던 마리안 맥퀘이드(Marian McQuade)라는 한 어머니로부터 시작되었다. 가족들에게 서서히 잊히면서 양로원에 머물고 있는 80세 이상의 노인들을 격려하기 위한 커뮤니티 차원의 행사를 마련한 것이 기원이 되었다.

웨스트버지니아는 1973년에 이르러 조부모의 날을 처음 제정한 주가 되었고 맥퀘이드 여사가 국가적 차원에서 이날을 지켜야 한다고 발 벗고 캠페인을 벌여 1978년 지미 카터 대통령 재임 시 국가 기념일로 정하는 데 성공했다. 그해부터 매년 노동절이 지난 첫 번째 주일을 조부모의 날로 지키기 시작한 것이다. 공식 연방공휴일은 아니지만 경축일로 지켜지고 있다. 언뜻 보기엔 꽃집이나 대형 카드회사들이 로비를 벌여서 탄생된 날처럼 보이지만 상업적인 목적이 완전히 배제된 순수한 민간효도운동에서 비롯되었단다.

꽃집이나 홀마크 같은 카드회사에 따르면 조부모의 날 매상은 크리스마스, 발렌타인 데이, 어머니날이나 아버지날, 부활절, 할로윈,

추수감사절과 비교하면 잽도 안 된다고 한다. 세인트 패트릭스데이보다도 뒤처지는 실적이라고 한다. 아! 서글픈 조부모의 날!

그러나 우리 이민자 사회의 조부모들은 정착과 생존을 위해 몸부림치며 살아가고 있는 자녀들의 아픔을 달래주며 가정의 안정과 번영을 위해 소리 없이 흘러온 큰 강물이었다. 그리고 이 땅에서 죽순처럼 무섭게 솟아오르는 손자 손녀들의 손을 잡고 기도하며 그들이 꿈꾸는 미래의 징검다리 노릇을 마다하지 않고 소통의 불편함과 문화적 고립을 용기 있게 감내해 온 어른들이 아니던가?

생애 마지막 수년을 우리 집에서 살다 돌아가신 나의 장모님은 우리 집 1남 1녀에게 그런 할머니셨다. 이제는 결혼하여 중년에 접어든 아들이 UC버클리에 들어갈 때 기숙사로 짐을 싸서 들어가는 '무브인 데이'에 할머니도 동행했다. 짐을 챙겨주고 이튿날 아침 헤어질 때 할머니와 손자는 기숙사 앞에서 부둥켜안고 얼마나 울었는지…. 일 년에 한두 번 집에 다녀갈 때마다 할머니는 떠나는 손자의 자동차가 사라질 때까지 손을 흔드셨다. 그리고 어렵사리 모은 용돈을 손자의 손에 쥐어 주셨지만 말은 없으셨다. 눈으로 말씀하셨다. '사랑한다', '정말 훌륭한 사람이 되어야 한다'라고….

아들은 그런 할머니의 사랑을 인생의 메모리칩에 간직하며 살고 있음이 분명하다. 장모님의 3주기를 앞두고 지난주 아들이 먼저 전화를 걸어왔다. 할머니의 기일이 다음 주라고. 나는 의아해서 물었다. "바쁜 네가 어떻게 할머니가 돌아가신 날까지 정확하게 기억하고 있니?" "매년 1월이 되면 달력에다 표시하고 있어요."

아들만 보더라도 조부모와 손주의 소통은 사랑 하나로 충분하다. 미국에서 태어난 아이들이 부모들과의 언어소통도 어려운데 조부모와는 더 어려울 수밖에. 그러나 할아버지, 할머니의 가슴에 언어로 표현할 수 없는 사랑이라는 폭포수가 흐름을 손자, 손녀들은 잘 알고 있다. 그런 우리 손자, 손녀들이 자랑스럽게 떠오르고 있는 이 땅에서 할아버지, 할머니는 별들이 되어가고 있다. LA시의회에는 이제 2명의 한인 시의원이 탄생했다. 주 의회나 연방의회로 진출하는 사람들 못지않게 LA 한인들에게는 더 큰 긍지요, 자부심이다.

지난 주말 여자 프로골프 포틀랜드 클래식에서 준우승을 차지한 예리미 노(노예림)가 혜성처럼 등장하여 LPGA를 깜짝 놀라게 했다. 2019년 18세였던 이 골프 천재 말고도 LPGA를 누비는 자랑스러운 한인 2세들을 보면 눈물 나게 자랑스럽다. 이들을 길러낸 부모들의 노력은 물론 조부모들의 눈물의 기도가 있기에 가능했을 것이다.

2019년 내가 조부모가 되는 행복한 뉴스가 찾아왔다. 아들 집을 방문하니 며느리가 벌써 임신 8주째라는 것이다. 아들은 "You are going to be Grandparents"라고 새겨진 작은 액자를 우리 부부에게 선물했다. 가운데는 초음파로 찍은 흑백의 태아 사진이 들어 있었다. 나도 드디어 늦깎이 할아버지가 되는 건가?

그날부터 나도 모르게 머리 숙여 기도할 때마다 세상에 나오기 위해 워밍업을 하고 있는 새생명을 위해 기도하고 있는 게 아닌가? 나뿐이겠는가? 모든 조부모들이 자랑스럽게 세상으로 진군하며 미래를 열어가는 손주들을 위해 한결같이 기도해 온 것이다.

양로원에 누워 있을 어느 날, 창밖을 보며 죽지 못해 살고 있는 무료한 순간에, 아름다운 꽃다발을 손에 든 내 손주가 양로원 복도의 침묵을 깨고 뚜벅뚜벅 걸어와 방문을 열고 들어서는 순간을 상상해 보았다. 뭉클해지는 행복의 순간이 아닌가?

나보다 먼저 양로원에 누워 있는 수많은 할아버지, 할머니들에게 그 행복을 선사하자. 손주들이 기억하지 못한다면 부모, 손자, 손녀가 합작품을 만들어서 가족을 위해 헌신하다 가을 낙엽처럼 저물어 가는 할아버지, 할머니에게 행복을 선물하자. 올해 조부모의 날에는….

아리랑과 티쿤 올람

광복절을 맞은 지난주 LA 다운타운에서는 "아리랑"이 울려 퍼졌다. 기쁠 때도 아리랑, 슬플 때도 아리랑을 부르며 일제 강점기 한민족은 나라 잃은 서러움을 이 노래로 달래 오지 않았는가? 라크마(LAKMA)와 LA 유대인 심포니가 공동으로 월트 디즈니 콘서트 홀에서 개최한 "우정과 하모니"라는 음악회에서 첫 곡으로 무대에 오른 아리랑은 내 마음을 촉촉하게 적셔주는 엘레지였다.

제2차 세계대전이 1945년 8월 일본의 패망으로 막을 내리며 우리에겐 해방이 찾아왔다. 3년 뒤인 1948년에는 영국의 위임통치가 끝나고 세계에 흩어져 살고 있던 이스라엘 백성들이 학수고대하던 이스라엘의 건국이 비로소 선포되었다. 일제 식민 지배에서 해방된 대한민국의 역사나, 홀로코스트란 역사상 최악의 고난에서 해방된 이스라엘의 역사나 모두 제2차 세계대전의 종말과 밀접한 관계가 있다. 고난의 역사를 딛고 일어선 두 나라가 LA에서 음악으로 하나가 되는 무대를 만든 것만으로도 감동이었다.

아리랑에 이어 유대인 심포니의 여성 지휘자인 노린 그린이 지휘한 "이것이 우리들의 대응이 되리"(This Will Be Our Reply)라는 교향곡은 그래미상을 수상한 유명한 작곡가 루카스 리치먼의 작품이었다. 오래전에 별세한 미국 음악의 거장 레오나드 번스타인이 존 F. 케네디 대통령 암살 이틀 후에 한 연설에서 영감받아 작곡했다고 한다.

유대인 이민자 가정에서 태어난 번스타인은 케네디의 난데없는 죽음에 "폭력에 대한 한 예술가의 반응"이란 연설을 통해 "이것이 폭력에 대한 우리의 대응, 즉 이전까지의 음악보다 더 강렬하게, 더 아름답게, 더 헌신적으로 음악을 창조해 내는 것"이라는 말을 남겼다.

이 번스타인의 말에서 영감을 얻어 작곡된 것이 "이것이 우리들의 대응이 되리"라는 교향곡이다. 심포니 가사들은 바로 티쿤 올람(Tikkun Olam)으로 가득 차 있었다. 티쿤은 '고친다'는 말이고, 올람은 '세상'이란 히브리어다. 모든 유대인의 의식 가운데 굳세게 자리 잡고 있는 이 사상은 세상이란 끊임없이 개선해서 완성해야 할 대상이라고 보는 유대교의 세계관이다.

"폭력에 직면하고 있는 우리가 무엇을 할 수 있는지 이해할 수 있도록 도와주소서. 왕 중의 왕이 되시며 거룩하신 주님께 무릎을 꿇고 구하나이다. 우리들의 커뮤니티, 우리들의 나라, 우리 모두의 지구촌을 위하여 이 세상을 고쳐주소서"라고 노래하고 있다.

이어서 단호하고 강렬하게 흐르는 선율에 따라 "우리들의 딸과 아들을 위하여, 우리들의 기쁨을 위하여, 우리들의 사랑을 위하여, 우리들의 미래를 위하여, 우리는 세상을 고쳐야 한다(We Must Repair the World)"라고 선언하는 이 노래는 인종에 대한 폭력과 증오로 거덜 나고 있는 아메리카에 던지는 '악보에 쓴 고발장'이었다.

이날 이 심포니를 작곡한 루카스 리치먼이 무대에 올라 인사하는 시간이 있었다. 그의 짧은 스피치에서도 티쿤 올람은 강조되었다. "우리는 이 세상을 고쳐야 한다"라고. 하나님은 세상을 창조하신 후 "보시기에 좋았더라"고 말씀하셨지만 탐욕과 죄악으로 황폐해지는 이 세상을 바라보며 주저앉아 그냥 운명에만 기댈 것이 아니라, 하나님의 창조 동역자가 되어 적극적으로 일어나 이 세상을 개선하고 수선해서 좀 더 좋은 세상을 만들어 가야 할 책임과 의무가 우리에게 있음을 일깨워준 노래가 티쿤 올람이다.

한국인에게 "아리랑"은 언제 어디서 들어도 가슴에 파고드는 아련한 아픔이요, 그리움이자 수줍은 체념의 노래다. 그러나 이날 두 번째 무대를 장식한 유대인 교향곡은 저항의 노래, 행동의 노래였다. 같은 고난의 역사를 딛고 일어선 민족이지만 유대인들은 세상을 고쳐야 한다고 저항하며 역사에 대들고 있다. 한국 민족도 페시미즘에 머물러 여전히 '아리랑'으로 멈춰 있을 때가 아니다.

한 많은 억압과 핍박의 시대를 이겨내고 '누구도 건드릴 수 없는 나라'가 되었다지만 그게 사실인가? 이 세상을 고쳐야 한다는 결연한 한국판 티쿤 올람은 광복 74주년이 되어도 왜 찾아볼 수 없는 것일까? 정치는 물론 교회도 마찬가지다. 더 좋은 세상을 만들 책무가 우리에게 있으나 계속 고치고 개혁하겠다는 의지가 실종된 채 자기 살길에만 혈안이 된 이기주의에 중독된 대한민국이 아닌가?

이날의 연주회는 음악회 이상의 웅변이었고 매니페스토였다. 한인과 유대인들이 음악으로 하나가 된 위대한 이해와 조화의 자리였다. 이런 무대가 가능할 수 있도록 수고해 준 라크마 윤임상 지휘자에게 갈채를 보낸다. 뛰고 춤 추는 열광적인 지휘로 유명했던 번스타인의 열정을 그날 윤임상 지휘자에게서 보는 것 같았다.

학교로 복원되는 "In God We Trust"

미 전역에 있는 대부분의 공립학교들이 다음 주부터 개학한다. 새 학년을 맞는 학교들에 굿뉴스 하나가 있다. 이제 학교 어느 곳에든지 "우리는 하나님을 믿는다"(In God We Trust)라는 말을 부착해도 되기 때문이다. 미국에서 두 번째 크기를 자랑하고 있는 LA통합교육구 같은 데서는 전혀 안 통하는 말이다. 캘리포니아 같은 정치적 진보주의가 활개 치는 곳에서는 어림없는 소리다.

그러나 보수적인 바이블 벨트 지역의 대부분 주에서는 2019년 가을 새 학기부터 이 같은 법을 시행했다. 루이지애나 주는 새 학기부터 모든 공립학교에서 미국의 국가 모토인 이 말을 어디에 써 붙여도 누가 시비를 걸지 못하게 됐다. 이런 추세는 중남부 지역에서 계속 확대되고 있다. 지난해 초 플로리다 주는 공립학교나 공공건물에 이 말을 게시해도 좋다는 법을 통과시켰다.

유사한 법이 애리조나에서도 통과됐다. 애리조나의 문장(seal)에는 "디타 데우스"(ditat Deus)라는 라틴어가 한가운데 자리 잡고 있다. "하나님이 풍요롭게 하시다"(God enriches)는 뜻으로 애리조나 주의 표어인 셈인데 공립학교 어디에 부착해도 좋다는 법안이 통과됐다.

바이블 벨트 지역의 주 의원들은 더 나가서 십계명도 학교에 게시하자는 법안을 발의하려는 중이다. 앨라배마 주에서는 주정부가 관리하는 모든 건물이나 토지 위에 십계명을 게시할 수 있는 법안을 통과시켰다. 법안을 지지하는 사람들은 "우리가 어디서 왔는지 그 역사적 뿌리를 망각해선 안 된다. 우리의 후손들은 우리나라의 기초가 무엇인지를 알아야 한다"라고 말하고 있다. 또 "하나님은 우리의 창조주이시며 언제나 선하신 분이다. 그분이 알파요, 오메가이심을 아이들에게 가르쳐야 한다. 그리고 눈으로 보게 해야 한다. 왜냐하면 눈은 영혼의 출입구이기 때문"이라고 주장하고 있다.

1980년대 들어 무신론자들이 정교분리 원칙을 들어 공립학교에서 십계명, 주기도문, 국가 모토 등을 없애려 제기한 줄소송이 봇물을 이뤘고 대법원은 "공립학교 십계명 게시는 헌법에 위배된다"라는 판결을 내린 바 있다. 그런 세속주의의 공격으로 공립학교에서 기도, 예배를 비롯하여 하나님이란 말이 썰물처럼 빠져 나가야 했다. 전국의 하급 법원들은 대법원의 결정에 반하는 판결을 내림으로 어느 주는 합법, 어느 주는 불법으로 뒤죽박죽되는 양상이었다.

트럼프 대통령을 두고 "길바닥 싸움닭", "분열과 공포의 정치", "백인우월주의", "자격 없는 대통령" 등 험한 평가가 있기는 해도 그가 집권한 후 크게 달라진 게 있다. 무신론자들의 교회 공격이다. 억지 수준의 반기독교 소송과 트집잡기가 현저하게 줄어드는 것 같다. 백인 복음주의의 지지를 받는 트럼프를 잘못 건드렸다가 뼈도 못 추린다는 정교분리론자들의 속셈이 작용했는지 모른다.

그런 분위기에 편승하여 많은 주 정부에서 "정교분리? 그게 뭔데?"라는 식으로 콧방귀를 뀌며 공립학교에서 사라진 '하나님'을 다시 복원하고 있다. 그 대표적인 아이템이 바로 "우리는 하나님을 믿는다"라는 말이다. 이 말은 남북전쟁을 치르던 링컨 대통령 재임 시 재무장관을 지냈던 샐먼 체이스 장관이 동전에 새겨 넣으면서 시작되었는데, 제34대 아이젠하워 대통령은 1956년 취임 첫 해 이 말을 미국의 모든 지폐에 넣으라고 하면서 의무화되었다.

지금도 달러화가 위대한 것은 왜일까? 세계여행을 하다 보면 더욱 절실하게 '글로벌 머니'가 된 달러의 위력을 알게 된다. 거의 모든 나라들이 자국 화폐와 또 하나의 화폐를 허용한다면 달러화를 쓴다. 그 달러화엔 아메리카의 신앙고백이 녹아 있기 때문에 위대한 것이다. 유럽이나 남미 어느 나라를 가든지 "우리는 하나님을 믿는다"는 신앙고백서를 그들과 주고받는 셈이다. 그러니까 달러화는 신앙고백이자 동시에 세계인에게 뿌려대는 기독교 전도지가 아닌가?

"우리는 하나님을 믿는다"라고 말하려면 그냥 "We Trust in God"이라고 하면 될 것을 굳이 하나님이란 말을 앞으로 끄집어내어 "In God We Trust"라는 강조법을 쓴 것은 그만큼 존귀하신 하나님은 모든 것에 앞서야 한다는 고백으로 봐야 할 것이다.

화폐에서는 끄떡없이 존재하던 이 아메리카의 국가 모토가 공립학교에 다시 복원되고 있다니 얼마나 다행스러운 일인가? 감수성이 예민한 성장기의 아이들에게 십계명이나 주기도문, 하나님이란 말이 더 많이 눈에 띄게 더 큰 글씨로 보여주는 학내 분위기에 찬성의 갈채를 보내야 한다. "눈은 영혼의 출입구"라는 말을 명심하면서…

또 총기난사…이젠 할 말도 없다

텍사스 엘파소의 월마트에서 무려 22명의 목숨을 앗아간 21세 범인은 범행 직전에 "텍사스를 멕시컨들이 점령하고 있다"라고 하면서 한 명, 한 명을 정조준해서 살해했다고 한다. 참혹한 범행 직후 13시간 만에 오하이오 데이튼에서도 총격사건이 발생했다. 9명이나 죽었다. 입만 열었다 하면 분열과 증오의 막말정치로 지지자들인 '집토끼들'의 박수갈채에만 흥분하고 있는 트럼프 책임론이 거세게 일고 있다.

텍사스가 누구 땅이었는데 멕시컨들이 점령하고 있다며 그 못된 짓을 저질렀을까? 그놈(그런 살인범은 놈이라고 지칭해도 되지 않을까?)은 중고등학교에서 역사공부도 빵점이었나 보다. 텍사스의 주인은 본래 멕시컨이었다. 옛날 자기네 땅에서 살고 있는 멕시컨들을 침략자라며 총질을 해댄 이는 분명 백인우월주의 행동파이거나 앞잡이였을 것이다.

텍사스는 17세기엔 에스파냐가 점령했던 땅이고, 19세기 초에는 에스파냐에서 독립한 멕시코가 통치하는 하나의 주였다. 독립은 했으나 멕시코는 혼란의 연속이었다. 40년 동안 쿠데타가 30여 번이나 일어났으니 정치적 현실이 어땠는지는 안 봐도 비디오다.

텍사스 주는 현재의 텍사스 외에 더 북쪽인 와이오밍 일부까지를 테리토리로 하는 넓은 멕시코 영토였으나 워낙 넓다 보니 중앙정부의 통치력이 미치지 못했다. 거기 야금야금 기어들어와 살던 미국인 불법체류자들이 문제였다. 멕시코 불법체류자들을 막겠다고 '장벽' 어쩌고 떠들지만 불법체류자의 원조는 사실 백인들이었다. 청교도들도 불법체류자로 시작했으니까. 멕시코는 "건국의 아버지"인 이달고의 노예해방 정신을 이어받겠다며 노예제도를 없애려고 했으나 노예들을 뺑뺑이 돌려 농사를 짓던 텍사스 주의 미국인들은 결사반대였다. 이들의 농간으로 텍사스 주와 멕시코는 대립각을 세우게 되었고 가톨릭과 개신교, 히스패닉과 북유럽 출신 백인들과의 갈등 양상을 빚기도 했다.

결국은 주민들이 혁명을 일으켜 텍사스 공화국을 탄생시키는 데 성공했고, 이 공화국에서 몇 명의 대통령이 나온 적도 있을 만큼 공화국의 역사를 이어간 적도 있었다. 이 텍사스 공화국에 들어와 살고 있던 미국인들은 미 연방에 합류되는 것을 희망하여 미국에 손짓을 했고 "이게 웬 떡이냐!" 하며 미국은 제28번째 주로 텍사스를 합병시켰다.

화가 난 멕시코가 "너희가 감히 텍사스를 빼앗아 가다니!" 하면서 뿔이 나서 미국과 전쟁을 벌이게 되었으니 그것이 바로 '멕시코-미국 전쟁'이었다. 이 전쟁은 1846년과 1848년 사이에 일어났다. 당시 미국 대통령인 제임스 포크에서 이름을 따서 '포크 전쟁'으로 불리기도 한다.

전쟁의 결과는 어찌 되었을까? 멕시코의 참패였다. '과달루페 이달고 조약'이란 이름으로 종전에 합의하긴 했으나 미국은 겨우 1,825만 달러를 멕시코에 지급하는 대신, 멕시코로부터 뉴멕시코, 캘리포니아, 콜로라도, 애리조나, 네바다, 유타 주 등을 받기로 한 것이다. 미국은 전쟁 한 번으로 초대박 횡재, 슈퍼 로또에 당첨되는 행운을 누리게 되었다. 한반도 넓이의 15배에 달하는 영토를 넓히는 데 성공한 것이다.

그렇게 무력하게 미국에게 당하고만 살아온 불쌍한 멕시코… 그

멕시코가 정신 차리고 텍사스 공화국의 미국 합병을 완전 막아내고 포크 전쟁에서 미국을 이기기만 했더라도 엊그제 엘파소에서 백인 청년의 얼빠진 총질에 그렇게 많은 사람들이 목숨을 잃지는 않았을 것 아닌가?

아니, 트럼프 대통령이 입에 담지 못할 별의별 소리, 멕시컨은 깡패, 범죄자, 성추행자라며 멕시코 국민들을 '악마화'하는 발언에도 꿈쩍 못하고 참아내야 하는 국가적 굴욕은 아마도 그 전쟁의 패배에서부터 비롯되었는지도 모른다. 엘파소 충격이 멕시컨을 타깃으로 했다고 하지만 유색인종으로 이 땅을 살아가는 우리들로서는 불쌍한 멕시코 사람들의 자화상 속에 우리들의 모습이 있음을 부인할 수 없다.

북가주 길로이, 텍사스 엘파소, 오하이오 데이튼에서 총기난사 사건이 연이어 발생했지만 크게 놀라지도 않는다. "또?" 하면서 지나간다. 집단살인에 분노하고 궐기해야 할 국민감정조차 메말라 가고 있다. 자유가 넘쳐 만행이 판치는 나라가 중국을 향해 인권과 자유, 어쩌고 시비를 건다면 먹힐 거라고 생각하는가?

마이크 펜스 부통령이 세계종교자유 운동가들과 만나 중국의 종교 인권탄압 문제를 논의했다고 한다. 중국에서는 그럴 것이다. "너나 잘하세요. 파리 목숨처럼 사람을 죽이는 흉악무도한 나라가 어디 다른 나라를 참견하고 그러세요?" 하면서 빈정댈 것이다. 북한이 종교박해 국가 세계 제1위라는 미 국무부 보고서가 일 년에 골백번 발표되어도 어디 말빨이 먹이겠는가? 북한에서도 그럴 것이다. "우리 참견 말고 당신들부터 선량한 국민들 생명이나 지켜주세요. 집단 살인 국가에서 남의 나라 인권 시비 거는 건방. 정말 자격이 있습니까?"

중성사회 강요하는 요지경 세상

도심을 걷다 보면 피자 판만 한 쇠뚜껑을 밟고 지날 때가 있다. 이것을 맨홀(manhole)이라고 부른다. 수도관, 하수관, 지하 전선 등의 정비를 위해 지하 통로와 연결된 구멍을 말한다. 왜 맨홀이라 부르기 시작했을까? 그 유래는 지하수로나 전선을 수리하기 위해 사람(man)이 들어가는 구멍(hole)이라고 해서 부르기 시작한 것이라 한다.

그런데 북가주 버클리 시에서 이에 시비를 걸고 나왔다. 버클리는 역사상 저항의 아이콘으로 통하는 진보적인 도시로 잘 알려진 교육도시이다. 이 도시의 시 조례에서 성별을 반영한 이 같은 언어 자체가 성차별이라고 보고 맨홀이란 말을 없애고 대신에 '메인트넌스 홀'(maintenance hole)로 바꾸자는 조례안이 통과되었다고 한다.

그러니까 이 도시는 시의 법을 만들 때 아예 남녀가 성적으로 구별이 되는 언어는 모조리 빼버린다는 계획을 세운 것이다. 그러면 남자도 없고 여자도 없는 중성사회를 창조하겠다는 것인가? 여자를 가리키는 She와 남자를 가리키는 He의 구별을 없애고 모두 그들(they)로 바꾸는 한편 맨파워(manpower)는 '맨'을 없애버리고 그냥 Workforce, 즉 노동력으로 표기하기로 했다고 한다.

소방관을 뜻하는 파이어맨, 파이어우먼에서도 성별을 없애고 파이어파이터(firefighter)로, 상속자(heirs)는 베네피셔리(beneficiary)로 바꾸고, 크래프트맨에서도 맨을 없애고 크래프트피플로 바꾼다고 했다.

맨(man)이라고 하면 남성우월적으로 들리는 이 같은 차별적 언어를 멸종시키겠다는 처사다. 그러나 성 중립언어라는 것이 얼마나 위력을 발휘하고 실생활에서 의미 있게(?) 활용될 것인지는 지켜보면 알 것이다.

나는 지금도 남녀공용 화장실, 혹은 성중립 화장실이라고 하면 일단 거부다. 소변을 좀 더 참을지언정 들어갈 용기가 나질 않는다. 덜컥 겁부터 나고 '들어갔다가 망신당하고 나오는 거 아냐?' 하는 생각에 왠지 달갑지가 않다. 그러니까 나에게는 성중립 화장실이 완전 실패다. 오히려 이 운동을 주창한 이들을 향해 "꼴값하네. 얼마나 오래 가나 보자"라고 하며 저주성 독백을 할 때가 많다. 남녀가 구별된 화장실 문화에 조상 대대로 길들여져 온 사람들에게 왜, 어찌하여 같은 방을 써서 화장을 하라고 떼를 쓰는 세상이 되었는가? 짜증이 확 치밀어 오를 때가 한두 번이 아니다.

몇 년 전 테네시 대학에서는 남성을 뜻하는 He(그)나, 여성인 She(그녀) 대신 남녀를 통칭하는 새로운 '그'라는 뜻의 단어로 ze나 xe(똑같이 '지'로 발음)를 써달라고 했다가 논란을 빚은 적도 있다. 하나님이 남성과 여성을 구별하여 창조해 주셨으면 그 창조 질서에 맞게 한평생 살다 가면 넘치는 은혜가 아닌가? 성 정체성을 밀가루처럼 뒤죽박죽 반죽한다고 차별 없는 세상이 찾아올 수 있을까? 내가 남성이라고 억지 주장을 편다고 핀잔을 주고 싶은 분도 있겠지만 지금이 어느 세상이라고, 감히 남성이 여성을 하대하는가?

미국의 대표 유통업체 '타겟'이 장난감 코너에 남녀 구분을 없애겠다고 하자 유명한 미국의 크리스천 칼럼니스트 브라운 마이클 박사가 비꼰 말이 생각이 난다. "그러면 옷 코너에서도 남녀 구분을 없앨 참인가?" 백화점에서 남성용 의복을 파는 곳에 "남성용"(men)이라고 천정에 써 붙인 안내판은 왜 성중립 언어로 바꾸지 못하는가?

이런 것을 보면 세상이 미쳐가고 있는 게 틀림없다. 위에 말한 브라운 박사가 한 말이다. 그는 "성소수자들의 투쟁은 세상을 뒤집어

엎어 엉망으로 만드는 것이다. 한 명의 청각장애 학생 때문에 학교 전체가 수화를 사용해야 하는가? 한 명의 시각장애 학생 때문에 학교 전체가 점자를 사용해야 하는가? 왜 소수의 학생들 때문에 학교는 성중립적 대명사를 사용할 것을 요구하는가?"라고 말했다. "남녀칠세부동석"(男女七歲不同席)이라고 했다가는 뼈도 못 추리는 세상은 고사하고 잘못하면 맞아 죽을지도 모르는 세상, 성평등이라면 폭력마저 정당화될 것 같은 세상이 되고 있지 않은가?

한국의 유행가 가수가 부른 "세상은 요지경"이라는 말이 하염없이 입에서 터져 나올지라도 그런 요지경 속에서 우리는 더 바짝 정신을 차려야 한다. 버클리와 같은 도시가 어디 한둘이겠는가? 머지않아 하나님을 '아버지'라 부르는 것은 성평등에 어긋난다면서 그 시티에 소속된 모든 개 교회들은 예배 시에 하나님을 아버지라 부르지 말라는 경천동지(驚天動地)할 시 조례가 발효될지 누가 알겠는가? 세상이 미쳐갈수록 우리는 더욱 온전해져야 한다.

'지공선사'와 105세 할머니 목사님

한국에서는 만 65세가 될 경우 '지공선사'라는 자격증을 준다. 굳이 '증'이라고 하기 좀 그렇지만 흰머리와 얼굴 주름살만 보고 즉석 판정 가능한 '증'이라고는 할 수 있다. 지공선사란 '지하철 공짜로 타고 경로석에 앉아 지긋이 눈감고 참선하라'는 자격증이란다.

대한민국은 참 살기 좋은 나라다. 65세가 되었다고 지하철을 공짜로 타고 다니라는 나라는 오직 대한민국뿐이라고 한다. 언제 생긴 제도인지 모르지만 나라 곳간은 거덜나도, 거둔 세금으로 퍼주고 표나 받자는 식의 포퓰리즘이 대세라고 하니 나도 한국에 가면 지공선사 자격증은 따 놓은 당상이다. 아무튼 지공선사 자격증은 저절로 주는 자격이고 남녀, 학벌, 재산에 구애받지 않는다.

물론 미국에서도 캘리포니아 주에서 메디칼을 받는 어르신들에겐 마켓 갈 때 쓰라고 택시티켓도 나오고 버스표도 나온다는 소리를 듣긴 했는데 나는 받아본 적이 없다.

이 지공선사에겐 지켜야 할 수칙이 있다고 한다. "출퇴근 시간을 피해라, 젊은이 좌석에 앉지 마라, 눈을 감고 도를 닦는 것처럼 앉아 있어라, 젊은이들처럼 스마트폰을 만지작거리지 말라" 등이다. 좀 비참하게 느껴지는 수칙도 있다. 노인네 티를 내기 위해 모자를 쓰지 말라는 것이다. 모자를 쓰면 10년은 젊어 보일 수 있으니 '속알머리'나 '주변머리' 없는 성성한 백발이나 대머리를 부끄러움 없이 드러내야 한다. 젊은것들이 지공선사 특혜를 없애자고 청와대에 인터넷 청원운동이라도 펼치면 큰일이라는 염려 때문이라고 한다.

지공선사가 다니는 여러 개의 대학이 있는데 하버드대학은 하루 종일 바쁘게 드나드는 대학, 동경대학은 동네 경로당 대학, 하와이대학은 하루 종일 와이프와 이리저리 다니는 대학, 동아대학은 동네 아줌마와 다니는 대학, 시드니대학은 시들시들 시들면서 다니는 대학이라고 한다. 웃자고 만들어낸 조크일 테지만 얼마 있어 내가 다닐 대학이라고 생각하니 쓴웃음이 나왔다. 일부러 늦게 보여서라도 나라가 주는 공짜 혜택이나 누리며 편하게 살겠다는 지공선사 라이프 스타일을 우리 그리스도인들은 어떻게 바라보아야 할까?

며칠 전 한 영문판 인터넷신문에 소개된 금년 105세 현직 목사님의 기사를 읽으며 '그래, 지공선사보다는 저런 모습으로 살다 죽는 것이 주님께서 기뻐하실 모습이야!'라는 생각을 했다.

텍사스 템플에 사는 해디 매 알렌이란 할머니 목사님은 금년 105세로 그레잇-그레잇-그랜마더다. 그 나이에 눈이 보이고 귀가 들리는 것만도 경이롭다. 지금도 매주일 설교하는 그는 2019년에 '성역' 57년째를 맞았다. 교회 이름은 어렵게 생각할 것 없다. 그냥 "지저스"다. 학력을 물으면 학위는 전혀 없다고 말하면서 Ph.D.는 받았다고 한다. 신학대학교에서 준 게 아니라 바로 하나님을 향한 '순결한 마음의 갈망'(Pure Heart's Desire)이란다.

그 목사님은 그리스도인들에게 제일 중요한 것은 성경에 대한 순종과 거룩한 삶이라고 강조한다. 설교의 기승전결이나 강해설교, 제목설교 같은 거 따질 필요 없이 하나님의 사랑과 '지저스 퍼스트'(Jesus First)를 강조할 뿐이다. 자녀들에게 의존하지 않고 독립적으로 살며 동반자는 늘 "예수님"이라고 말하는 105세 할머니 목사님의 라이프스타일은 죽을 때까지 주님을 위해 살다 죽는 것이다.

교회가 제도권에 묶여 있다 보니, 담임목사에게 위에서 은퇴하라면 은퇴하는 것이 교단법이다. 교회가 점점 줄어들고 교인 수도 줄어들고 있다. 거의 모든 교단들의 공통된 시대상황이다. 이러다 기독교는 소수종교로 전락할 것이라는 예견도 나온다. 그러다 보니 멀쩡하게 목회에 열중하고 있는 목회자들에게 조기은퇴를 하라고 뒤에서 떠민다. 교단 살림이 쪼그라들면서 어쩔 수 없는 자구책이라고 이해할 수도 있지만 야속하게 느껴질 때도 있다.

주님의 명령에 따라 주의 일을 행함에 있어 그리스도인에게 은퇴는 없다. 예수님의 제자들 가운데에도 누구 하나 조기은퇴는 고사하고 정년은퇴한 사람도 없었다. 목숨이 붙어 있는 순간까지 주님을 섬기다가 대부분은 순교한 분들이었다. 때가 되어 은퇴를 강요하는 교단이나 교회에 의해 은퇴는 할지라도, 주님을 섬기는 방법이 달라질 뿐 그분을 섬기는 일에 무슨 변화가 있을 수 있으랴!

지공선사처럼 시들시들 시들면서 다니는 '시드니 대학생'으로 죽는 것보다 105세 알렌 목사님처럼 목숨이 붙어 있는 그 순간까지 설교하고 가르치고 이웃을 섬기는 일을 하면서 그분의 부르심을 기다리는 일은 얼마나 숭고한 일인가? 늙어가는 일이 체념이 아니라 존엄이 넘치는 생애의 절정이 되게 하려면, 피동적으로 늙어가는 노인을 일으켜 세워야 한다. 105세에도 불구하고 능동적으로 주님을 섬길 때 가능한 '활력 노후 인생'을 꿈꿔 보자.

아모르 파티

요즘 아내가 집에서 중얼거리는 노랫가락이 있다. "아모레 파티, 아모레 파티"란 말이다. 이달 고등학교 총동문회 행사에서 동기들이 함께 부를 노래라며 열공 중이다. 나는 '아모레 화장품 회사에서 파티를 열 때 부르라고 만들어 준 노래인가 보다'라고 생각했다.

잘 들어보니 아모레가 아니라 아모르였다. 아모르 파티였다. 도대체 이게 무슨 말인가? 의문이 생겨 슬쩍 인터넷을 검색해보았다. 아! 이건 그 이름도 유명한 니체 선생이 하신 말씀이 아닌가? 니체가 그의 저서 《즐거운 학문》에서 처음 사용해 유명해진 말이라고 한다. 영어인 줄 알았는데, 천만에! 라틴어였다. 라틴어로 아모르(Amor)는 '사랑'이란 뜻이고 파티(Fati)는 '운명'이란 뜻. 그러니까 "네 운명을 사랑하라"는 그럴듯한 철학적 용어였다. 영어로는 "Love of Fate", 좀 유식한 척 문자를 섞는다면 "운명애"란 뜻이다.

가수 김연자가 불러서 중장년층에서 인기가 높다는 대중가요에 니체가 쓴 라틴어가 버젓하게 제목으로 등장했다니 그럴듯하다. 인생에서 벌어지는 고통과 상실, 사소한 일과 중대한 일, 좋은 일과 나쁜 일 포함 모든 일을 받아들이고 인정하되 그 운명에 굴복하거나 순응하기보다는 능동적이고 적극적인 자세로 책임 있는 삶의 주체가 되어 살아가라는 뜻에서 니체가 던진 말이라고 한다.

운명이라고 하면 생각나는 것이 '시지프스'다. 그리스 고린도에 가면 이 도시를 압도하고 있는 산 하나가 버티고 서 있다. 이 산을 외면하고는 결코 살 수 없을 것이라는 위압감이 느껴지는데, 그 이름은 아크로코린트산이다. 이 산 정상에는 아프로디테 신전이 있다. 이 산에 얽힌 신화가 바로 시지프스의 신화다.

한때 고린도의 왕이었던 시지프스는 거만한 태도로 신들을 무시하다가 미움을 사게 된다. 드디어 저승의 신 하데스를 속인 죄로 형벌을 받게 되는데 그 형벌은 무거운 돌을 끊임없이 아크로코린트산 정상으로 밀어 올리는 것이었다. 끝이 보이지 않는 무용한 노동만큼 가혹한 형벌은 없을 것이라 생각하여 신들이 고안해 낸 초강경 형벌이었다. 고통스럽게 바위를 산 정상으로 밀어 올리면, 바위는 다시 아래로 굴러 떨어진다. 고린도에 갈 때마다 그 높은 산을 바라보노라면 당연히 시지프스가 떠오른다.

니체와 '같은 과'에 속했던 카뮈는 철학적 에세이 《시지프스의 신화》에서 가련한 시지프스와 동일한 인간실존임을 자각하게 될 때 세상은 부조리 투성이임을 깨닫게 된다고 했다. 이를 벗어나기 위해서는 자살을 통해 도피하는 방법, 또 하나는 시지프스의 '고귀한 성실'을 본받아 노력하는 것 자체에 삶의 의미를 두는 방법이 있다. 시지프스가 무거운 돌을 혼신의 힘을 다해 산꼭대기로 밀어 올리는 노력과 투쟁은 바로 신들에 대한 간접적 승리며, "멸시로 응수하여 극복되지 않는 운명은 없다"는 것이다.

둘 다 인본주의 냄새가 풍기는 철학적 사고 아닌가? 우리는 죽으나 사나 태생부터 신본주의다. 적극적이고 현세주의로 느껴지는 아모르 파티도 그렇고, 형벌인 것 같으나 그 형벌을 묵묵히 받아들여 신에게 복수한다는 시지프스의 운명론도 오답이다.

바울은 갈라디아서에서 "내 어머니의 태로부터 나를 택정하시고 은혜로 나를 부르신 이"가 하나님이라고 했다. 나기 전부터 창조주 하나님으로부터 선택받은 인생이란 것이다. 실존주의 철학자들의 말처럼 우리는 이 부조리한 세상에 우연히 던져진 존재가 아니며 모든 것이 하나님의 면밀한 계획으로 태어났다는 말이다.

금수저로 세상에 태어난 것도 그분의 계획이고, 흙수저로 태어나 고생하는 것도 그분의 계획이라고 믿는 것이다. 한국 땅에 태어나 미국 이민자로 살아가는 것도 그분의 계획이고 인종차별이 심한 이 땅에서 유색인종으로 살아가는 서러움 속에서 살아가는 것도 모두 그분의 계획이다. 우리는 이를 하나님의 섭리라고 부르지 않는가?

시지프스처럼 평생 같은 일을 반복하며 노동의 노예가 되어 의미 없게 사는 듯 보일지라도 형벌이라 생각하거나 신에 대한 복수라고 생각하지 않고, 하나님이 불러주신 자리라고 믿는 것이다.

그런 소명의식 가운데 나를 불러주신 자리에서 하나님을 드러내며 사는 것이 그리스도인의 삶이다. 헬렌 켈러는 보지 못하고 말도 못하고 듣지도 못하는 3중고의 장애를 안고 살아갔지만 그 고난의 자리마저도 하나님의 부르심의 자리로 받아들여 작가, 교육자, 사회운동가로 공헌하면서 마침내 운명을 극복한 전설이 되었다.

김연자의 노래 가운데 이런 가사가 있다. "나이는 숫자, 마음이 진짜 / 가슴이 뛰는 대로 가면 돼 / 이제는 더 이상 슬픔이여 안녕 / 왔다 갈 한 번의 인생아 / 연애는 필수, 결혼은 선택 / 가슴이 뛰는 대로 가면 돼." 한 번 살다 가는 인생인데 가슴 뛰는 대로 살라고 노래하고 있으니, 현세 찬미가처럼 느껴진다. 니체의 말 때문에 괜히 유행가 제목을 놓고 길게 시비를 건 셈이 되었다. 결국 아모르 파티가 아모르 데우스(Amore Deus, 라틴어로 '데우스'는 하나님이란 뜻)로 거듭나지 않으면 그것은 '허무가'에 불과하지 않겠는가?

아내에게 동창회 무대에서 신나게 노래 부를 때 '아모르 파티' 대신 '아모르 데우스'를 외쳐보라고 주문하면 동창회에서 쫓겨날 일 있냐고 핀잔만 줄 것 같다.

치매, 그 불편한 불청객

　　　　　　내 삶은 때론 불행했고, 때론 행복했습니다.
　　　　　　삶이 한낱 꿈에 불과하다지만
그럼에도 살아서 좋았습니다.
새벽에 쨍한 차가운 공기,
꽃이 피기 전 부는 달콤한 바람,
해질 무렵 노을의 냄새
어느 하루 눈부시지 않은 날이 없었습니다.
지금 삶이 힘든 당신, 이 세상에 태어난 이상
당신은 이 모든 걸 매일 누릴 자격이 있습니다.
대단하지 않은 하루가 지나고
또 별 거 아닌 하루가 온다 해도
인생은 살 가치가 있습니다.
후회만 가득한 과거와 불안하기만 한 미래 때문에
지금을 망치지 마세요.
오늘을 사랑하세요. 눈이 부시게….

　어느 깊은 산중에서 도를 닦다가 마침내 득도한 사람이 내뱉는 독백이 아니다. 치매 환자가 치열하게 오늘을 살고 있는 우리네에게 주는 말이다. 눈이 부시도록 오늘을 사랑하며 살아가라는 이 담담한 메시지는 최근에 종영한 〈눈이 부시게〉라는 TV 연속극에서 주인공으로 나온 김혜자 씨가 마지막으로 남기는 말이다. 〈전원일기〉의 어머니로 우리에게 기억되는 대한민국 국민 여배우 김혜자 씨가 극 중 이름도 똑같은 치매 환자 김혜자로 연기한 이 드라마 마지막 회를 보면서 나도 눈물을 글썽일 수밖에 없었다.

12회로 끝나는 드라마를 모두 보진 못했지만 마지막 회만 떼어서 볼지라도 아름다운 한 편의 '치매 영화'였다. 김혜자 씨의 눈부신 연기가 '아카데미 주연 배우급'이었지만 치매 환자 하면 겁부터 먹고 보는 오늘날의 세태 가운데 치매는 멀리 있는 게 아니라 바로 내 곁에, 누군가의 병이 아니라 바로 내 병이란 깨달음을 주었다.

서울에서는 원로목사님이 많이 출석하는 교회를 "늘푸른교회"라고 부른다고 들었다. 가끔 담임목사님이 축도를 맡길 경우 축도까지 글로 써서 강단에 오르는 목사님들이 부쩍 늘고 있다는 것이다. 평생을 해온 그 짧은 기도가 생각나지 않을까 봐 글로 쓴다는 것이다. 만약 축도하러 강단에 올라가서 성부, 성자, 성령 가운데 하나라도 잊어버릴 경우 엉뚱하게 삼위일체를 부정하는 목사님으로 찍힐 수도 있으니까 조심스럽게 쪽지를 써 가지고 강단에 오르는 목사님의 노년을 우리는 어떻게 바라보아야 할까?

감리교신학대학교에 전설처럼 전해지는 일화가 있다. 오래전에 돌아가신 김용옥 박사님에 관한 것이다. 그분은 신약학 교수이셨다. 얼굴만 봐도 학자요, 인자하기로 소문났던 그 교수님은 지금도 존경받는 교수님으로 제자들에게 오래 기억되고 있는 분이다. 성탄절을 앞둔 채플시간에 교수님이 설교를 끝내고 기도를 하셨다. "우리도 동방박사들처럼 황금과 유향과…" 그리고 기도가 끊어졌다. 교수님의 필름이 끊어져서 몰약이 기억력에서 순간 증발된 것이다.

한참 있다가 "황금과 유향과 그리고 여러 가지 좋은 것으로 아기 예수님을 경배하는 자들이 되게 하소서"라고 기도를 마치셨다. 제자들은 지금도 그 순간을 떠올리며 교수님을 회상하곤 한다. 그 실수가 교수님의 명예에 흠이 되기는커녕 원숭이도 나무에서 떨어질 수 있다는 교훈으로 제자들에게 전해지고 있다.

우리도 언젠가는 "황금, 유향"까지만 기억하고 "몰약"을 잊어버릴 날이 올 것이고, "황금"까지도 잊게 될 날이 올 것이다. 축도에서 "성부, 성자, 성령"을 다 기억하지 못해 "성자"를 잊어버리고 마침내 "성부"까지도 잊을 날이 올 것이다. 아니, 그 모든 것이 기억에서 사라지는 날을 만날 수도 있다. 그 불편한 불청객, 치매.

극중의 김혜자는 하루를 눈이 부시게, 그리고 아직 치매에 공격당하지 않은 오늘이야말로 축복이라고 생각하고 살아가라고 타이르고 있다. "내일 걱정은 내일 알아서 하고 한날의 괴로움은 그날로 족하다"라는 말씀을 떠올리게 하는 독백이었다.

드라마에서 나를 울린 것은 이 대목이었다. 치매를 앓고 있는 김혜자 할머니의 아들이 병원에 다녀온 후 걱정스럽게 아내에게 말했다. "어머니가 당신을 못 알아보는 것 같아. 당신이 다녀간 것을 미장원 아주머니가 다녀갔다고 하더라고…." 한참 뒤 며느리가 말을 받는다. "괜찮아요, 어머니가 못 알아봐도 내가 알아보면 되지…."

그렇다. 노년을 두려워할 필요는 없다. 치매에게 먼저 항복할 이유도 없다. 치매와 공존하는 법을 배워가면 된다. 며느리의 말처럼 내가 알아보면 되니까…. 옛날에 은퇴한 담임목사님을 아주 오랜만에 길에서 만났다고 하자. 백발이 무성한 목사님을 보고 너무 반가워 달려가서 인사를 드렸는데, 엉뚱한 소리를 하는 게 아닌가? "아주머니는 누구세요?" 사랑과 격려로 자상하셨던 목사님이 자신을 알아보기는커녕 엉뚱한 소리를 하며 내 앞에 마주 섰을 때도 서운해하지는 말자. 나만 우리 목사님이라고 알아보면 되니까…. 무슨 엉뚱한 말씀을 하셔도 그냥 목사님께 사랑과 예의를 표시하면 되니까.

눈이 부시도록 아름답고 감사하게 이 순간을 살아가면 되니까.

갈릴리 호숫가에서

"갈릴리가 바다예요? 아니면 호수예요?" 주일학교 학생들이 물으면 선생님들은 대개 그 옛날 갈릴리 사람들은 바다를 가 본 적이 없어서 물이 엄청 많은 이 호수를 바다라고 불렀다고 둘러댔다.

갈릴리는 얼마나 아름다운 호수인가? 우선 물이 풍년이다. 시리아 쪽 골란고원 너머 멀리 헐몬산의 만년설 봉우리가 보이고 그 주변에서 분수처럼 흐르는 물을 받아 물의 천국이다. 레이크 타호보다는 작아 보이지만 갈릴리 호수에 이르면, 아! 소리가 절로 나온다. 아름다운 복음의 고향 갈릴리! 그런데 이 호수의 정체가 사람들을 혼란에 빠트린다. 앞서 말했듯 분명 육지에 자리 잡은 담수호인데 왜 바다라고 부른단 말인가? 이스라엘 지도를 펴놓고 들여다봐도 Sea of Galilee로 표기되어 있다. 갈릴리 바다라고?

더 분명한 성경의 증언이 있다. 마태복음 8장 24절에 "바다에 큰 놀이 일어나 배가 물결에 덮이게 되었으되 예수께서는 주무시는지라"고 기록되었다. 여기서 바다란 바로 갈릴리를 두고 하시는 말씀이다. 성경에도 바다, 영어 표기도 바다로 되었다면 바다라고 불러야 정답이란 말인가? 결론부터 말하자면 바다도 맞고, 호수도 맞다.

창세기 1장 10절에 하나님께서 천지를 창조하실 때 "하나님이 뭍을 땅이라 부르시고 모인 물을 바다라 부르시니 하나님이 보시기에 좋았더라"고 하셨다. "물을 바다라 부르시니"의 물은 히브리어로

"얌"(Yam)으로 바다도 되고 호수도 된다. "큰 물"이란 뜻이다.

창세기 14장 3절에 "이들이 다 싯딤 골짜기 곧 지금의 염해에 모였더라"에서 "염해"라는 말이 나오는데 이는 곧 "소금의 얌" 즉 "소금 바다"라는 말이다. 지구상에서 가장 낮은 해저 400미터에 위치한 그 소금 바다를 우리는 지금 "사해"라 부르지만 "소금 호수"라고 불러도 좋고 "죽음의 바다"라고 말한들 틀리지 않는다. 무조건 물이 많으면 얌이고, 얌은 호수라 불러도 좋고, 바다라고 불러도 된다.

이렇게 혼란을 주는 갈릴리의 정체는 그것으로 끝나지 않는다. 부르는 이름도 여러 가지다. 구약성경은 긴네렛이라고 적고 있다. 위에서 보면 갈릴리 바다가 하프와 닮았다고 나온 말인데 히브리어로 하프는 '키노르'이다. 이 키노르에서 긴네렛이 유래되었다고 한다. 신약성경엔 디베랴 바다라는 말도 나온다. 헤롯 대왕의 아들 헤롯 안티파스가 갈릴리 호숫가에 세운 도시로 디베랴는 로마 황제 티베리우스에서 따온 이름이다.

또 있다. 게네사렛이라는 이름은 갈릴리 북서쪽의 게네사렛 평야 이름에서 왔다. 갈릴리, 긴네렛, 디베랴, 게네사렛…. 이렇게 많은 이름으로 존재하는 이유가 분명 있을 것 같다. 이 호수에서 물고기를 잡던 어부들이 세상을 뒤집어 놓은 위대한 복음의 역사 때문일 것이다. 세상 어느 호수가 이만큼 위대할 수 있는가?

시몬 베드로는 갈릴리 호수 주변 가버나움에 살던 어부였다. 그를 기념하여 갈릴리에 가는 오늘날의 모든 기독교 순례자들은 이 호수에서 나오는 물고기를 "베드로 물고기"라 이름을 붙여 꼭 한 번씩 시식을 하고 이 호수를 떠난다. 그 베드로의 이름이 지금도 세상을 덮고 있다. 통계에 의하면 이 세상 사람들이 갖고 있는 남자 이름 가운데 베드로, 즉 피터(Peter)가 당연 1순위다. 그뿐인가? 그 피터의 이름을 딴 교회당이 또 이 세상을 덮고 있지 않은가? 또 있다. 지구상에 존재하는 가장 큰 예배당은 이탈리아 로마에 있다. 예배당의 이름은 베드로의 이름을 딴 세인트 피터스 바실리카이다.

거기만 있는가? 예루살렘 시온산에도 그의 이름을 딴 베드로 통곡교회가 있다. 갈릴리 어부 출신 베드로가 없었다면 기독교가 어찌 되었을까? 성경에 베드로전서나 베드로후서도 없었을 것이다. 그래서 주님께서는 다른 누구보다도 베드로에게 더 공을 들이셨나 보다.

십자가 처형 현장에서 세 번씩 주님을 부인하던 베드로가 갈릴리로 낙향하여 호수에 그물을 던졌다. 부활하신 주님께서 제일 먼저 모습을 드러내신 곳이 갈릴리요, 먼저 찾은 이가 베드로였다.

주님이 준비하신 구운 떡과 생선으로 된 아침상을 보고 베드로는 아마도 마음속으로 엄청 울었을 것이다. 그 아침상을 차려주신 바위가 "멘사 크리스티"라는 이름으로 갈릴리 호수 주변 베드로 수위권교회에 지금도 알뜰하게 보존되어 있다. 갈릴리 호수로 되돌아간 베드로의 이름이 오늘날 세계를 덮을 수 있게 한 주님의 말씀 한 마디는 "네가 나를 사랑하느냐?"라는 물음이었다. 베드로는 주님의 아침상과 그 질문에 뿅 갔고, 인생의 터닝포인트가 거기서 시작되지 않았는가?

그래서 갈릴리는 신비의 바다다. 기적의 호수다. 그곳에 갈 때 '이름이 몇 개냐? 어느 것이 맞냐? 호수냐, 바다냐?'를 따지는 것은 중요하지 않다. 그보다는 그날 새벽 베드로가 들었던 주님의 음성, "네가 나를 사랑하느냐?"라는 음성을 듣는 일이 제일 중요한 일이다.

사순절, 남들이 지키거나 말거나

2019년 2월 어느 수요일, CNN 앵커인 크리스 쿠오모는 이마에 검정 숯칠을 하고 뉴스를 진행했다. 전국으로 나가는 방송에서 진행자가 이마에 재를 바른 모습은 처음 보는 일이라, 나도 깜짝 놀랐다. 형 앤드루 쿠오모는 현재 뉴욕 주지사, 아버지 마리오 쿠오모도 뉴욕 주지사를 지낸 대단한 정치 집안의 막내 아들인 그가 사순절을 맞아 재로 이마에 십자가를 그리고 나타난 것이다. 웬만한 사람은 '아하! 오늘이 재의 수요일이구나'라고 짐작했을 것이다.

지난주 '재의 수요일'(Ash Wednesday)로부터 금년 사순절(Lent)이 시작되었다. 재를 이마에 바르는 것은 무슨 의미일까? 재는 유대인들에게 참회의 표시였다. 이날 이마에 재를 바르는 행위는 죄를 깨닫고 회개했다는 외적 고백이다. 재를 발라줄 때 사제나 목사님은 "흙에서 왔으니 흙으로 돌아갈 것을 명심하십시오" 또는 "회개하고 복음을 믿으십시오"라고 말한다. 지난해 종려주일에 사용된 종려가지를 보관했다가 그것을 태워 금년 재의 수요일에 사용한다.

아일랜드 같은 나라에서는 재의 수요일을 '국가 금연의 날'로 정해 놓았다. 사순절을 시작하며 기호품인 담배를 하루만이라도 절제해서 봉헌하라는 뜻에서 시작되었다고 한다.

사순절이 성경에 있는가? 없다. 왜 지켜야 하냐고 따져 물으면 할 말은 없다. 가톨릭교회에서 생겨난 전통이며, 사순절이 처음 언급된 것은 AD 425년 니케아 공의회에서 있었던 일로, 이때부터 사순절을 재의 수요일부터 부활절까지의 40일로 정했다고 한다.

예수 그리스도의 고난을 기념하는 이 절기를 40일로 정한 것은 예수님이 광야에서 40일간 시험을 받으셨기 때문이다. 그뿐이 아니다. 노아 때 40일간 비가 내렸고, 십계명을 받으러 올라간 모세가 40일간 금식했고, 엘리야가 호렙산에서 40일간 기도했다. 그래서 40일은 보통 고난과 인내를 상징하는 숫자로 여겨졌다. 그러나 예수님의 부활을 축하하는 주일은 축일로서 40일에서 뺀다. 정확히 수요일로 시작하여 주일들을 빼고, 부활주일 전까지 40일이 사순절이다.

이 기간에는 목회자도 보라색 스톨, 주님의 테이블도 보라색으로 장식한다. 보라색은 예수님의 고난을 상징하는 색깔이다. 빌라도 총독이 예수님의 재판을 끝낸 뒤 자색 옷을 입히고 가시관을 씌웠다. 그래서 사순절의 상징 색은 보라색이다. 고대 로마시대에는 '타이리언 퍼플'(Tyrian purple)이라고 해서 지엄하게 높은 신분의 사람들에게만 제한해서 사용하는 색이었다고 한다.

사순절은 가톨릭 전통이기 때문에 보수적인 개신교단 중에는 지키지 않는 곳도 있다. 개신교 중에서는 성공회, 감리교, 루터교회가 이 절기를 열심히 지키고 있다. 그러다 보니 사순절을 지키는 미국인은 10명 가운데 3명 정도라고 라이프웨이 리서치가 밝혔다. 가톨릭 신자 가운데 61%가 이 사순절을 지키고 있으며, 그 가운데 3명 중에서 2명이 좋아하는 음식이나 음료를 절제한다고 알려졌다. 특별히 히스패닉은 사순절을 잘 지키기로 소문나 있다.

예수님의 고난을 묵상하며 부활절이 오기 전에 경건한 절제생활로 40일을 보내자는 절기가 성경에 없다고 그냥 내칠 일은 아니다. 더구나 가톨릭에서 비롯된 절기이니 우리 같은 개신교인들이 굳이 신경 쓸 일 아니라고 제쳐 두는 게 옳은 일일까?

우리 개신교의 큰집이 가톨릭이고 가톨릭의 큰집은 유대교다. 베드로와 사도 바울은 유대교인이었다. 예수님도 시작은 유대교인이었다. 열두 제자도 마찬가지다. 그들이 세계로 흩어져서 세운 교회가 가톨릭교회다. 우리가 종교개혁자라고 떠받드는 개신교 창시자들인 얀 후스나 마르틴 루터, 장 칼뱅은 모두 가톨릭 사제부터 시작했다.

지금은 한통속이 아니라고 하지만 족보를 따져보면 가톨릭에서 떨어져 나왔으니 '큰집'이라고 할 수 있다. 큰집에서 시작된 것이니 무조건 배척하자는 것도 속이 좁아 보이고 성경에 없는 것이니 필요 없다고 주장하는 것도 경직된 생각이다.

성경에 새벽기도회가 없으니 배척해야 된다고 한다면 또라이라고 손가락질당할 것이다. 끊임없는 영적 교제와 신앙적 성장을 위해 이른 새벽 일어나 하나님의 이름을 부르며 예배하는 모습이 참으로 아름답듯, 주님의 고난을 묵상하며 회개하고 경건하게 40일을 지내는 사순절이 성경에 없다고 뭉개버릴 일은 아니다.

사순절을 지키려면 어떻게 해야 할까? 전통적으로 단 음식을 삼가고 소다, 초콜릿, 고기 등을 먹지 않는다. 물론 흡연이나 음주를 절제하는 사람들도 있다. 40일 동안 트위터를 안 하는 사람도 있다. 개신교인들은 대충 지나가는 경우가 많지만 가톨릭 신자들을 보라! 이 절기에 정말 음식을 절제하고 철저하게 날을 정해 금식을 한다.

경건과 절제로 우리 영혼을 단련하고 연마하는 사순절이라면 전통 어쩌구를 떠나 믿음생활 중심에 도입해 보자. 신앙생활이 어디 남의 눈치 보기인가? 남들이 지키거나 말거나 "내 영혼이 은총 입어 중한 죄 짐 벗고 보니" 이 일에 열중하자.

헷갈리는 장례식 용어

장례식을 집례하면 헷갈리는 말들이 많다. '별세'가 맞는지 '타계'가 맞는지, 혹은 '소천'이란 말이 그럴듯해 보인다.

그러나 "아무개가 소천했다"는 맞는 말이 아니다. '소천'(召天)이란 말은 능동태로는 쓸 수 없기 때문이다. 하늘나라로 부름받을 수는 있으나 본인 스스로 소천할 수는 없다. 주체는 언제나 하나님이시기에 "그분이 아무개를 소천하셨다"가 맞는 말이다. 그러나 그런 걸 머릿속에 정리해 놓는 것도 골치 아픈 일이다. 우리 신문에서는 모든 죽음을 맞이하신 분들에게 별세라는 말을 쓴다.

'서거'는 대통령 같은 정치 지도자나 종교 지도자, 위대한 예술가 등 비범한 인물의 죽음에 대해 쓴다고 한다. 최근 아버지 부시 대통령의 죽음을 서거로 표현했다. 이 세상을 살아갈 때 세상 끗발이 대단했던 사람들이 죽음을 맞이하면 쓰는 용어가 서거이다.

'별세'는 무슨 뜻인가? 글자 그대로 별세란 세상과 이별한다는 뜻이다. 윗사람의 죽음을 가리키는 가장 일반적인 말이라고 한다. 고인의 사회적 지위나 명망에 관계 없이 존경의 뜻을 담아서 쓰는 이 말이 가장 적당한 말처럼 보인다. 우리 신문에서 누군가가 돌아가셨다는 소식을 전할 때는 무조건 별세라는 말로 통일한다.

'타계'는 이 세상을 떠나 다른 세계로 간다는 뜻으로 국어사전에는 '귀인'의 죽음을 이르는 말로 풀이되어 있다. 서거를 쓸 정도는 아니지만 사회에 적잖은 기여를 했거나 어느 정도 지명도가 있는 인물에 쓰인다는 점에서 별세와는 차이가 있다. 사회에 기여한 것도 없고 지명도마저 형편없는 나에겐 별세란 말도 감지덕지다.

장례용어를 두고 이것저것 따지는 분들에 의하면 꼭 쓰지 말아야 할 사용 불가 용어가 있기는 하다. 첫 번째가 '명복'이다.

장례식을 끝내고 나가면서 어느 교회 장로님이 유족들에게 "고인의 명복을 빌겠습니다"라고 말했다고 하자. 제법 문자를 쓰려고 애썼건만 장로님의 무식이 여지없이 폭로되는 순간으로 변한다. 명복이란 불교 용어다. 우리 기독교인들의 장례식에서 쓰는 말은 아니다. 불교에서 사람이 죽은 후 가는 곳을 '저승'이라 하고 그건 명부(冥府), 즉 어두운 곳이란 뜻인데 "명복을 빕니다"란 말은 그 어두운 곳에서 많은 복이 있기를 바라는 불교식 축복이다.

또 하나가 있다. '미망인'이란 말이다. 뜻 자체는 '같이 따라서 죽지 못한 사람', '남편과 함께 같이 죽지 못한 부인'이란 뜻이다. 이것은 동양에서 순장제도가 실시되던 때 남편이 죽으면 부인도 같이 스스로 목숨을 끊는, 호랑이가 스모킹하던 시절의 장례풍습에서 유래되었다. 그래서 미망인이란 말은 잊어야 한다. '유가족' 혹은 '고인의 부인'이라는 말이 옳은 말이다.

요즘 장례식장, 특히 교회장으로 치러지는 장례식에 가면 고인의 동문회나 친목회 등에서 보낸 근조기가 많이 눈에 띈다. 조화나 근조기에 크게 써넣은 글자가 바로 '근조'(謹弔)라는 말이다. 이것은 유가족들에게 삼가 조문의 뜻을 표시한다는 것인데 어떤 조기에는 '부활'이라고 써 붙인 것도 보았다.

그런데 기독교 장례 전문가들 중에는 하나님의 소천을 받은 사람의 육신을 이 땅에서 처리하는 행사가 장례식이기 때문에 부활이란 말은 자칫 하나님의 주권을 범하는 것으로 비춰질 수 있어 맞지 않는다는 주장을 펴는 이들도 있다. 물론 부활의 확신과 소망을 갖고 장례식을 치러야 하지만, 말은 그렇다는 것이다.

장례식이 끝나면 유족들이 관 옆에 쭉 늘어서서 조문객들의 인사를 받는다. 그들에게 인사하면서 위로 차원에서 한마디 하고 지나쳐야 하는데 "고인의 명복을 빌겠습니다"가 절대 사용 불가라면 무슨 말을 해야 할까? 사실 흐느끼는 유족들에게 무슨 말을 해도 귀에 들어갈 바가 아니니 눈치껏 그냥 악수나 하고 지나쳐야 할까? 그래도 장례식에 갔는데 번듯하게 인사 한마디는 하고 나와야지, 그냥 입술만 실룩대고 나온다면 예의가 아니다.

"하나님의 위로가 함께하시기를 기도합니다", "하늘나라의 소망과 평안이 있기를 구합니다", "천국의 은혜가 함께 있기를 소망합니다", "부활의 소망으로 평안하시길 기도합니다"라고 하면 된다. 너무 길다고, 준말로 "천국 위로", "하늘 평안", "부활 소망"이라고 인사를 했다가는 유족들에게 무례하다고 욕을 바가지로 먹게 될 게 뻔하다. 정중하게 위로의 말을 전하고 나와야 옳다.

내가 이런 말을 하기 전에 이런 장례 용어를 일목요연하게 작성해서 교육해 줘야 마땅한 단체가 있다. 바로 기독상조회다. 개체교회에 국한되는 상조회가 있고 전체 한인 커뮤니티를 대상으로 하는 상조회도 여러 개가 있다. 사실 노인 인구가 많아져서 별세하시는 분들은 많고 신규 가입은 줄다 보니 적자투성이란 말을 듣긴 했다. 푼돈을 모아 큰돈을 마련하는 상조회가 경영상의 어려움 없이 한인 커뮤니티를 위해 계속 잘 봉사해 주기를 바라는 마음이 간절하다.

그런데 장례용어집 같은 것을 만들어서 돌려 보게 하는 것도 사실 상조회가 해야 할 일 아닌가? 기독교 장례용어를 붙잡고 한가하게 교인들을 교육시키기에는 목사님들이 너무 바쁘시니까.

열받게 하는 백인 우월주의

정초부터 열받는 일만 줄을 잇고 있다. 우선 연방정부 셧다운이다. 미국이 어느 미개한 독재국가도 아니고 멀쩡한 연방정부 공무원 80만 명에게 페이 체크를 주지 않고 있다니 이게 말이 되는 소린가? 모기지 페이먼트는 어쩌고 전기세는 어떻게 내란 말인가? 국경 장벽에 쓸 돈을 달라고 조르다가 안 되니까 결국 애꿎은 공무원들만 유탄을 맞고 있는 중이다. 그러다 보니 공항에서부터 국립공원에 이르기까지 여기저기서 셧다운 부작용이 터져 나오고 있다.

그뿐 아니라 미 전역에서 두 번째 규모의 LA통합교육구 교사 노조가 지난 월요일부터 파업에 들어갔다. 맞벌이 부부들은 아이들을 어찌해야 할지 열받고 있다. 교사도 없는 학교에 아이를 보내야 하는 건가? 어디에 자녀를 맡기고 직장을 가란 말인가? 이런 와중에 연방하원의원 스티브 킹의 "백인 우월주의", "백인 민족주의" 발언이 선량하게 잘살아보려는 미국인들의 울화통을 터지게 하고 있다.

그는 별로 유명한 정치인도 아니다. 공화당 연방하원의원이며, 출신은 아이오아이다. 2003년부터 하원의원으로 계속 당선되고 있으니 아이오아 지역구에선 존경받는 인물인지는 몰라도, 공화당에서조차 고개를 내젓는 꼴통 극우주의자다. 가끔 몰상식한 말을 툭툭 내뱉는 것이 세간의 관심을 끌어 보려는 수작으로 보일 때도 있다. 그는 지난 2018년 중미의 이민자 행렬인 '캐러밴'을 두고 흙(dirt)이라고 비하했던 인물이다. 이처럼 지독한 반이민주의자다. 유색인종이라면 질색이다. 그러니까 트럼프가 맘에 쏙 들어 하는 '트럼피즘'의 광신자라고 할 수 있다.

트럼피즘이란 트럼프식 언행과 사고방식에 열광하는 사회 현상을 말한다. 드러내놓고 인종 차별을 얘기하고 성차별적 발언도 서슴지 않고 혐오와 불만을 입에 달고 사는 트럼프 추종자의 대표주자라 할 수 있는 그에게 표를 주는 반이민 극우 보수주의가 아메리카 저변에 이처럼 시퍼렇게 살아 있다고 생각하면, 유색인종으로 지금껏 살아온 것이 참으로 겁 없고 용감했다는 생각이 든다.

그 스티브 킹이 지난주 〈뉴욕 타임즈〉에 "백인 우월주의자나 백인 민족주의라는 말이 왜 공격적이냐?"라고 말해 또 한 번 미국인들을 돌게 만들었다. 아이오아 시골뜨기 늙은이의 대낮 취중 발언이라면 그냥 지나쳐도 되지만 그가 누구인가? 연방하원의원이다.

백인 우월주의란 백인은 다른 인종보다 우월하므로 그들이 타인종보다 우위에 있는 것이 옳다는 주장이다. 이들은 반유색인종, 반이슬람, 반유대인을 표방한다. 나 같은 유색인종은 그들이 다스려야 할 열등한 인종에 불과하다. 중미의 이민자 행렬인 캐러밴을 흙이라 했다면 그에게 우린들 흙이 아니고 무엇이랴?

트럼프의 등장은 백인 우월주의 혹은 백인 민족주의의 반영이라고 봐야 한다. 백인들이 사회 전반을 지배하는 국가에 대한 향수 때문에 스티브 킹과 같은 극우주의자들이 심심찮게 등장하여, 아메리카의 자랑스러운 가치로 자리 잡은 다인종사회, 다문화사회라는 판을 깨려는 어처구니없는 난동을 우리는 지켜봐야 한다.

파문이 확산되자 연방하원 공화당 원내대표 케빈 매카시는 "킹의 발언은 부주의했고 부적절했으며 우리 사회에 발붙일 곳이 없는 말"이라고 말했다. 킹은 2019년 1월 하원 징계위원회로부터 주 어느 위원회에서도 활동할 수 없다는 징계를 받았다. 당연지사다.

우리를 열받게 하는 제2의 스티브 킹은 계속해서 출연할 것이다. 트럼프가 저러고 다니는 한, 더 많은 킹의 무리들이 우리 주변에 산재하게 될 것이다. 그래도 우리가 이만큼 이민자의 권리와 평등을 누리며 살아가는 배경에는 백인 우월주의에 맞서 고단하게 싸워온 흑인들의 공헌이 있음을 잊을 수가 없다.

사실 이 땅에 백인 우월주의만 있는 것이 아니다. 흑인 우월주의도 있다. 흑인은 모든 인종 가운데 가장 우월하며 인류문명과 문화의 기원은 아프리카라고 주장한다. 가장 오랜 이집트 문명을 흑인이 건설했다고 주장하면서 "너희 흰둥이들이 동굴 원숭이로 살 때 우리는 피라미드를 건설했다"라고 중얼거린다. 그것도 웃기는 얘기다.

그러나 링컨 대통령에서 시작되어 존 F. 케네디 시대를 거치면서 자리 잡은 이 나라의 인종 평등주의 선봉에는 흑인들이 있었다. 그들은 총을 맞고 쓰러지면서 백인 우월주의에 맞섰다.

우리가 생생하게 기억하는 4·29 폭동도 경찰 곤봉으로 두들겨 맞아야 했던 흑인 인권에 대한 분노의 표출이었다. 우리 한인 커뮤니티가 억울하게 피해를 입어 그 상처가 깊은 건 사실이지만 그렇게 해서라도 그들은 저항하고 불평등에 도전했다. 그들 덕분에 우리 또한 무임승차하여 지금 자유와 평등을 누리고 있는 셈이다.

지난 2019년 2월에 개최된 제91회 아카데미 시상식은 사회자 없이 진행되었다. 사회자로 낙점된 흑인 코미디언 케빈 하트가 10여 년 전 자신의 트위터에 성소수자를 비하하는 말을 남긴 것이 화근이 되어 이틀 만에 결정이 취소되는 해프닝이 일어난 것이다.

성소수자들을 잘못 건드렸다간 이 꼴을 당한다는 무시무시한 선전포고일 수도 있지만 거기에서 스티브 킹과 같은 백인 우월주의 그림자가 느껴지는 것은 왜일까? 자라 모가지를 하고 이 땅을 살아가고 있는 유색인종의 콤플렉스 때문인가?

호(好) 시절과 메멘토 모리

 지난해 말, 미 동부 지역에 사는 후배로부터 카톡이 왔다.
"선배님, 잘 지내세요?"
"그런 대로. 오늘 골프장인데, 오랜만에 풀밭에서 공치고 있어."
"아이고 선배님, 호 시절이네요?"

골프를 치고 있다고 했더니 호(好) 시절이란다. 호 시절? 좋은 세월이란 말 아닌가? 주중에도 골프를 치고 있으니 그런 말이 나올 만도 하다. 정말 내 인생은 지금 호 시절인가?

2022년 2월 26일 별세한 한국의 이어령 교수가 지난 2019년 암 판정을 받아 투병 중에 인터뷰한 기사를 〈중앙일보〉 본국 인터넷판에서 읽은 적이 있다. 인터뷰 당시 한국 나이로 87세. 이화여대 명예 석좌교수인 그는 한국인이라면 모를 사람이 없는 대학 교수이자 소설가다. 그뿐이 아니다. 작가 겸 저술가, 사회운동가, 정치가, 문학평론가, 시사평론가 등으로 소개되는 만능박사다. 한마디로 말하면 한국을 대표하는 우리 시대 최고의 지성이요, 5,000년 역사상 가장 돋보이는 창조적 인물로 칭송받고 있는 주인공이다.

오래전 한국에서 대학생이었을 때 가끔 이분의 공개강좌가 열리면 찾아가서 강연을 듣곤 했다. 그때마다 나는 현기증을 느꼈다. '구라가 섞여 있는 게 아니라면 도대체 한 사람이 가질 수 있는 지식의 넓이와 깊이가 얼마나 크고 깊어 저 정도에 이를 수 있을까? 나 같은 허접한 머리통 몇백 개를 합쳐야 저분의 박식함과 관찰 수준에 이를 수 있을까?' 하고 생각하다가 아예 절망감에 빠져들곤 했다. 그랬던 이어령 교수가 암이라니!

그분은 몇 년 전 세상을 떠난 딸을 통해 예수 그리스도를 영접하고 세례를 받았다. 그 최고의 지성이 예수를 영접했다고? 세상은 또 한 번 그분 때문에 놀랐다. 이 교수는 《지성에서 영성으로》라는 '예수교 입문고백서'를 세상에 내놓으며 예수교 신자임을 천명했다.

이 교수는 현재 방사선 치료도, 항암 치료도 받지 않는다고 했다. 석 달 혹은 여섯 달마다 병원에 가서 건강 체크만 한다고 한다. 또 '투병'(鬪病)이란 용어를 쓰지 않고 대신 '친병'(親病)이라고 부르는 이유는 암과 싸우는 대신 병을 관찰하며 친구로 지내고 있기 때문이라고 했다. 인터뷰 기사에서 이 교수는 "우리가 죽음을 기억할 때 비로소 삶은 더욱 농밀해진다"라고 말했다. 즉 메멘토 모리(Memento mori), 늘 '죽음을 기억하라'고 했다. 그분의 말을 직접 인용해본다.

> 사람을 만날 때도 '그 사람을 내일 만날 수 있다', '모레 만날 수 있다'라고 생각하면 농밀하지 않다. 계절이 바뀌고 눈이 내리면 '내년에 또 볼 수 있을까? 언젠가 저 꽃을 또 볼 수 있을까?'라고 생각할 때 꽃이 보이고, 금방 녹아 없어질 눈들이 내 가슴으로 들어온다. '너는 캔서(암)야. 너에게는 내일이 없어. 오늘이 전부야'라는 걸 알았을 때 역설적으로 말해서 가장 농밀하게 사는 거다. 그렇기에 세상에 나쁜 일만은 없다.

그는 7년 전에 세상을 떠난 딸 이민아 목사를 회상했다.

> 암이라는 말을 듣고 우리 딸도 당황하지 않았다. 의사는 '수술하면 1년, 안 하면 석 달'이라고 했다. 딸은 웃었다. '석 달이나 1년이나'라며 수술 없이 암을 받아들였다. 오히려 진단한

의사가 당황하더라. 무슨 큰 도를 닦아서가 아니다. 애초부터 삶과 죽음이 함께 있다고 생각한 사람에게는 '뉴스'가 아니다. 그냥 알고 있던 거다. 그때부터 딸은 책을 두 권 쓰고, 마지막 순간까지 강연했다. 딸에게는 죽음보다 더 높고 큰 비전이 있었다. 그런 비전이 암을, 죽음을 뛰어넘게 했다. 나에게도 과연 죽음이 두렵지 않을 만큼의 비전이 있을까….

그는 그게 두렵다고 했다. 기사를 읽은 후 나는 한참을 멍하니 앉아 있었다. '메멘토 모리'라는 라틴어는 로마시대 원정에서 적을 무찌르고 돌아오는 개선장군이 노예들을 시켜 행렬의 제일 뒤에서 크게 외치게 했다는 말이다. "전쟁에서 승리했다고 우쭐대지 마라. 겸손하라. 너도 언젠가는 죽는다. 메멘토 모리! 메멘토 모리!"

죽음을 기억할 때 삶은 더욱 농밀해진다는, 암과 친병 중인 이어령 교수의 말이 정초를 지나는 내 인생의 새해 격문처럼 새겨졌다.

지금껏 나는 죽음을 진지하게 생각해 본 적이 없다. "건강 100세 시대" 어쩌구 하면 나도 끄떡없이 그 나이까지는 살 수 있겠다는 자만심에 빠져 살아오고 있었다. '지금 건강하면 춘삼월 호 시절'이라고 믿어 왔다. 공짜로 다가오는 매일매일이 내 인생의 전성기라고 생각했다. 그런데 메멘토 모리는 없었다. 이 나이에 이르도록 난 너무 무식하게 살아온 것이다. 적당히 평화나 감사, 정의와 사랑이라는 애매모호한 어휘들을 내 삶의 형용사로 도입하는 데는 그런 대로 숙달되었건만 정녕 메멘토 모리는 실종된 인생이었다.

내 인생이 호 시절 플러스 알파(+α)가 되기 위해서라면 메멘토 모리를 인생의 주어부에 끼어 넣고 살아야겠다. 그러므로 내일은 꽃에게도 인사를 나누며 한없이 너그러운 하루가 될 것만 같다.

우리 집 새 식구 '헤이 구글'

새해 들어 우리 집엔 새 식구 하나가 생겼다. 새 식구? 새 식구라고는 하지만 인격체는 아니다. 물건이다. 그런데 보통 사람 뺨치는 지능을 가진 척척박사다. 아마 세상의 모든 천재를 다 불러 모아도 이 물건 하나를 당할 재간이 없을 것 같다. 새 식구라 함은 이 척척박사가 우리 식구의 한 구성원인 양 양방향 커뮤니케이션을 하고 있기 때문이다. 다름 아닌 '헤이 구글'을 두고 하는 말이다.

지난 크리스마스 선물로 아들이 사들고 와서 우리 집 식탁 옆 테이블에 자리까지 잡아 주었다. 베이글이나 도너츠 크기만 한 이 기기는 '헤이 구글'. 헤이 구글은 불러내는 호출 신호다. 적당한 거리에서 "헤이 구글"이라고 말을 건네야 들어먹는다.

헤이 구글과 같은 인공지능(AI, Artificial Intelligence)은 눈과 가슴이 없을 뿐 지식은 무궁무진하다. 어느 때는 신기하다 못해 겁이 날 때도 있다. "내일 기온 몇 도야?" 그 자리에서 답이 나온다. "모차르트 음악 좀 틀어 줄래?" 2~3초 안에 모차르트 음악이 집안에 울려 퍼진다. "볼륨이 높은데 30 정도로 줄여 주겠니?" 당장 소리가 작아진다. "집에서 가장 가까운 개스 스테이션?", "코스트코의 오픈 시간?"이라고 얘기하면 모든 것을 다 말해 준다. 어떻게 저 작은 몸집에서 저렇게 많은 양의 지식이 쏟아져 나올 수 있을까?

지난 2018년 열린 라스베이거스 CES(소비자 가전전시회)에서 헤이 구글이 처음 선을 보인 후 신세대들에겐 빠른 속도로 보급되다가 드디어 꼰대 축에 끼는 나에게도 이 인공지능이 찾아온 것이다.

이 헤이 구글이 탄생되기 1년 전에 이미 똑같은 기기가 시장에 나왔다. 돈벌이라면 천재에 가까운 실력을 보이고 있는 아마존의 작품이었다. 이름은 '알렉사'. 헤이 구글처럼 인공지능 비서로서 역시 "알렉사"라고 불러야 알아듣는다. 그 알렉사에 맞짱 뜨려고 구글에서 야심차게 출시한 것이 바로 헤이 구글이다. 그래서 이 둘은 현재 시장점유를 놓고 혈투를 벌이는 중이다.

사실 인공지능이나 로봇, 혹은 4차산업혁명 같은 말들이 신문기사에 오르내려도 '지능을 인공으로 만든다고? 그래, 할 테면 해봐!' 하는 식이었고 로봇이란 말이 나와도 그냥 아이들이 갖고 노는 장난감이나 만화영화에나 등장하는 실없는 물건들이라고 제쳐놨다. 그런데 그 인공지능이 우리 집까지 쳐들어 왔다고 생각하니 돌아가는 세상이 심상치 않다는 생각이 드는 게 아닌가?

지난해 중국에서 TV에서 뉴스를 전하는 앵커를 로봇으로 실험하여 성공했다는 기사를 읽은 적이 있다. 그러니까 로봇 뉴스 앵커 시대가 머지않았다는 기사였다. 사실 헤이 구글 같은 척척박사에게 그 유명한 앤더슨 쿠퍼와 같은 앵커의 인조 얼굴을 씌워서 입만 뻥끗하게 조작해 놓는다면 한 치의 실수도 없는 완벽한 뉴스 앵커가 탄생할 것이다. 그 인공지능에 가장 최신의 뉴스 원고를 입력할 수 있기 때문이다.

인공지능을 이용한 로봇이 활개 치는 세상이 되면 은혜받았다는 유명한 설교는 모두 인공지능에 집어넣고, 거기에 클러지 칼라를 한 인공 얼굴 마스크를 씌워 놓은 후 헤이 구글처럼 인공지능을 불러내서 "주현절 설교"라는 지시어를 주면 잘 짜깁기 된 주현절 설교가 줄줄이 선포될 것이 아닌가? 설교를 준비하고 선포하는 행위가 아주 중요한 임무 가운데 하나인 목사님들이 결국 인공지능에 밀리는 날이 찾아온다는 것인가? 그렇게 비약할 경우 인공지능과 로봇이 세상의 모든 직업을 차지할 것이란 불길한 예감이 든다.

사실 약사, 도서관 사서, 패스트푸드 점원, 양치기 소년, TV 뉴스 앵커, 바텐더, 택배원, 은행 텔러 등이 머지않아 로봇에게 일자리를 뺏길 수 있단다. 창의력과 소통이 요구되는 화가, 조각가, 사진작가, 무용가 등은 인공지능이 어찌할 수 없는 직업군으로 분류되었다. 소비자 입장에서는 훨씬 좋은 세상이 될 수도 있다.

그러나 인공지능이 목회영역에 도전해 온다 해도 목사님 대신 심방까지 가겠다고 나서지는 못할 것이다. 인공지능엔 심장이 없기 때문이다. 정보와 데이터만 있을 뿐 더운 피가 흐르는 심장은 없다. 그것은 전능하신 하나님의 영역이다. 슬픔을 만난 가정에 가서 심방설교는 인공지능이 할 수 있어도 함께 울고 위로하는 일은 첨단을 자랑하는 기술조차도 결코 흉내 낼 수는 없으리라. 기술의 한계 저 너머 이마고 데이(Imago Dei)를 지닌 인간 고유의 영역이기 때문이다.

헤이 구글을 불러 "주기도문"을 요구했더니 줄줄이 기도문이 낭송되었다. "헤이 구글, 나 지금 외로워서 죽고 싶은데 어떻게 할까?" 헤이 구글이 무슨 말을 할지 호기심으로 건넨 말에 대해 고작 "자살방지 핫라인에 전화하라"는 대답이 돌아왔다. 거기까지였다.

밝아온 새해 지금 하는 말이 모두 구닥다리 담론에 불과할 뿐 상상을 초월하는 속도로 인공지능은 진보할 것이다. 인공지능을 가진 로봇과 결혼하겠다고 주장하는 해괴한 시대가 오면, 찬반 갈등을 빚고 있는 동성애 논쟁 따위는 해묵은 사회 윤리적 이슈로 치부될 것이다. 다가오는 인공지능시대, 구경만 하다가는 큰일을 만날 것 같다.

세밑에 생각나는 목사님

2018년 세상을 떠난 존경받는 믿음의 위인 중 부시 대통령 부부나 유진 피터슨 같은 분들이 있지만 누구보다 빌리 그레이엄 목사님을 꼽을 수 있다. "복음주의 대부"로 불리던 그는 지난 2월 100세를 몇 달 앞둔 99세에 노스캐롤라이나 몬트리트 자택에서 별세했다.

그는 인류역사상 가장 많은 사람들에게 복음을 전한 목사다. 개신교 역사에서 '전설'이라 불릴 만하다. 전 세계 185개국을 돌아다니며 2억 명에게 직접 설교했고, 위성과 라디오 방송 등으로 그의 메시지를 들은 사람까지 합하면 약 22억 명으로 추산된다. 보수 우파와 너무 친밀해 정교유착을 불러왔다는 비판도 있었고 교회들로 하여금 성장주의에 빠지게 했다는 비판을 받기는 했어도, 그가 이룩한 업적에 비하면 새 발의 피로 봐야 옳지 않을까?

그의 죽음은 전, 현직 대통령들도 그의 말 한마디라면 입을 다무는 영적 거장의 시대는 끝났다는 시그널이었다. 미 남부 지역에서 교회를 키우고 TV 방송 설교를 통해 전 세계에 얼굴을 파는 목사들이 많기는 해도 정말 존경받는 설교자가 있는지 의문이 간다.

오랫동안 목회일선에서 헌신해 오신 선배 목사님들이 후배 목회자들을 가르치는 세미나 등에서 늘 강조하는, 목회자가 가까이해야 할 3개의 방이 있다. 바로 심방, 골방, 책방이다. 심방은 교인들을 영적으로 잘 보살펴야 할 의무이고, 골방은 죽도록 기도해야 목회가 성공할 수 있다는 교훈이었고, 책방은 공부를 게을리해서는 결코 훌륭한 목사가 될 수 없다는 가르침이었다.

그 심방, 골방, 책방 3형제는 정체불명의 목사 안수를 받고 여기저기 큰소리치고 다니는 함량미달 땡땡이 목사들 빼고는 누구나 추구하는 영성훈련 방법으로 애용(?)되어 왔다. 그런데 또 하나 중요한 가르침이 있었다. 이번에도 3가지다. 돈 조심, 명예 조심, 여자 조심이다. 앞서 3개는 열심을 품어야 할 것들이고 나중 3개는 극도로 조심해야 할 '예방주사'에 속하는 것들이다.

선배 목사님들이 그토록 구구절절 강조해 오셨던 그 가르침이 허공을 치는 헛소리가 되어가고 있는 안타까운 현실을 우리는 만나고 있다. 굳이 이름을 거명하지 않아도 미국 사는 우리까지도 다 알 것만 같은 그 유명한 한국교회 목사님들은 이 세 가지 예방주사를 모른 척하고 방관하다 실족하여, 교회가 무너지고 교회에서 쫓겨나고 그 바람에 한국교회까지 심하게 흔들리고 있는 여진의 진앙지가 되어 가고 있다. 모두 돈, 명예, 여자 문제 때문이다.

빌리 그레이엄 목사님이 존경받는 이유는 무엇일까? 아마도 목회자를 넘어뜨리는 이 세 가지 유혹에서 매우 자유로운 고매한 인격과 영적 거장으로서의 품격 때문일 것이다. 그분이 물질에 탐욕이 생겨 어디에다 돈을 꼬불쳐 놨다는 소리는 듣지 못했다.

그러나 빌리 그레이엄 목사님이 사라졌다고 해서 금방 교회 부흥의 길이 막혀 버리고 하나님 나라의 울타리가 세속주의에 함몰되어 교회가 허둥대라는 법은 없다. 우리 주변에도, 우리 믿음의 공동체에도 사실 빌리 그레이엄은 있다. 다만 명성이 부족할 뿐이다.

영웅은 아니어도 목사를 실족하게 하는 세 가지 주의사항을 철저하게 멀리하면서, 보일 듯 말 듯 목양의 자리에서 충성스럽게 사역하는 목사님들이 사실은 대부분이 아닌가? 은퇴하신 목사님들 중에도 빌리 그레이엄 목사급으로 존경받아야 할 어른들이 허다하다.

빌리 그레이엄 목사님이 세상을 떠난 2018년, "이제 지구상의 개신교는 누구를 의지하고 바라보며 살아야 하나?"라고 한탄할 일이 아니다. 한국의 대형교회 목사님들이 개인적인 욕망을 주체하지 못해 깽판을 치더라도 작은 교회에서 몸을 낮추어 하나님 나라를 위해 헌신하고 있는 무명의 목사님들이야말로 진짜 영적 거장들이요, 영웅들이다. 그들이 있기에 절망할 필요는 없다.

월급이 깎여도 기도밖에 모르는 목사님, 교회에서 주는 건강보험이 없어도 '주님이 알아서 해 주시겠지' 하며 밀고 나가는 목사님, 가진 것 없어도 나누지 못해 안달인 목사님, 별 것 아닌 교단 감투 하나를 쓰고도 허튼 명예는 아닐까 고민하는 목사님….

골방을 지키며 3가지 헛된 욕심을 외면한 채 목회 현장에 엎드려 충성하고 계시는, 내가 출석하고 있는 작은 교회 '우리 목사님'이 사실은 빌리 그레이엄의 뒤를 잇는 영적 거장인지도 모른다. 영웅은 사라졌지만 눈을 뜨고 보면 무명의 영웅은 우리 가까이에도 있다. 그러니 밝아오는 새해도 희망적이라고 말하자.

잘츠부르크와 베들레헴

잘츠부르크에 가면 이 도시에서 왜 천재 음악가 모차르트가 탄생했는지 짐작이 간다. 뮤지컬 영화 〈사운드 오브 뮤직〉이 왜 이 도시에서 탄생했는지도 이해가 된다. 한마디로 아름답기 때문이다.

도시를 내려다보는 호엔잘츠부르크 성의 고풍스러운 모습과 아름다운 것은 모두 모아 놓은 것 같은 미라벨 궁전. 그 궁전에서 호엔잘츠부르크 성을 올려다보는 것만으로도 이 도시는 한 폭의 세계적인 그림이요, 일생 잊지 못할 치유의 순간으로 간주될 만한 곳이다.

그 음악의 도시 잘츠부르크에서 탄생한 것이 또 하나가 있다. 세계적으로 가장 유명한 캐럴 〈고요한 밤, 거룩한 밤〉이다.

초등학교 어린 시절부터 크리스마스이브가 되면 내가 다니던 시골교회는 축제 분위기였다. 전기도 없었던 깡촌이라, 의자도 없는 마룻바닥에 방석을 깔고 앉아 석유 램프불을 켜고 예배드리던 때였다. 그래도 크리스마스이브가 되면 교인들은 한없이 즐거웠다. 주일학교 성탄연극은 동방박사 세 사람이 황금과 유향과 몰약을 들고 아기 예수께 예물을 바치는 것이 단골주제였다.

연극이 끝나면 교인들은 캐럴을 함께 부르고 선물교환을 했다. 선물교환에 등장하는 것은 예수님 얼굴사진 혹은 '기도하는 사무엘'이 든 사진액자가 대부분이었다. 택시 운전사들이 "오늘도 무사히!"라고 써서 운전석 유리창에 붙이고 다니던 바로 그 사진. 선물교환이 끝나면 대충 떡국을 먹고 새벽송을 부르기 위해 마을을 돈다. 그때 교인들의 초가집 대문 앞에서 부르던 새벽송 중 최고의 애창곡이 바로 〈고요한 밤 거룩한 밤〉이었다.

이 곡은 잘츠부르크에서 북쪽으로 10마일 정도 떨어진 인구 3,000명의 작은 마을 오베른도르프(Oberndorf)에서 1818년 크리스마스이브에 탄생되었다. 2018년 이 곡은 탄생 200주년을 맞았다. 이 노래가 처음 불린 성당은 성 니콜라우스 성당이었고 지금 이 성당은 '고요한 밤 성당'(Silent Night Chapel)으로 이름이 바뀌었다.

이 곡을 만든 사람은 니콜라우스 성당의 요제프 모어(Joseph Mohr) 신부였다. 모어는 사생아로 태어나 할머니와 홀어머니 밑에서 성장하여 23세에 사제가 된 사람이다. 작곡자는 이 교회 성가대 지휘자인 프란츠 그루버(Franz Gruber)이다. 이들이 교회 성탄음악회에서 첫 선을 보인 이 노래는 당시 나폴레옹 전쟁으로 황폐해진 사람들의 마음에 전하는 평화와 희망의 선물이었다. 2011년 유네스코는 이 캐럴을 세계문화유산으로 등재했다.

이렇게 '고요한 밤 거룩한 밤'이 탄생한 오스트리아의 아름다운 잘츠부르크와는 달리 캐럴의 진짜 배경이 된 예수님의 탄생 현장인 베들레헴으로 시선을 돌려보자. 한때는 이스라엘이 점령하고 있었으나 지금은 팔레스타인 지역으로 변했다. 기독교인들이 무슬림보다 많은 때도 있었지만 지금은 무슬림들이 더 많은 도시다. 그나마 베들레헴 시 조례에 시장과 부시장은 반드시 기독교인이어야 한다는 조항이 있어, 가톨릭이 시장을 하면 정교회가 부시장, 정교회가 시장을 하면 가톨릭이 부시장을 맡는다.

이 베들레헴에는 당연히 예수님의 탄생 기념교회가 있다. 예수님이 탄생하신 말구유 자리에 있는 14개 꼭짓점을 가진 은색별에 순례객들은 입을 맞추고 이마나 손을 비빈다. 예수님을 흠모하는 마음의 충만함 때문일 것이다. 기독교를 로마제국의 국교로 공인한 콘스

탄틴 황제의 믿음 좋은 어머니 세인트 헬레나가 성지순례차 베들레헴에 왔다가 예수님의 탄생지에 아도니스 신전이 들어선 것을 보고 충격을 받아 기념성당을 지으라고 해서 탄생된 것이 바로 이 교회당이다. 세계에서 가장 오래된 교회당이기도 하다.

아랍의 무법자들이 메시아 탄생을 비웃기라도 하듯 말을 몰고 이 탄생기념교회에 쳐들어오는 것을 막으려고 십자군 시대에 아예 문을 1.2미터 높이로 낮춰서 돌기둥을 세워, 누구든지 꼽추처럼 허리를 바짝 숙여야 들어갈 수 있는 세계 유일의 교회당이 되었다. 그 문을 "겸손의 문"이라고 부른다. 이 탄생기념교회 부속성당인 세인트 캐서린 채플은 가톨릭교회 소속으로 매년 크리스마스이브에 이곳에서 드리는 자정예배의 모습이 TV로 전 세계에 생중계된다.

'떡집'이란 의미의 이 베들레헴은 다윗의 고향이자 야곱의 아내 라헬의 무덤이 있는 곳이며 룻의 시어머니 나오미의 고향이기도 하다. 그래서 구약의 성지다. 이런 성경의 역사로 가득 찬 지금의 베들레헴은 삭막하기 짝이 없는 도시다. 모어 신부의 '고요한 밤 거룩한 밤'과 더불어 연상되는 동화같이 아름답고 고요한 정경은 전혀 기대할 수도 없다.

베들레헴은 이스라엘이 세운 분리장벽 때문에 거대한 감옥처럼 보인다. 8-9미터 높이의 이 콘크리트 분리장벽을 이스라엘에서는 테러 방지용 '안보 울타리'라고 하지만 아랍인들에게는 차별과 억압의 울타리다. 억울한 마음에 베들레헴의 아랍인들이 툭하면 이스라엘 군인들에게 덤벼들다 총을 맞거나 감옥에 갇히는 곳이다.

'고요한 밤 거룩한 밤'의 배경답지 않게 정치적으로 언제나 불안과 긴장이 맴도는 아기 예수 탄생의 땅 베들레헴. 제1차 세계대전이 한창이던 1914년 12월 24일 크리스마스이브에 벨기에에서 영국과 독일군이 대치하고 있을 때 독일 병사 한 명이 '고요한 밤 거룩한 밤'을 불렀다고 한다. 갑자기 영국 병사들이 이 노래를 함께 부르며 환호하자 노래를 마친 양쪽의 장교들이 서로 악수하는 장면이 연출되었다. 이를 유명한 "크리스마스 정전"이라 부른다.

평화의 왕으로 이 땅에 오시는 예수님의 탄생도시 베들레헴의 세인트 캐서린 채플에서 "고요한 밤 거룩한 밤"이 울려 퍼질 때, 마침내 이스라엘과 아랍인들 사이에도 그 옛날 "크리스마스 정전"이 가능해질 수 있기를 함께 기도하자. 그게 그리 쉬운 일은 아닐지라도….

미국은 지금 '多不有時'(다불유시) 전쟁 중

한 젊은이가 시골길을 가다가 작은 집 문에 붙은 '多不有時'란 글씨를 보았다. '저게 무슨 뜻일까? 시간은 있는데 많지는 않다? 저 근사한 사자성어를 붙여 놓고 사는 고매한 인격자는 누구일까?'라는 생각이 들어 문을 두들겼으나 응답이 없었다. 그때 옆집에서 러닝셔츠 차림의 할아버지가 걸어오다가 물었다. "젊은이, 거기서 뭐하는 거야?" "아, 이 사자성어 뜻을 좀 알고 싶어서요…." "다불유시, 젊은 사람이 WC도 모른다구? 뒷간이야, 뒷간!"

아주 먼 옛날에는 그 시골의 WC를 뒷간, 혹은 측간으로 불렀다. 우리는 크면서 변소란 말에 익숙해지곤 했지만 요즘에는 모두 화장실이란 말로 통한다. 그런데 절에 가면 그곳을 해우소(解憂所), 근심을 해결하는 장소라고 불렀다고 한다. 미국에서는 토일렛이나 배스룸이란 말도 있으나 restroom이란 말이 가장 널리 사용되는 것을 보면 해우소처럼 '쉬는 방'이란 의미가 가장 적합할 것 같다. 그런데 작금의 미국 화장실이 해우소도 아니고 restroom도 아닌 전쟁터요, 언레스트룸, 즉 불안한 방으로 변해 가니 큰일이다.

발단은 지난 4월부터 노스캐롤라이나 주가 성전환자, 그러니까 트랜스젠더의 공중화장실 이용과 관련해 태어날 때 출생증명서에 기록된 생물학적 성별에 따라 사용하도록 하는 법안을 제정하면서 불거졌다. 또 지방자치단체의 성 소수자 차별금지 조례 제정을 금지하고, 인종·성차별과 관련한 소송도 하지 못하도록 한 것이다.

당연히 인권단체와 대기업, 스포츠 단체, 유명 스타들이 들고 일어났다. 성 소수자 편에 서서 '노스캐롤라이나 보이콧 캠페인'에 나섰다. '화장실 전쟁'이 본격화된 것이다. 비틀스의 멤버 링고스타는 노스캐롤라이나 6월 공연을 취소했고, 내년 2월 샬럿에서 열릴 NBA 올스타전 개최지를 변경하라는 압박도 거세지고 있다.

더구나 성 소수자 차별법을 시행하는 노스캐롤라이나와 미시시피 주에 공무원의 출장을 금지시키는 주 정부, 시 정부가 벌떼같이 늘어나고 있다. 고립작전인 셈이다. 코네티컷, 미네소타, 뉴욕, 버몬트, 워싱턴 등 5개 주가 공무원 출장금지, 워싱턴 D.C와 신시내티, 호놀룰루, 로스앤젤레스, 샌프란시스코, 뉴욕, 솔트레이크시티 등 16개 도시가 보조를 맞춰 같이 화장실 전쟁에 가세했다.

이 문제는 여기서 수그러들지 않고 연방정부와 주정부의 힘겨루기로 번지고 있는 중이다. 노스캐롤라이나 주 정부는 연방 법무부가 노스캐롤라이나의 '성 소수자 차별법'에 제동을 걸고 나선 것은 월권행위라며 소송을 제기했다. 법무부는 이에 질세라 '명백한 인권 침해'라며 맞고소에 나섰다. 판사들만 바빠지게 됐다.

대통령도 편을 들고 나왔다. 당연히 트랜스젠더 편이다. 버락 오바마 대통령은 지난달 "노스캐롤라이나 화장실법은 어느 정도 정치적 요구에 의해, 성 소수자 반대 감정에 의해 결의된 측면이 있는데, 나는 이에 동의하지 않는다"라고 말하고 "그 법은 잘못된 것이며 잘못된 법은 철회되어야 한다"라고 촉구한 바 있다.

그런데 이 화장실 전쟁의 유탄이 지난주 타겟(Target)으로 향했다. 대형 리테일 스토어 타겟은 성전환자들이 자유롭게 자신의 성별에 따라서 화장실과 피팅룸을 사용할 수 있다고 선언하면서 트랜스젠더 편을 들었다. 그러자 아메리칸가정협회(AFA) 등이 타겟 보이콧 서명운동에 돌입했다. 삽시간에 120만 명이나 참여하자 타겟의 주가는 하루아침에 곤두박질치고 말았다.

타겟 보이콧에 참여하고 있는 사람들은 성적 소수자 차별 문제가 아니라 결국 남자의 여자 화장실 출입을 허용하는 결과를 불러온다는 것이다. 그러면 화장실은 레스트룸이 아니라 성범죄에 노출되는 여성들과 어린이들의 희생의 방이 될 것이라고 주장하고 있다.

성전환으로 지난해 가장 많이 미디어에 출연하여 영웅(?)처럼 대접받은 이가 바로 올림픽 육상 금메달리스트인 금년 66세의 브루스 제너였다. 그는 여성으로 성전환을 한 후 "케이틀린이라고 불러주세요"라며 유명 매거진 배니티 페어의 표지모델로 등장했다.

여성 속옷을 입고 표지에 등장했던 그가 만약 노스캐롤라이나에 갔을 때 남자 화장실에 가면 합법, 여자 화장실에 가면 불법이다. 그가 남자 화장실에 갔을 때 난데없는 여성 침입으로 느껴 남자들이 얼마나 기겁하고 도망칠지 상상이 간다.

화장실 전쟁 통에 대안으로 제시된 것이 성중립 화장실, 즉 Gender Neutral Restroom이다. 남녀 구분 없이 사용할 수 있도록 하자는 것이다. 그러니까 그 옛날처럼 多不有時 하나로 통일하자는 의견이 나오는 중이다. 그러나 보수진영에서는 여전히 중립 화장실조차도 여성과 어린이들이 성범죄에 희생될 것이라고 못 박고 있다.

화장실 전쟁을 지켜보며 성전환은 왜 해야 하는지 의문이 든다. 생긴 대로 살면 되지 않을까? 하나님이 주신 모습 이대로 살다 가면 되는 것이지, 성형수술이라면 몰라도 근본을 뜯어고친다는 것은 창조주에 대한 불경죄로 보인다. 나도 영락없는 보수꼴통인가 보다.

떠날 때가 더 아름다운 사람

떠날 때가 더 아름다운 사람. 8년간의 대통령 직을 마감하고 백악관을 떠나는 오바마 대통령을 두고 하는 말이다. 그는 떠날 때 더 큰 박수, 더 큰 존경을 받고 있다. 떠날 때가 더 아름다운 사람이다. 대통령이 취임할 때와 비교해 보면 얼굴은 거의 할아버지가 되었다. 주름살도 깊어지고 흰머리는 얼마나 많아졌는지….

첫 흑인 대통령이란 새로운 역사의 한 페이지를 열기까지 그가 겪은 흑인으로서의 아픔과 냉대가 어떠했을지 짐작하기가 어렵지 않다. "화이트하우스의 블랙 프레지던트"라는 화려한 영광의 뒤안길에서 남모르는 한숨과 한탄의 순간이 적지 않았을 것이다.

퇴임을 앞둔 '정치적 고향'이라는 시카고를 방문하여 마지막 퇴임 연설을 했다. '연설의 귀재'라는 그가 입을 열자 참가자들은 "4년 더! 4년 더!"(four more years!)를 연호했다. 그는 엄지손가락을 들어 "미국을 바꾼 주인공은 바로 여러분"이라고 화답했다.

그 고별연설이 열린 시카고 컨벤션센터의 입장 티켓이 이베이에서 5천 달러에 팔리기도 했단다. 공짜로 배포된 티켓이 그렇게 치솟은 건 마지막에도 치솟고 있는 그의 인기를 말해준다.

금융위기를 겪으면서 미국에 제2의 경제공황이 찾아온다고 입 있는 사람은 모두 걱정을 하고 다녔다. 그러나 지금은 경제가 잘 풀리고 있다. 최저의 실업률, 내려앉는 가솔린 가격, 거의 2만 포인트에 접근하고 있는 다우존스 지수를 보면 경제 문외한도 경제공황의 어두운 그림자는 벗어났다고 판단하고 있다.

오바마는 경제를 살렸다. 선거공약대로 이라크에서 미군을 철수시켰다. 오랜 원수지간을 청산하고 쿠바와 새 시대를 열게 했다. 트럼프 행정부가 벌써부터 없애겠다고 벼르고 있는 오바마케어라는 위대한 업적을 남겼다. 강대국이라는 그림자에 깔려 건강보험 없이 살아가는 대다수의 빈곤층을 위해, 그리고 이 나라의 의료보험제도는 혁신되어야 한다는 비전 아래 어렵사리 발효된 오바마케어는 위대한 실험이자 복지국가의 체면을 살려낸 걸작이었다.

지난주 공화당이 다수를 차지하고 있는 연방하원 폴 라이언 의장의 타운홀 미팅에서 애리조나 플래그스태프에 사는 한 주민이 "말기 암 환자인 나를 살려낸 오바마케어를 왜 죽이려 하느냐?" 하며 신음 섞인 음성으로 하소연했다. 트럼프와 한통속으로 오바마케어 폐지에 칼을 빼들고 있던 그를 머쓱하게 만들었다. 그의 목소리는 숨죽인 채 트럼프의 처사를 지켜보고 있는 오바마케어 가입자들을 대변하는 흔들리는 목소리였다. 가녀린 빈곤층의 목소리를 깔아뭉개고 오바마케어를 폐지한다면 거대한 저항에 직면할지도 모르겠다.

또 오바마는 이민자들과 불법체류자들을 보호하기 위해 많이 애쓴 대통령으로 기억될 것이다. 벽에 부딪칠 때도 많았다. 기후변화 대처와 총기규제를 그토록 외치고 설득했지만 벽은 너무 높았다. 총기난사로 어린이들이나 무고한 시민들이 무더기로 목숨을 잃었을 때 하염없이 눈물을 흘리며 총기규제를 호소했건만 결국 허사였다.

물론 비판도 있다. 이라크에서 너무 급하게 미군 철수를 감행하여 인류를 위협하는 이슬람 국가(IS)를 출현시켰다느니, 너무 성 소수자의 권익만 챙기고 동성결혼 합법화가 이루어진 점을 들어 "좌클릭 대통령"이라는 등등의 비판이 이어지고 있다.

그러나 비판받기보다는 칭송받아야 할 대통령으로 남게 된 것은 그의 지지율이 말하고 있다. 1월 20일 신임 대통령 취임식을 3일 앞둔 지난 17일 조사된 여론조사에서 오바마가 55%, 취임하는 트럼프가 40%의 지지율을 보였다. '레임덕'이란 말이 무색할 정도로 끝나갈 때 더욱 빛나고 있는 오바마다. 오바마의 정권 출범 직전의 지지율은 무려 84%, 조지 부시는 61%였다. 그러니 출범 당시의 지지율을 따져보면 트럼프는 오바마의 반에도 못 미친다.

"민주주의에 바치는 헌사"라고 극찬을 받은 오바마의 고별연설을 지켜보면서 '떠날 때 저렇게 당당한 사람, 떠날 때 저렇게 희망을 주는 사람, 떠날 때 저렇게 박수를 받는 사람, 떠날 때 저렇게 위로를 주는 사람, 떠날 때 저렇게 존경받는 사람, 그 사람이야말로 참으로 아름다운 인생'이라는 생각을 했다.

떠날 때 더 당당하고, 떠날 때 더 희망을 주고, 떠날 때 더 박수를 받고, 떠날 때 더 위로를 주고, 떠날 때 더 존경을 받는 목사님, 그런 모습으로 우리에게 감동을 주는 목사님은 누구인가?

자식에게 담임 자리를 물려주다 떠날 때 욕먹는 목사님, 교회 재산을 사유재산으로 등기해 놓은 것이 탄로 나서 떠날 때 욕먹는 목사님, 큰 교회로 불려가기 위해 섬기던 교회를 감쪽같이 속이고 007작전을 방불케 하며 보따리를 싸는 바람에 욕먹는 목사님, 너무 거대한 비자금이 들통 나는 바람에 떠날 때 욕먹는 목사님… 오바마 퇴임연설에서 그런 모습들이 떠오르는 이유는 무엇일까?

나부터 속 차리자. 떠날 때 더 아름다운 사람으로 남기 위해 허황된 욕심을 버리고 겸손과 가난에 익숙해지자.

영화 〈침묵〉이 묻는 질문

영화 〈별들의 고향〉으로 한 시대를 풍미했던 영화감독 이장호 씨가 2년 전 LA에 왔을 때 자기는 소설 《침묵》과 같은 작품들을 영화로 만들고 싶다고 나에게 말했다. 그때 처음 《침묵》이라는 소설을 소개받은 셈이다. 그 《침묵》이 이장호 감독이 아니라 마틴 스코세이지란 감독에 의해 지난해 영화화되어 지금 미국에서 상영 중이다.

별로 관심 없는 주제 때문인지 상영관이 많지 않았지만 그래도 기를 쓰고 찾아갔다. 〈쉰들러스 리스트〉로 일약 세계적인 배우가 된 니암 리슨이 나온다고 해서 기대는 더욱 컸다. 일본 소설가 엔도 슈사쿠는 "고통의 순간에 신은 어디 있는가?"라고 묻는다. 17세기 일본 기독교 선교 당시의 박해상황을 소재로 하고 있다.

이 영화는 일본에서 선교를 하던 포르투갈의 신부가 배교했다는 사실이 교황청에 알려지면서 시작된다. 일본 선교의 실패를 만회하기 위해 다시금 파송되는 신부들은 배교한 페레이라 신부의 제자들이었고 그중 한 사람, 로드리고 신부는 페레이라의 열렬한 수제자였다. 로드리고 역을 맡은 이는 배우 앤드류 가필드였다.

이 두 명의 신부는 예수회 소속이다. 예수회는 프란치스코 교황이 소속한 수도회이다. 예수회는 1517년 루터로부터 시작된 종교개혁 이후 가톨릭의 위기를 배경으로 탄생되었다. 1540년 군인 출신 수도사 이냐시오 로욜라가 세운 예수회는 가톨릭의 반성과 혁신을 주장했다. "하나님의 더 큰 영광"을 위해 일하는 예수회 회원들이 유럽 대륙 외에도 중국, 중남미 등 해외 선교에 힘쓸 때였다.

일본에 도착한 로드리고와 가르페 신부는 아직도 잔존하고 있던 신도들의 도움으로 신도들에게 성례성사를 베풀고 고해성사를 하면서도 페레이라 신부의 행적을 찾아봤으나 알 수는 없었다.

그러다가 한 번 배교한 경험이 있는 일본 청년 기치지로의 밀고로 두 신부는 일본 신자들과 함께 붙잡히게 된다. 로드리고는 가차 없이 참수당하는 가르페 신부와 일본 신자들의 순교현장을 바라보면서도 자신의 신앙을 결코 부인하지 않는다. 일본 관리는 예수의 모습이 그려진 돌판을 발로 밟게 함으로 신자들을 구별하거나 배교를 유도했는데, 그 돌판에 새겨진 성화를 밟기보다 죽음을 선택하는 신도들의 순교적인 신앙에 로드리고는 큰 감동을 받는다.

그러나 신앙 때문에, 그리고 신부를 위하여 참혹하게 죽어 가는 신도들을 바라보면서 컴컴한 감옥 벽에 손가락이 문드러질 정도로 "laudate eum"(주님을 찬양하라)이라는 말을 새겨보기도 했지만 하나님은 무엇 하나 해주지 않는다는 사실 때문에 그는 괴로워했다.

그토록 만나고 싶어 했던 스승 페레이라가 배교자가 되어 승려로 살고 있는 것은 더 큰 충격이었다. 이윽고 저 불쌍한 신도들을 위해서라면 그리스도 역시 배교했을 것이라는 페레이라 신부의 말을 듣고 로드리고는 마침내 성화 돌판을 밟기로 결심한다.

"밟아도 좋다. 밟아도 좋다. 나는 너희에게 밟히기 위해 존재한다"라는 주님의 음성이 내면을 통해 울려오는 것을 느꼈다. 수많은 신도들은 신앙 때문에 순교했지만, 로드리고가 배교한다면 신도들은 순교를 면할 수 있게 해주었다. 일본은 로드리고에게 순교를 강요하지 않았다. 그들이 원하는 것은 배교였다. 페레이라 신부에게 원했던 것처럼 로드리고에게도 마찬가지였다. 결국 스승을 따라 로드리고는 배교자가 되었다. 성화 돌판을 발로 밟은 것이다. 그는 "배교자"라고 사람들에게 놀림을 당하는 신세가 되었다.

어느 날 자신을 밀고했던 기치지로가 또 찾아와 고해를 요구했다. 그는 고해성사로 죄를 용서받지만 언제 그랬냐는 듯 계속해서 예수를 부인하고 로드리고를 배반하고, 또 와서 고해성사를 통해 죄를 용서받는 인물이었다. 즉 기계적으로 회개하고 기계적으로 죄를 범하는 연약한 이였다. 로드리고는 끝내 그 고해성사를 거부했다.

소설가 엔도 슈사쿠는 신앙이란 그리스도의 정신에 있지 맹목적 교리나 상징, 제도에 대한 순종에 있지 않다고 말하고 싶었던 것 같다. 이 영화는 외국에서 들어오는 물품 가운데 기독교에 관련된 것들이 있는지를 색출해 내는 항구의 밀무역 색출자로 일하던 로드리고가 결국 쓸쓸하게 죽어 가자 불교식으로 화장되는 모습으로 끝을 맺는다. 화장되는 불꽃 속에서 그의 가슴 옷자락에 숨어 있던 십자가, 한 일본 신도가 그에게 건네준 아주 작은 십자가도 그와 함께 활활 불타고 있었다. 영화 〈침묵〉은 우리에게 묻는다. 하나님은 배교자 로드리고를 정말 버리신 것일까?

'싱글'도 행복한 교회

옛날 옛적부터 지금까지 결혼이란 모든 사람에게 있어 성인이라면 당연히 해야 하는 하나의 통과의례였다. 그런데 지금은 어떤가? "결혼? 그거 꼭 해야 하는 건가요?"라는 식으로 세태가 바뀌고 있다.

미 연방노동청의 지난해 통계에 따르면 역사상 처음으로 혼자 사는 독신자들이 결혼한 사람들의 숫자를 앞지르기 시작한 것으로 조사되었다. 즉 16세 이상의 아메리칸 가운데 싱글 인구는 50.2%, 1억 2천5백만 명이 싱글로 살고 있다. 1950년엔 독신자가 전체 인구의 22%에 불과했다. 그런데 지금은 곱절로 늘어난 것이다.

사실 결혼환경으로 따지면 1950년대와 비교가 안 된다. 온라인으로 데이트하는 앱이 존재하고 있고 거기다 페이스북, 카카오톡, 인스타그램 같은 수많은 소셜 네트워크에 목을 매고 사는 요즘 젊은이들의 라이프 스타일이라면 어디서 걸려도 애인 하나는 걸려들어 쉽게 결혼에 골인해야 할 것만 같다. 그런데 현실은 그렇지 않은 것 같다. 오히려 우표를 붙여서 러브레터를 주고받고 공중전화에 매달려 사랑을 주고받던 옛 시절보다 결혼율이 급격하게 추락하고 있으니 이건 대단한 역설이 아닐 수 없다.

치열해진 경쟁사회에서 살아남기 위해 스트레스와 불안감에 시달리는 젊은이들의 고뇌를 모르는 바는 아니다. 좋은 직업을 얻기 위해 가방끈도 길어야 하고 커리어를 쌓기 위해 감수해야 하는 스트레스도 있고 어른이 되어 가는 다음 과정을 준비하는 정신적, 재정적 압박감 때문에 싱글로 살아가는 경우도 이해할 수는 있다.

무엇으로부터 구애받지 않고 이상적인 삶을 추구해 가려는 '행복한 싱글'도 있을 수 있고 결혼에 얽매이지 않은 채 더욱 활기차게 '생산적 고독'을 추구하는 사람들도 있을 것이다. 이렇게 독신자 인구가 미국 전체 인구의 절반을 초월하여 이제 대다수가 되고 있다면 교회 구성원들 가운데서 기혼자를 초월할 정도는 아닐지라도 앞으로 독신자들이 크게 증가할 것이라는 예상이 필요한 시점이 되었다.

문제는 이런 추세에도 불구하고 독신자들은 여전히 '외로운 외톨이'로, 혹은 왕따족으로 밀려나고 있는 우리들 교회의 현실이다. 교회마다 생일잔치, 베이비 샤워, 결혼기념일, 부부교실, 행복한 가정을 만드는 상담실 등 수많은 프로그램들이 돌아가고 있다. 대부분 가정 중심, 부부 중심, 자녀 중심이다. 싱글들을 보살피고 그들의 영적 성장이나 고민을 해결해주는 목양 프로그램은 가뭄에 콩나기다. 독신자들이 따로 모이는 싱글 구역회도 좋고 싱글 성가대가 구성될 수 있다면 더욱 좋은 일이다. 가족 없이 살아가야 하는 싱글들에게 급할 때 자동차 라이드나 픽업을 해주는 일, 병원에 입원했을 때 방문해 주는 일, 출타 중 애완견을 맡아주는 일 등은 교인들이 해주면 참으로 눈물 나게 고마워할 일들이다.

이 같은 배려는 고사하고 교회에서 싱글이라고 하면 "이상한 사람 다 보겠네!" 하면서 위아래로 눈을 깔고 외계인처럼 대하려는 무례함은 버려야 한다. 이건 진짜 매너 꽝이다. 미국의 인구가 독신자가 반을 넘어선 마당에 아직도 독신자를 놓고 이상한 눈으로 삐딱하게 쳐다보는 그리스도인들은 더 이상 없어야 한다.

싱글로 산다면 무슨 죄를 짓고 있는 것처럼 예배가 끝나면 뒤따라 다니면서 빨리 결혼하라고 졸라대는 사람들도 있다. 대개 권사님들이다. 이것도 매너 꽝이다. 결혼을 아예 포기하지 않고 기다리고 있는 사람도 있겠지만 아예 독신주의를 선언한 싱글족도 있을 것이다. 그러므로 있는 그대로를 받아들이면 된다.

오히려 싱글은 지극히 성경적인 인생관을 사는 이들이라고 생각한 적은 없는가? 바울 사도가 말씀하신 고린도전서 7장 7-8절을 지금 찾아 읽어보시라. 결혼이 하나님의 축복이란 사실을 부정할 수 없는 것처럼 싱글이 하나님의 뜻을 거역하는 것은 아니라는 점을 기억해 두자. 싱글도 행복한 교회, 독신주의자들이 외면받지 않는 교회, 싱글들의 헌신으로 더욱 건강하게 부흥하는 교회, 독신자들이 기혼자들에게 차별받지 않는 교회를 가꾸어 가면 좋겠다.

사실 나도 이렇게 싱글 찬양론자처럼 천연덕스럽게 얘기하면서도 같이 사는 딸 때문에 남모르는 고민에 빠져 있긴 하다. 아들은 장가를 갔으니 다행이지만 이제 딸 하나가 남았는데 나이가 위험 수준(?)이다. 그런데도 집에서 기르는 강아지만 있으면 아무것도 필요 없다는 듯 독신 철학자로 살아가고 있다. 현재로선 결혼 따위는 안중에도 없어 보인다. 부모로서 식은땀이 나는 부분이다.

스타벅스에게 한 수 배운다?

스타벅스 커피는 내 입맛이 아니다. 내 수준엔 맥도날드 시니어 커피가 제격이다. 1달러만 줘도 거스름돈을 돌려받는다. 귀찮으면 지갑에서 크레딧 카드를 꺼내 단말기에 찔러주면 단칼에 해결이다. 좀 찐하다 싶으면 뜨거운 물 한 컵을 주문한다. 그건 공짜다.

스타벅스에 가면 긴 줄에 숨어 청승맞게 서 있는 것도 그렇고 관공서도 아닌데 이름까지 물어보고 난리를 친다. 맥도날드에서는 번호표를 주지만 스타벅스는 꼭 이름을 묻는다. 이것도 상술인가? 내 고상한 이름 석 자를 아무 데나 흘리며 다니고 싶지 않다.

더구나 퍼스트 네임을 '명환'이라고 말해주면 알아먹는 사람이 별로 없다. 명(Myung)이라고 말하면 컵에 써서 나오는 내 이름은 멍(Mung), 고집불통 창녕 조씨 가문인 것은 당연히 알 리가 없겠지만 알아듣기 쉬우라고 조(Cho)라고 말하면 Joe라고 써준다. Joe에다 GI를 붙이면 미군 병사가 되고 조셉의 애칭을 Joe라고 부르기도 하지만 보통 '형씨'로 통하는 말이 Joe라는 말이다. 커피 한 잔 사먹으려다 내 이름이 보통 고생을 하는 게 아니다. 커피 한 잔을 주문하는 복잡한 절차가 속을 뒤집을 때가 많아 스타벅스는 노땡큐다.

그래서 난 죽으나 사나 맥도날드 커피다. 그런데 스타벅스를 기피하는 이유는 또 있다. 가격 때문이다. 보통 커피 한 잔 값이 자장면 한 그릇과 거의 맞먹는다. 돈이 아까워서도 안 간다. 맥도날드를 옆에 두고 왜 스타벅스에 가서 돈을 버리며 멍청한 짓을 하느냐고 흉을 보고 싶을 때가 있지만 해외여행을 다니면서 스타벅스에 대한 촌스러운 편견을 버리게 되었다.

유럽 어느 곳에 가든지 스타벅스가 있다. 종교개혁 발상지 여행단을 이끌고 매년 체코에 갈 때 난 프라하에 있는 스타벅스 커피점을 빼놓지 않는다. 이유가 있다. 유럽에선 어딜 가든지 공중화장실에서 돈을 받는다. 인심이 야박하다는 말이 나올 법하다. 그쪽에서도 할 말은 있다. 늘 깨끗한 공중화장실은 그만한 대가를 지불할 때 유지된다는 이론이다. 또 하나는 화장실 청소를 해서라도 직업을 유지하는 사람들에 대한 사회적 배려차원이라는 말도 한다.

그러나 호주머니에 달러화 혹은 유로화 고액권을 꼬깃꼬깃 깊은 곳에 보관하고 다니는 여행자들이 동전을 바꾸려고 이리저리 뛰어다니며 가격도 잘 모르는 물건을 억지 춘향으로 구매해야 하는 일은 참으로 불편한 일 중의 하나다. 그런데 스타벅스에 가면 화장실이 공짜다. 과연 미국 기업답다. 그래서 여행 때만 그곳은 내 단골이 되었다.

프라하 구 시청 앞 광장, 매 시간마다 정시가 되면 예수님의 열두 사도가 닭 우는 소리와 함께 등장하여 뺑뺑 돌아가는 그 유명한 프라하의 천문 시계탑 맞은편에 스타벅스가 있다. 미국에서 온 우리는 그곳에 공짜 화장실이 있다는 걸 알기 때문에 스타벅스 간판을 보기만 해도 안도감이 생긴다. 고향집을 찾은 기분이다.

프라하에서는 우리들의 긴 유럽 여행 마지막 날이기에 대개 한나절 정도의 자유시간을 준다. 그러면 체코 기념품 제1호인 보헤미안 크리스털이나 가넷 석류석이 즐비한 선물가게 골목으로 가는 게 아니라 대부분은 스타벅스에 죽치고 앉아 있기가 일쑤다. 거의 3-4시간 동안 여행객들이 진을 치고 앉아 있어도 아무 눈치를 주지 않는 친절한 스타벅스, 화장실도 공짜에 자릿세를 요구하지 않는 이런 가게가 세상에 어디 있단 말인가? 그렇다고 커피를 더 마시라고 강요하는 법도 없다. 정말 신사적인 스타벅스다.

제품을 팔아서 이문을 남기겠다는 계산을 앞세우지 않고 넉넉한 공간을 제공해 주겠다는 아이디어를 기업이념으로 삼고 시작한 커피장사. 그것이 사람들의 마음에 적중하고 있는 것 같다.

혼자 사는 싱글족이나 독거노인들이 계속 늘어나는 우리 사회 속에서 혼자가 불편하거나 거북하게 느껴지지 않는 공간, 와이파이가 빵빵하게 터지고 아울렛도 많아서 셀폰을 충전해서 카톡을 주고받기에 안성맞춤인 곳, 노트북이나 셀폰 하나만으로도 하루 종일 즐거운 공간. 그래서 스타벅스는 다국적 기업으로 성장했나 보다. 스타벅스는 세계 어느 곳에나 있다. 현재 65개국에 2만 3천여 개의 매점을 운영하고 있으니, 세계에서 가장 큰 다국적 커피 전문점이다.

그런데 놀라운 것이 있다. 한국 신문 보도에 따르면 한국에도 무려 1,180개의 스타벅스 매장이 있다는 것이다. 더 놀라운 것이 있다. 현재 인구 900여만 명인 서울의 스타벅스 매장수가 460여 개인데 이는 미국 맨해튼을 포함한 인구 800만 명의 뉴욕 시 전체의 매장수 361개보다 100개가 더 많다는 것이다. 뉴욕시보다 더 많은 스타벅스가 서울시에? 믿기지 않는다. 그래서 서울은 스타벅스 천국이다. 결국 스타벅스는 한국에서 돈을 바가지로 쓸어 오는 셈이다.

1971년 시애틀에서 시작되었지만 하워드 슐츠가 회장으로 일하면서 다국적 기업으로 성장했다고 한다. 동성연애를 공개적으로 지지하는 사람이라 복음주의권에서는 미움을 사고 있지만 그의 장사철학으로 스타벅스가 대박을 터트린 것은 누구나 인정한다.

사람을 모이게 하는 천재적인 스타벅스의 철학을 교회에 적용하여 써먹을 수 있는 방법은 어디 없을까? 종이컵에 이름을 적어주고, 혼자라도 자유로운 공간, 온종일 죽치고 있어도 눈치 한 번 주지 않는 너그러움, 커피를 파는 게 아니라 문화를 판다는 비즈니스 전략 등을 벤치마킹할 수 있다면 그려지는 그림이 있을 성싶다.

그리운 '우리 교회'

이토록 교회가 그리웠던 때가 있었던가? '코로나19'로 온 세상이 봉쇄되면서 제일 그리운 곳은 어디였을까? 교회였을 것이다.

'화장지 대란'의 진원지였던 코스트코는 긴 줄을 감내하면 그런 대로 들어갈 수 있었다. 한국 마켓도 마스크를 쓰고 6피트 거리를 유지하며 입장은 가능했다. 식당도 포장이나 배달은 가능했기에 마음만 먹으면 원하는 음식을 집에 가져다 먹을 수는 있었다. 그런데 교회당 가는 길은 막혀 버렸다. 제일 중요한 길이 차단된 것이다. 집과 직장을 빼면 가는 곳이 교회였다. 그런데 다 막아놓고 집에만 있으라니 더 그리워지는 우리 교회!

목사님이 온라인으로 주일 예배를 드린다고 급하게 연락은 왔지만 컴퓨터 앞에서 예배드리는 게 어색하기 짝이 없다. 아니, 대부분은 그런 거 다룰 줄도 모르니까 그냥 생략하고 지나가는 경우가 허다하다. 온라인 예배는 말이 예배지 도무지 예배드린 것 같지도 않다. 앞에 보이던 십자가는 어디 갔고 찬양대는 또 어디로 사라졌단 말인가? 그래서 더욱 그리워지는 우리 교회!

어느 장로님은 새벽예배 시간에 맞춰 차를 끌고 나가 교회 주변을 한 바퀴 돌고 온다고 했다. 젊은이들은 벤모(Venmo)나 젤(Zelle)을 이용하여 온라인 헌금을 바치기도 하지만 오직 현찰로 헌금을 드리는 나이 든 권사님들은 딸이나 며느리를 불러 교회당에 가자고 부탁한다고 한다. 여전히 교회 문은 잠겨 있어 들어가지도 못하고 들고 간 헌금은 바치지도 못한 채 돌아서자니 저절로 눈시울이 뜨거워진다. 그래서 더욱 절절하게 그리워지는 우리 교회.

트럼프 대통령이 전국적으로 시행해오던 사회적 거리두기를 4월 말로 종료시켰지만 교회당 문이 활짝 열리기는 아직 요원하다. 주지사마다 제각각 자택 대피령을 완화하고 있지만 교회당 문이 활짝 열려 들어올 사람은 다 들어오라고 환영하던 현장예배 시대는 언제 다시 가능할 수 있을까? 백신이나 치료제가 감기약처럼 지천에 깔리기 전까지는 불가능해 보인다. 사회적 거리두기는 사라지지 않고 정말 새로운 일상, 우리들의 뉴노멀로 자리 잡을 태세다.

머지않아 아주 조금씩 현장 예배, 공적 예배가 가능해진다 해도 코로나 광풍 가운데 찾아온 뉴노멀에 당분간은 적응할 수밖에 없다. 우선은 교회당 정문에서 안내위원이 주보를 나눠주는 시대는 끝났다. 예배당에 앉을 때도 철저하게 6피트의 사회적 거리두기와 마스크 착용이 의무화될 것이다. 예배당 의자에 앉으면 보이는, 친절하게 비치되어 있는 성경과 찬송가는 모두 회수될 것이다. 성도들끼리의 공유 아이템은 더 이상 존재할 수 없게 된다.

헌금 바구니를 돌리는 일도 불가능해진다. 교회당 입구에 고정 헌금함이 마련될 것이다. 성찬식은 어찌해야 하나? 신체접촉이 불가피한 세례식은? 담임목사님이 보건소나 카운티(county)에 문의해서 허가를 받아야 하나? 예배 후 친교실에서의 공동식사는? 뷔페는 물론, 함께 식사한다는 일은 상상할 수 없는 현실이 될 것이다.

이 같은 불편함을 극복하고 현장 예배는 서서히 옛 모습을 되찾을 수 있을까? 봇물처럼 터져 나오는 주장들이 이참에 온라인 예배 시대로 전환점을 추구해야 한다는 것이다. 온라인 예배가 기존의 대형교회 성장 패러다임을 진정한 교회가치 중심으로 변화시킬 기회라는 주장이다. 온라인으로 설교하면 수만 명을 앞에 놓고 설교하는 대형교회 목사님을 부러워할 필요가 없다. 지구촌이 곧 청중이요, 교인이다. 온라인에서는 숫자도, 규모도 무너진다. 작은 교회 콤플렉스에서 해방될 수 있다. 말만 잘하면 금방 슈퍼스타로 변신할 수도 있다. 오프라인 시대의 전도 습관을 버리고 무궁무진한 온라인 세상에서 하나님 나라를 실현하자는 주장이다.

그래서 온라인 예배냐, 현장 예배냐, 코로나 사태 후에 교인들이 다시 현장 예배로 돌아올 것이냐, 아니면 그냥 온라인으로 주저앉을 것이냐가 요즘 목사님들의 화두가 되고 있다. 신학교에서 배운 교회의 5대 기능은 예배, 친교, 교육, 전도, 봉사다. 예배는 온라인으로 가능하다고 치자. 그것 빼고 나머지 4대 기능도 온라인으로 가능할 수 있을까? 예배 다음으로 중요한 친교를 생각해 보자. 사도행전 2장에서 비롯된 초대교회의 나눔과 교제에서 비롯된 친교의 기능은 교회의 '앙꼬'와도 같은 것이다.

인터넷이 한창 두서없이 세상을 지배하고 나설 때 온라인 교회가 생겨나기도 했다. 지금도 존재하는가? 눈을 씻고 봐도 존재하지 않는다. 공동체 구성원의 친교가 불가능한 교회는 존재할 수 없기 때문이다. 아니 온라인 교회란 말 자체가 어불성설이다.

지나치게 온라인 타령하다가 결국은 '가나안' 성도, 그러니까 "에라, 이참에 교회 때려치자" 하면서 교회에 안 나가는 성도들만 양산시킬 가능성만 커진다. 코로나 바이러스를 단칼에 박멸시킬 '그날'이 올 때까지 온라인 예배는 어쩔 수 없는 선택이다. 그러나 때가 되면 "우리 교회에서 살다가 우리 교회에서 죽겠다"는 많은 이민자들의 현장예배는 100% 부활되어야 하리라.

10초의 인내

'참을 인(忍) 자 세 번이면 살인도 면한다' 하는데 '참을 인'이 모자라 세상이 흉악해지고 있다. 인(忍) 자는 마음 심(心) 위에 칼날 인(刃) 자로. 못 참고 분노에 이르면 스스로 베이고 다친다는 뜻이다.

최근 프리웨이에서 끔찍한 살인사건이 일어났다. 오렌지카운티 55번 프리웨이를 달리던 한 젊은 엄마가 몰던 차에 타고 있던 6살짜리 아들이 총에 맞아 사망했다. 차 뒤에서 누군가가 쏜 총알이 트렁크를 뚫고 날아들어 뒷좌석에 앉아 있던 소년이 비명횡사한 것이다.

운전자인 엄마가 프리웨이에서 운전 중 다른 차와 시비가 붙었다고 한다. 누군가에게 손가락 욕을 했는데, 그 차가 뒤따라오면서 총질을 한 것이다. 무슨 서부활극을 찍는 것도 아니고 문명국 프리웨이에서 이런 흉악무도한 범죄가 발생하다니, 참으로 기가 막힌다.

하도 어이없는 일이 벌어지자 범인을 잡는 데 무명으로 5만 불까지 내놓는 사람이 나타났다. 그래서 현상금만 30만 불이 모아졌다고 한다. 현상금 천만 달러가 모이면 무슨 소용인가? 피기도 전에 저물어 간 소년의 목숨만 불쌍하다.

운전하다가 화가 나는 일이 어디 한두 번인가? 깜빡이도 안 주고 끼어들면 멱살이라도 잡고 싶은 심정이 왜 없겠는가? 카풀 레인에 들어와서 40마일로 달리는 앞차를 만나면 옆으로 빠질 수도 없고 화가 치민다. 클랙슨을 울려 빨리 달려보라고 소리치고 싶어진다.

내 차 꽁무니를 바짝 쫓아오는 사람, 좁은 골목길에서 깜빡이를 켜 놓고 더블 주차해 놓고 있는 사람, 내 차 앞으로 끼어들어 왕창 속도를 줄이는 바람에 급브레이크를 밟도록 골탕을 먹이는 운전자 등 고약한 행동은 부지기수다. 그러나 그걸 참지 못하고 순간적으로 '욱' 하면 살인까지 부르는 결과가 온다.

로드 레이지(Road Rage)란 운전 중에 치미는 분노를 참지 못하고 난폭한 말과 행동을 하며 다른 운전자를 방해하거나 위협하는 행위를 말한다. 코로나에서 서서히 자유로운 일상이 회복되자 길바닥에서 이 로드 레이지가 기승을 부린다고 한다.

오토클럽의 조사에 따르면 미국에서는 지난 2013년 이래 로드 레이지로 목숨을 잃은 사람이 300여 명, 부상자는 1만3천 명으로 조사되었다. 미국심리협회 조사에 따르면 매년 30건의 살인사건이 로드 레이지에서 비롯되고 있다. CNN은 지난 10년 동안 로드 레이지가 500% 이상 증가했다고 보도했다. 우리가 매일 운전하고 출퇴근하는 길이 이처럼 분노와 공포의 하이웨이가 되고 있다면 백신으로 겨우 회복되고 있는 일상의 평화가 또 위태로워지는 게 아닌가?

개체교회 담임목회를 할 때 한 남자 권사님은 "목사님, 운전할 때 액셀을 꽉꽉 밟아도 덕이 안 돼요. 조심스럽게 운전하세요. 브레이크를 마구 밟아대도 안 됩니다. 목사로서 덕이 안 돼요"라고 겁(?)을 주곤 했다. 목사에게 '특별운전법'이라도 존재한다는 말인가?

하긴 내가 무늬 있는 손수건을 들고 강단에 서면 "목사님, 하얀 색 손수건을 쓰셔야죠, 하얀 색이 경건해 보이거든요"라고 말해 주던 '잔소리 박사'였으니 그 정도는 참고 넘어갔다. 이미 고인이 되셨지만 지금도 운전할 때면 그분의 잔소리가 기억날 때가 있다. 난폭운전은 목사에게 결코 덕이 되지 않는다는 잔소리가 내게 지금도 메시지로 남아 있는 것이다. 로드 레이지를 비켜 가는 길은 우선 내가 참는 것이다. 참지 못하는 사회, 똘레랑스가 무너져가는 사회 속에 그리스도인들까지 화내며 난폭운전에 끼어든다면 이 세상의 운전길이 얼마나 더 사납고 난폭해지겠는가?

"노하기를 더디 하는 자는 용사보다 낫고 자기의 마음을 다스리는 자는 성을 빼앗는 자보다 나으니라"는 잠언 말씀은 그리스도인들의 아름다운 운전수칙 1조가 되어야 한다.

끼어들겠다면 길을 열어주자. 급하게 병원에 가는 임산부일 수도 있겠다 생각하자. 천천히 가면 내가 알지 못할 기막힌 사정이 있는가 보다, 그렇게 생각하자. 100세 먹은 할머니 운전자, 다리를 다쳤지만 어쩔 수 없이 운전해야 할 환자 운전자가 있을 수도 있다. LA에 처음 와서 버벅대는 운전자일 수도 있고 면허 따고 처음 길에 나온 왕초보 운전자일 수도 있다. 4스톱사인이 있는 사거리에서 내 차례를 무시하고 냅다 앞질러 가는 운전자에게도 무슨 사정이 있나 보다 하고 이해하자. 깜빡이를 켜고 내 앞길을 막고 있는 운전자도 먹고사는 일 때문에 저러고 있나 보다 하고 이해하며 기다려주자.

그래도 화가 나면 1부터 10까지를 세어보자. 숫자를 셀 때는 이성에 관여하는 '좌뇌'를 쓰기 때문에 감정에 관여하는 '우뇌'의 작용을 어느 정도 제어할 수 있어 마인드 컨트롤이 된다고 한다. 급격하게 일어난 분노 호르몬은 15초면 사라진다고 심리학자들은 말한다. 단 10초만 참아도 분노 조절이 된다는 것이다. 그 10초의 인내로 로드레이지를 비켜간다면 이 세상 운전 길은 훨씬 더 평화로워질 게 아닌가?

스톱 시그널을 받고 있던 내가 그린 라이트로 변한 걸 모르고 어딘가를 멍하니 쳐다보고 있었다. 순간적으로 이를 알아차리고 미안해서 얼른 액셀을 밟으며 백미러를 보니 내 뒤에 있던 운전자는 **빵빵**은커녕 내가 알아차릴 때를 묵묵히 기다려주고 있었다. 이름 모를 그 운전자의 10초의 인내 덕분에 나는 하루 종일 행복했다. 이 참지 못하는 사회 속에 우리는 10초만 인내하며 살자.

파트 3

'어니'와 '버트'는 게이가 아니랍니다

1. "예수의 이름으로 명하노니…"
2. 목회자 감사의 날
3. '어니'와 '버트'는 게이가 아니랍니다
4. 존 매케인의 장례식
5. 하쿠나 마타타
6. 추억의 사라다 빵
7. 디지털 장의사
8. 예루살렘 한식당
9. 바버라 부시 여사의 장례식
10. 투탕카멘 무덤의 앵크 십자가
11. 무덤 없는 모세
12. 비아 돌로로사의 '기적'
13. 외로움 장관
14. '게티 센터'를 남기고 간 위대한 수전노
15. 당신(YOU)이 '올해의 인물'
16. 마구간의 예수님, 크리스티의 예수님
17. 창간 15주년, 드릴 말씀은 오직 감사
18. 교회의 분열 유전자
19. 에브리데이 노동 '감사절'
20. 목사가 씹는 껌입니까?
21. 성경적인 도시, 비성경적인 도시
22. 푸드 팬트리
23. 열받는 지구, 열받게 하는 미국
24. 노방전도와 전도 거부 카드
25. 모든 자식들의 MVP, 어머니!
26. 금문교의 자살방지 그물
27. 교회가 여러분의 피난처가 되겠습니다
28. 영혼의 '스프링 캠프', 사순절
29. 제1호 개신교 목사 사모님
30. 꽃단장하고 나서는 음악회 나들이
31. 전쟁터에 피어난 희망의 꽃, '하얀 헬멧'
32. 임동선 목사님에 대한 추억
33. 드론이 성경을 전파하는 시대
34. 스테판 커리의 4:13
35. 노숙자 텐트촌의 크리스마스 트리
36. 강매로 구박받는 음악회 입장권
37. 영화 〈마션〉(Martian)
38. 이 나라는 여전히 '선샤인 아메리카'

"예수의 이름으로 명하노니…"

허리케인 '플로렌스'가 처음엔 4등급이었다가 점차 1등급으로 줄어들었고 내륙에 상륙해서는 열대성 폭우로 변하여 그 세력이 약화된 것은 다행이었다. 그래도 기록적인 강수량 때문에 피해가 대단하다는 보도를 접했다. 노스, 사우스캐롤라이나에서 170만 명이 대피했고 사망자도 2018년 9월 18일 현재 17명으로 집계되었다. 안타까운 일이다. 하루속히 피해가 회복되기를 바라는 마음 간절하다.

허리케인 상륙을 앞두고 버지니아 비치에 있는 리젠트 대학교의 팻 로버트슨 목사는 지난주 예배 중에 모든 성도들을 불러 일으켜 세운 뒤 그들과 함께 대서양을 향해 손을 들고 "예수 그리스도의 이름으로 명하노니 허리케인은 대서양 밖으로 물러가라!"고 명령했다고 한다.

버지니아 비치는 도시 이름이고 리젠트 대학교는 이 도시에 있는 기독교 종합대학으로서 유명한 팻 로버트슨 목사가 세운 대학이다. 1977년 시작할 때는 다른 이름이었다가 나중에 리젠트 대학교로 이름을 바꿨다. 이 대학교와 함께 기독교방송 CBN은 따로 운영되고 있다. 이 방송국도 로버트슨 목사의 것이다. 리젠트 대학교와 CBN은 미국 기독교 보수주의의 보루이자 아지트라고 할 수 있다.

버지니아 비치에 허리케인이 들이닥쳐 대학과 방송국이 쑥대밭이 될지도 모른다는 위기감 때문에 로버트슨 목사의 불안감은 대단했을 것이다. 허리케인 예상 진로의 한복판은 아니었지만 충분히 걱정되는 피해 영향권이었다. 그러니 로버트슨 목사는 예배 중에 간절한 심정으로 기도했다. "주님, 허리케인이 오는 것을 원치 않습니다. 리젠트 대학교나 CBN의 피해도 원치 않습니다. 아름다운 캠퍼스가 파괴되고 수많은 나무들이 쓰러져서는 안 됩니다."

그렇게 기도하던 로버트슨 목사는 회중을 향해 대서양 쪽으로 함께 손을 들라고 말한 뒤 "허리케인 플로렌스, 예수님의 이름으로 우리가 명령하노니 아무 사고를 내지 말고 대서양으로 물러가라! 내륙으로 이동하지 말고 바다에 북상하라! 주 예수의 이름으로 명하노니 바다로 사라져라! 죄 없는 이들에게 어려움을 주지 말라!"고 명령했다고 한다. 〈크리스천 포스트〉에서 읽은 기사 내용이다.

우리 대부분은 예수님이 직접 가르쳐 주신 기도 샘플, '주기도문'을 신앙생활의 금과옥조처럼 받으며 사용하고 있다. 또 전능하신 하나님께 감히 죄송하고 부족하여 언제나 "예수님의 이름으로 기도합니다"로 기도를 맺는다. 그런데 "예수님의 이름으로 명령하노니"란 말은 어색하고 또 두려울 때도 있다. 허리케인에게 예수님의 이름을 빌어 명령을 한다? 예수님의 거룩하신 이름을 이런 식으로 마구잡이 남발을 해도 되는지 두려움이 생긴다.

예루살렘 성전에서 구걸하던 앉은뱅이에게 베드로는 "은과 금은 내게 없거니와 내게 있는 이것을 네게 주노니 나사렛 예수 그리스도의 이름으로 일어나 걸으라!"고 말했다. 이는 사도행전에 나오는 사건이다. 그런데 기적이 일어난 것이다. 내게 금과 은이 없고 오직 있는 것은 예수 그리스도의 이름뿐이어서 기적이 일어난 것일까? 오늘날에도 이 명령이 그대로 적용되려면 금과 은이 없어야 한다는 말도 된다. 더구나 예수의 이름으로 명령하면 앉은뱅이가 벌떡 일어나던 그때의 기적처럼 지금도 허리케인의 진로까지 바꿀 수 있는 기적은 가능한 것일까?

오래전 한 치유집회에 참석한 적이 있다. 되든 안 되든 예수님의 이름으로 내뱉으라는 식이었다. 그러면 4-5대에 걸쳐 가계를 통해 내려오는 저주도 한 번의 명령으로 끊어낼 수 있고 정신병자인지, 마귀 환자인지 구분이 안 되는 아리까리한 상황에서도 그냥 예수님의 이름으로 호통을 치면 마귀가 물러간다고 가르쳤다. 맞는 가르침인가?

마귀를 쫓아내는 대적기도에서 특히 "예수의 이름으로 명하노니"는 단골손님이다. "예수의 이름으로 명하노니 사탄아, 물러가라!"고 명령한다. 그러면 "예수의 이름으로 명하노니 내 몸 안에 있는 세균은 물러가라!", 여름이면 기승을 부리는 캘리포니아 산불현장에서 "산불은 잽싸게 꺼질지어다!", 가난한 집에 심방 가서 "가난을 불러오는 마귀는 이 집에서 떠날지어다!"라고 명령하면, 암환자가 치료되고 산불은 금방 진화되고 가난한 집에 현금 보따리가 굴러오는가?

기적이 일어나지 않으면, "아니면 말고" 식으로 덮어 버린다 해도 결과는 '예수님 이름 모욕 주기'인 셈이다. 예수님의 이름을 요술램프의 '지니'를 부르듯 아무 때나 마구 불러대면서 오두방정을 떠는 것도 문제고, 진정 모든 권세를 쥐고 계신 그분에 대한 온전한 믿음도 없이 '안 맞으면 말고' 식으로 예수님의 이름을 남용하는 것도 경솔하다.

"예수님의 이름으로" 명령하는 목사님들은 팻 로버트슨과 같이 위대한 목사님이나 하실 수 있고 나 같은 사람은 "예수님의 이름으로" 기도하는 것으로도 감지덕지하게 생각하면 오산인가? 예수님의 이름으로 명령했다가 뭔가 일어나면 기고만장, 안 일어나면 패가망신인데 예수님 이름이 이렇게 로또처럼 팔려 다녀도 되는 것일까?

팻 로버트슨의 명령 때문에 플로렌스가 대서양으로 쫓겨 가지는 않았다. 예상 진로를 따라 자연의 순리대로 움직였을 뿐이었다. 예수님의 이름으로 명령했을지라도 결과는 꽝이었다.

목회자 감사의 날

서울 관악구에 있는 난곡동은 서울 달동네의 대명사였다. 1970년대에 '난곡' 하면 빈민촌이란 것을 모르는 사람이 없었다. 서울역, 용산, 대방동 지역이 재개발되면서 삶의 터전을 잃은 일일 노동자들이 이곳에 몰렸다. 처음엔 천막촌이었다가 점점 판자촌으로 변했다. 집이라곤 하지만 지금으로 따지면 노숙자 쉘터 수준이었다. 단독 화장실이 없어서 대개 공중 화장실을 이용하는 처지였다.

이 난곡에 사는 가난한 이들에게 복음을 전하고 그리스도의 사랑으로 위로하기 위해 교회 하나가 세워졌다. 유신교회였다. 유신정권이란 말에서 나오는 유신이란 말과는 근본이 다른 말이다. 전도사가 어린 학생 15명과 함께 개척한 교회였다. 지금은 '큰믿음유신교회'로 이름을 바꿨다고 한다. 어린 시절 주일학교 선생님이 그 교회에 나가고 있었기에 신학생이 되어 선생님을 만나기 위해 여러 번 이 교회를 찾아간 적이 있었다. 그래서 그 교회 탄생 스토리를 잘 아는 편이다. 벌써 50여 년 전의 일이다.

그런데 지난주 〈당당뉴스〉의 보도를 보니 그 교회가 창립 50주년을 맞아 대대적인 창립감사 행사를 가졌다고 한다. 교회당의 사진을 보니 입이 쩍 벌어졌다. 가마니를 깔고 앉아 예배를 드리던 그 교회당이 지금은 4-5층짜리 대형 건물로 변해 있었다. 교회에 오케스트라까지 있는 것을 보니 큰 교회로 성장한 것이 분명했다.

특별히 내 눈길을 끄는 것이 있었다. 전도사 시절에 그 교회를 개척한 창립 목사의 아들을 50주년 감사예배 설교자로 초청했다는 것이다. 창립 목사는 그 교회를 개척한 후 얼마 있다 미국에 이민 와서 이민교회 목회자가 되었고, 그때 아버지를 따라 네 살 때 미국에 들어온 아들이 나중에 목사가 되어 지금은 미국에서 목회하고 있었다.

그런데 유신교회는 그 창립 목사의 젊은 아들 목사님을 잊지 않고 50주년 행사에 초대한 것이다. 가난하고 소외된 난곡의 판자촌 사람들을 품어가며 50년 동안 아름다운 교회로 성장한 이 교회의 양심과 품격이 느껴지는 순간이었다. 담임목사로 있다가 교회를 떠나면 금방 남남으로 돌아서는 오늘날의 이민교회 풍토와는 얼마나 크게 비교되는가?

또 다른 예도 있다. 서울 불광동에서 교회를 개척하여 크게 성장시킨 후 지금은 LA 노인아파트에 살고 계시는 원로목사님이 있다. 그 교회는 은퇴하고 많은 세월이 흘렀지만 지금도 원로목사님에게 매달 정해진 사례비를 보내오고 있다고 한다. "이젠 됐으니 그만 해도 된다"라고 원로목사님이 말해도 못들은 척하고 돈을 보내온다는 것이다. 지금은 사모님이 돌아가셔서 독거노인이 된 원로목사님을 위로하기 위해 가끔은 교회 장로님들이 위문사절단을 짜서 미국 노인아파트까지 찾아오곤 한다고 들었다. 이것이 원로목사님의 노욕으로 보이는가? 아니면 사랑공동체가 보여주는 미덕으로 보이는가?

대형교회 세습 논란이나 성폭행 혐의 등으로 세상을 떠들썩하게 하는 목사님들이 얼굴에 철판을 깔고 용감하게 목회하고 있다고 비판받고 있지만 이 세상 목사님들이 다 그런가? 특히 미주 지역 한인교회들은 원로목사나 은퇴목사 보기를 개가 닭 보듯 하기가 일쑤다. 원로목사님이 독거노인이 되었다고 장로들이 위문단을 끌고 찾아온다고? 미주 교계에서는 상상할 수도 없는 일이다.

원로목사님도 그렇지만 담임목사에게도 마찬가지다. 담임목사에게 광적으로 가까워지려는 성도들이 더러 있기는 하지만 대개 교회에서 무슨 이문을 챙겨보려는 장삿속으로 그러는 경우 말고는 역시 개가 닭 보듯 하기는 마찬가지다. 자신이 헌금해서 월급 주는 고용인으로 착각하고 상전 노릇을 하려는 교인들도 있다. 그러니까 담임목사는 을이고 나는 갑이라고 생각하는 '갑질 평신도'들이 우글대는 한인교회는 평화와 사랑 공동체가 아니고 권리만 찾으려는 '권리 공동체', 툭하면 싸움을 걸어 교회의 풍비박산을 즐기는 '시비 공동체'가 되어 가고 있다. 리차드 백스터의 "목회자의 행동 하나가 그리스도의 명예를 좌우한다"라는 말은 맞는 말이다. 그래서 목회자는 늘 자기 성찰을 하고 목회를 위하여 특별한 은혜를 하나님께 구해야 한다. 목회가 좀 된다고 해서 목에 힘을 주다가 쫄딱 망하는 목사들이 더러 있지만 이는 소수에 불과하다.

미국이란 특수한 환경에서 이민교회 목사님들은 참으로 힘겹게 목회를 하고 있다. 목회가 안 되면 쥐구멍에라도 들어가고 싶은 목사님들의 박탈감, 교회 월급으로 생활이 안 될 때 속이 타는 목사님들의 절망감, 늘 섬기고 희생해야 한다는 강박관념 때문에 한없이 추락하는 목사님들의 자존감을 헤아려 본 적이 있는가?

교회마다 자신은 '개판 오분 전'으로 살아가면서 유독 목사에게만 정의와 사랑과 헌신의 잣대를 들이대며 억지를 부려 목사들을 돌아버리게 하는 '목사 킬러'들이 존재한다. 예수님의 심장을 갖고 사는 성도들이라면 그런 이들의 막무가내 목사 헐뜯기를 막아서야 한다.

미국에서는 10월 둘째 주일을 매년 '목회자 감사의 날'로 지킨다. 지난 2018년부터 세계한인기독언론협회가 이에 동의하고 캠페인을 벌이기로 했다. 겉으로는 멀쩡해도 검정 숯처럼 타고 있을지도 모를 우리 목사님에게 가슴 깊이 속마음을 퍼내어 말을 건네 드리자. "목사님, 고맙습니다. 그리고 존경하고 사랑합니다."

부작용이 전혀 없는 건 아니지만 그나마 우리 이민사회가 목사님들 때문에 이만큼 돌아가고 있다는 걸 알아차려야 한다.

'어니'와 '버트'는 게이가 아니랍니다

아마 나도 이 나라에서 태어났더라면 '세서미 스트리트'(Sesame Street)를 보고 자랐을 것이다. 미국에서 태어나는 어린이들은 A, B, C와 같은 영어 알파벳이나 1, 2, 3과 같은 아라비아 숫자들을 이 프로그램을 통해 배운다. 지금은 성인이 되었지만 우리 집 두 아이들도 이 방송을 보면서 컸다.

PBS에서 방영하는 어린이를 위한 텔레비전 교육 프로그램으로, 무대는 가상의 거리인 세서미 스트리트에서 전개된다. 인종차별이 한창이던 1969년 미국에서 처음 방송된 이래 지금까지 140개 이상의 국가와 지역에서 사랑받고 있는 프로그램이다.

이 세서미 스트리트에는 쓰레기통에서 사는 오스카 더 그라우치(Oscar the Grouch), 쿠키 몬스터(Cookie Monster), 엘모(Elmo), 빅 버드(Big Bird), 어니(Ernie)와 버트(Bert) 등이 캐릭터로 등장한다. 2019년 50주년을 맞은 이 인형극 프로그램은 세서미 스트리트를 처음부터 흑인을 비롯한 히스패닉, 아시안계가 함께 사는 거리로 만들어 인종의 다양성을 가르쳤다. 이를 보고 자란 아이들은 미국 최초 흑인 대통령 버락 오바마가 등장했을 때 전혀 이상한 일로 받아들이지 않았다.

쓰레기통에 사는 오스카는 남을 험담하는 게 주특기다. 쿠키 몬스터는 쿠키만 보면 먹겠다고 거리를 난장판으로 만든다. 그래도 한숨은 내쉴망정 서로 인내하고 관용을 베풀며 더불어 살아가는 세서미 스트리트. 그래서 아이들로 하여금 세계시민으로 살아가는 법을 가르쳐 주는 아주 고마운 프로그램이다.

등장인물이 모두 유명한 캐릭터들이지만 역시 최고의 인기는 어니와 버트다. 이들은 세서미 스트리트 123번지 반지하에서 살고 있는 단짝 친구다. 둘 다 남자다. 그런데 성격은 완전 180도 다르다.

버트는 길쭉한 머리와 인상 쓰는 듯한 일자눈썹, 날씬하고 뻣뻣한 몸통과 세로줄 스웨터, 딱 맞는 면바지와 깔끔한 새들슈즈, 위로 삐죽삐죽 솟은 머리카락이 특징이다. 세서미 스트리트에서 언제나 이성적이고 어른스러운 캐릭터. 진지하다 못해 답답한 녀석이다.

조용한 삶을 추구하는 버트를 언제나 엿 먹이는 캐릭터가 바로 '어니'다. 둥글고 납작한 머리, 입가가 올라간 웃는 상, 가로줄 스웨터와 통통한 몸매, 헐렁한 청바지와 낡은 운동화, 흐트러진 머리카락 등 버트와 디자인이 정반대다. 늘 천진난만하고 장난꾸러기다. 어니가 뚱뚱이라면 버트는 홀쭉이다. 뚱뚱이와 홀쭉이 콤비다. 그 옛날 '서수남과 하청일 콤비'가 떠오른다. 이들은 1969년 이래 같은 집, 한 방에서 살고 있다. 잠은 트윈베드에서 따로 잔다. 매일 베드타임 쿠키를 함께 먹으며 하루를 끝낸다.

성격이 다르고 체형이 달라도 늘 공존하는 법을 가르쳐주는 어니와 버트가 느닷없이 '동성애 전쟁터'에 끼어들기 시작했다. 벌써 10여 년 전의 일이다. 그토록 같은 방에서 룸메이트로 오래 살았으니 그 둘을 결혼시키라는 주문이었다. 당연히 동성애 지지자들의 청원이었다. 세서미 스트리트에 드디어 게이(gay)가 등장하는 시대가 열리기를 기대하는 그들의 전략이었다. 이유식을 떼고 이제 막 TV를 마주하기 시작하는 어린아이들에게 보여주는 세서미 스트리트에 어니와 버트란 게이 커플이 등장했을 경우를 상상해 보라. 전 세계 어린이들에게 미칠 영향력은 메가톤급을 넘어 핵폭탄급이 될 것이다. 그러나 이 프로그램 제작사인 '세서미 워크샵' 측은 어니와 버트는 결혼하지 않을 것이며 인형극은 그냥 인형극일 뿐 지나치게 성적인 관점으로만 해석하지 말라고 일축하면서 일단락되었다.

그런데 수년간 잠잠하다가 2018년 9월 동성애를 지지하는 한 매거진 인터뷰에서 1981년부터 1990년까지 세서미 스트리트의 작가로 활동했던 마크 슐츠먼이 어니와 버트는 실제 게이 커플이라고 해 잠잠한 호수에 다시 파문이 일기 시작했다. 그러자 제작사가 화들짝 놀라 진화에 나섰다. 그들은 결코 게이가 아니라고 선언하고 나선 것이다. 작가도 인터뷰 중 경험담을 나누다가 잘못 해석된 부분이라고 불을 끄는 데 협력했다. 파문이 수그러들지는 두고 볼 일이다.

남자와 남자 사이에 오랜 우정을 나눈다고 모두 게이란 말인가? 구약의 아름다운 우정 다윗과 요나단의 경우를 보자. 그들의 우정은 훈훈하고 아름다울 뿐 결코 게이는 아니다. 예수님이 '가장 사랑하는 제자'라고 요한복음에 기록된 제자가 사도 요한이라는 게 정설인데, 그래서였는지 그는 예수님이 십자가에 달리시는 골고다 언덕까지 함께 올랐다. 목숨을 거두실 때 주님이 요한에게 "네 어머니"라고 말씀하시며 마리아의 노후를 부탁하셨다. 그리고 요한은 그 부탁을 받아 지금의 튀르키예 땅 에베소에서 마리아를 모시고 살았다. 스승과 제자의 이런 아름다운 사랑과 우정을 놓고 혹시 예수님과 요한 사이도 게이였다고 해괴한 주장을 펼칠 참인가?

이 세상의 모든 인간관계를 오직 성적인 잣대, 이성애자와 동성애자로만 판단하는 그 편협한 성적 이분법은 우리 사회를 살벌한 대립과 분열의 전쟁터로 만들어 갈 뿐이다. 동성애자도 하나님의 사랑의 대상이며 그들의 성적 취향을 이해하고 한편으로는 관용의 마음을 품어야 지당하다고 작심했다가도 어니와 버트를 결혼시키자는 어처구니없는 주장 앞에는 열리던 마음도 확 닫혀버리고 만다. 전투적 기세도 그렇고 혁명군같이 들이대는 모습도 영 아니다. 동성애 논쟁이란 지뢰밭이 우리 사회에서 언제 제거될지 참으로 예측 불가능해지고 있다.

존 매케인의 장례식

지난 2018년 8월 25일 81세로 세상을 떠난 존 매케인 상원의원의 장례식은 실로 '아메리카 힐링 타임'이었다. 9월 1일 워싱턴 DC에 있는 워싱턴 국립 대성당에서 열린 매케인의 장례식에서는 "영웅"이란 말이 수없이 나왔다. 그 영웅을 애도하며 그의 생애를 되돌아보는 자리였다.

우선 대통령 자리를 놓고 자신과 치열하게 경쟁을 벌였던 버락 오바마 전 대통령에게 조사를 부탁한 것은 예사로운 일이 아니었다. 같은 공화당 소속이었지만 역시 대선후보 경쟁에서 정적이었던 아들 부시 대통령도 조사를 맡았다. 그런데 현직 대통령이자 같은 공화당 소속인 트럼프 대통령은 초대장에서 빼버렸다.

매케인은 뇌종양 진단을 받은 1년 전부터 이미 자신의 장례식 순서를 준비해 왔다고 한다. 초대받지 못한 트럼프는 그날 심기가 불편한 채 골프장에서 하루를 보냈다고 전해진다. 대통령이 되자마자 오바마케어를 폐지하려던 트럼프를 매케인은 반대하고 나섰다. 그 괘씸죄 때문에 매케인을 두고 "어차피 죽을 사람"이라는 막말이 백악관 보좌관 입에서 흘러나올 정도로 매케인과 백악관은 앙숙 관계였다.

부시 대통령은 조사에서 "매케인은 조국을 위해 옳은 길이라면 정당을 초월하여 자신의 주장을 굽히지 않았다"라고 말하고, "나와 정치적 신념을 달리하는 정적일지라도 그 사람 역시 애국자요, 인간이란 점을 인정해 온 정치인"이라고 말했다.

오바마 대통령은 "우리 미국의 정치는 천하고 편협해졌으며 정치권은 허세와 공격, 모욕, 가짜 주장과 분노가 판치는 자리가 되었다"라고 한탄하면서, "존 매케인은 우리에게 그런 것보다 큰 정치를 하라, 훨씬 더 나은 사람들이 되라고 했다"라고 회고했다.

한때는 적이었지만 죽음을 준비하면서 장례식 순서를 짜던 매케인은 트럼프를 빼고 이들 두 전직 대통령을 조사 순서에 집어넣은 것이다. 이런 초당적 관용의 모습이 아메리카의 가슴을 울렸을 것이다. 그래서 위로와 치유를 경험하는 시간이었다.

트럼프 성토장이 된 이날 장례식의 박수갈채는 딸 메건의 추도사에서 터져 나왔다. 아버지를 잃은 슬픔을 달래며 "여기 잠든 위대한 미국의 정신을 애도하기 위해 우리는 이 자리에 모였다. 그 정신은 아버지가 기꺼이 바친 조국을 위한 희생의 근처에도 가 본 적이 없는 값싼 웅변과는 비교되지 않는 참된 미국의 정신"이라고 말한 뒤, "존 매케인의 미국은 다시 위대하게 만들 필요가 없는 미국이다. 미국은 이미 위대하기 때문"이라며 목이 메는 모습을 보였다.

그 순간 자리에 참석한 미국의 최고 정치인들에게서 박수갈채가 터져 나왔다. 그것은 "미국을 다시 위대하게"(Make America Great Again)를 외치며 대통령에 당선된 후 정치, 외교에서 막가파처럼 행동하는 트럼프 대통령을 비꼬는 말이었다.

장례식을 지켜보던 나에게 특별히 부시 대통령의 조사가 파문이 되어 마음속에 밀려왔다. 정치적 견해가 다를지라도 그 사람 역시 나와 같은 애국자요, 인간이란 점을 강조했던 존 매케인, 정치하는 사람에게도 이러한 예의와 품격, 초당적 화합의 정신이 있다면 우리 믿음공동체의 지도자들에게서는 왜 이런 정신이 멸종되었을까?

교회에서는 한 번 틀어지면 영원한 원수가 되고 만다. 교단에서도 한 번 적이 되면 영원한 적으로 남는다. 세상 사람들에게 알려진 교회는 사랑을 나누는 곳이라기보다 싸우는 곳이다. 서울 지하철에서 두 사람이 시끄럽게 싸우니까 옆에 있던 할아버지가 "여기가 교회인 줄 알아? 왜 싸우고 지랄이야!"라며 버럭 화를 냈다는 말은 아주 오래전부터 전해지는 부끄러운 교회의 민낯이다. 어느 교단이나 교회를 막론하고 싸워도 정말 너무 싸운다. 화해도 없고, 용서도 없다.

부시 대통령이 조사에서 전해준 매케인처럼 나와 싸우는 저 사람도 하나님의 자녀요, 나와 똑같은 허물 많은 인간이라는 점을 인정하고 들어간다면 어쩌면 화해와 양보가 비집고 들어갈 틈이 생겨나지 않을까? 그런데 교회 싸움은 한 치의 양보도 없고 용서도 없다. 신앙의 인격과 품위는 어디에 팔아치웠는지 툭하면 세상 법정으로 끌고 가는 모습을 오히려 당연시하는 또라이 목사들도 많다. 나에게 반대했을지라도 그 사람 역시 하나님의 자녀요, 주님 앞에서 다시 만날 나와 동일한 천국 백성이라는 믿음이 한 톨도 없다. 하나님 없는 신앙생활, 하나님 없는 목회를 하고 있는 것이다. 우리 시대의 그런 교회들이 세상을 변화시킬 수 있을까?

그러나 무엇보다도 3시간 동안 전 세계에 울려 퍼진 매케인의 장례식은 감동의 영성집회였다. 켈리 아요테 전 상원의원이 잠언의 말씀을, 현 상원의원인 린지 그레이엄이 요한복음의 말씀을 봉독했다. 이날 "어메이징 그레이스"를 비롯하여 "주님은 나의 목자" 등 찬송가가 울려 퍼진 가운데 설교 목사는 "매케인은 선한 싸움을 다 싸우고 달려갈 길을 마치고 끝까지 믿음을 지켰다"라고 말했다. 평생을 성공회 신자로 살면서 끝까지 믿음을 지킨 믿음의 사람인 매케인의 장례식은 아메리카는 여전히 여호와 하나님을 믿고 살아가는 기독교 국가임을 만천하에 선언하는 3시간짜리 전국 부흥회였다.

지난 5월 켄싱턴 궁에서 열린 영국 해리 왕자의 결혼식이 '영국교회 부흥회'였다면 매케인의 장례식은 '미국교회 부흥회'였다. 성직자 성추행과 동성애 논란으로 자꾸 추락하는 기독교의 이미지가 이런 영웅들의 장례식을 통해 그나마 현상유지가 되고 있는 것 같다.

하쿠나 마타타

미국에서 가장 사랑받는 디즈니 만화영화는 〈라이언 킹〉으로 조사되었다. 이 영화가 히트를 친 때가 언제인가? 1994년에 개봉되었으니 벌써 20여 년 전에 나온 영화다. 그래도 여전히 사람들에게 사랑받는 영화라니, 만화영화 명예의 전당(?)에 이름을 올리거나 만화영화의 고전이라 불러도 될 것 같다.

지난주 케이블티비닷컴이 구글 트렌드를 이용해 미국 50개 주별 디즈니 클래식 애니메이션 선호도를 분석해 보니 〈라이언 킹〉은 일리노이, 인디애나, 미시간, 위스콘신, 아이오와, 콜로라도, 캔자스, 오하이오 등 무려 16개 주에서 최고의 디즈니 만화영화로 손꼽혔다.

그런데 캘리포니아 주에서는 〈알라딘〉, 웨스트버지니아 주는 〈백설공주〉, 아이오와 주는 〈잠자는 숲속의 공주〉, 아칸소 주는 〈포카혼타스〉, 와이오밍 주는 〈헤라클레스〉를 최고로 뽑았다.

우리 입장에서는 무슨 만화영화 가지고 그러거나 말거나 지나칠 일이지만 그래도 〈라이언 킹〉이란 영화가 아직도 많은 미국인들에게 그 정도의 사랑을 받고 있다니, 좀 특이한 일이긴 하다. 나도 〈라이언 킹〉을 본 지가 엄청 오래되었지만 가끔 리모콘을 가지고 여기저기 TV 채널을 돌릴 때 그 영화가 눈에 띄면 채널을 고정하여 영화 줄거리에 빨려들곤 한다. 권선징악을 주제로 한 뻔한 영화지만 어른들에게 주는 큰 가르침이 느껴지기 때문이다.

영화의 줄거리는 간단하다. 사자 왕 무파사가 다스리는 사자들의 왕국 이름은 프라이드랜드. 이 나라엔 '프라이드 락'이란 높은 바위가 있는데 이 바위에서 무파사의 아들인 후계자 심바 왕자의 탄생을 알리는 거창한 모습으로 영화가 시작된다. 무파사가 다스릴 때 프라이드랜드는 평화와 번영이었다. 그런데 무파사의 왕권을 탐내는 동생 스카가 문제였다. 무파사의 후계자인 어린 심바를 몰아내고 형을 죽이는 데 성공하고 그는 마침내 왕권을 차지한다. 쿠데타였다.

세종의 둘째 아들 수양대군이 형 문종의 아들 단종을 물리치고 왕위에 오른 것과 같다. 그 수양대군이 후에 세조가 된 것이다. 그러니까 스카는 조카 심바를 물리치고 왕위를 꿰찬 라이언 킹 왕국의 수양대군인 셈이다.

세조는 그래도 많은 치적을 남겼다고 전해진다. 소설가 김동인은 《대수양》에서 그를 엄청난 성인군자로 묘사하고 있지만, 같은 소설가 이광수는 《단종애사》에서 세조를 아주 악한 사람으로 그려냈다. 그런데 프라이드랜드의 세조대왕 스카는 치적은커녕 흥하던 왕국을 망조에 빠트렸다.

스카는 간사한 하이에나들을 끌어들여 왕국을 다스렸지만 왕으로서는 함량 부족이었다. 풀과 나뭇잎이 사라지면서 아름답던 초원은 시들어버렸고 땅은 갈라지고 굶어 죽은 동물들의 뼈가 널브러지기 시작했다. 나라는 금방 황폐화되었다. 아버지의 억울한 죽음을 목격한 왕세자 심바는 삼촌을 피해 행방을 감췄다. 그 심바를 발견하고 친구가 되어준 고마운 은인이 바로 미어캣 티몬과 흑돼지 품바였다. 낙천적인 이들은 불안하고 실의에 빠진 심바를 구원해 주었다. 그러면서 심바에게 불러준 게 바로 "하쿠나 마타타"(Hakuna Matata), "걱정하지 마. 모든 게 잘 될 거야"라는 노래였다.

영화감독이 지어낸 말이 아니고 실제로 이 말은 아프리카 사하라 이남에 널리 퍼져 있는 스와힐리어라고 한다. "하쿠나 마타타"를 부르는 티몬과 품바 때문에 충격과 배반의 상처를 잊고 건장한 청년으로 성장한 심바는 프라이드랜드로 귀환하여, 배신자 삼촌을 물리치고 아버지의 뒤를 이어 라이언 킹으로 즉위한다는 해피엔딩 스토리다.

이 "하쿠나 마타타"는 사실 우리가 살고 있는 현실 속에서도 간절하게 필요한 희망과 위로의 노래다. 우리 주변에 넘어져서 울고 있는 심바는 없을까? 사는 일이 하도 어려워 절망하고 신음 중에 있는 심바가 수없이 많지만, 일상 속에 매몰되어 그냥 나만 바라보고 달려가는 길에서는 심바가 눈에 들어올 리가 없다.

얼마 전 레이크 타호에서 며칠을 머물다 내려왔다. 그쪽 아침 뉴스의 머리기사는 북가주 8개 카운티를 덮고 있는 대형산불이었다. TV에는 매일 아침 잿더미가 된 집 앞에서 망연자실 말을 잊은 채 흐느끼는 이웃들의 모습이 나왔다. 그들의 절망을 무엇으로 위로할까? 트럼프 행정부의 무관용 이민정책으로 부모와 생이별하는 어린 아이들의 울음소리, 붙잡혀 추방될까 봐 두려워 숨죽이고 살아가는 서류 미비자들의 낙심소리가 넘쳐나고 있다.

얼마나 더 죽어야 관가에서 총기규제를 하자고 나설지 모르지만 우리들의 기대는 절망으로 흘러가고 있다. 그 사이에 어이 없는 총질로 무수한 사람들이 비명횡사했다. 희망보다는 자꾸 절망의 한숨이 깊어지는 이 나라는 마치 스카가 다스리는 황폐한 프라이드랜드가 연상되어 위로와 희망의 노래가 더 갈급하게 느껴진다.

따지고 보면 불안과 절망이 어디 거기뿐이랴! 매일 희망과 절망의 교차로를 오가며 뭔가 될 것 같다는 생각에 희망의 무지개를 잡았다 싶었지만 금방 절망의 먹구름이 덮쳐와서 포기하고 넘어지는 심약한 나에게도 사실은 그 노래가 필요하다. "하쿠나 마타타!"

내 주변의 심바는 누구인가? 심바에게 위로의 노래를 불러주자. 그러기 위하여 나부터 일어나자. 프라이드 락에 올라서 희망의 노래를 부르자! "하쿠나 마타타! 걱정하지 마, 모든 게 잘 될 거야!"

추억의 사라다 빵

공립학교가 방학이라 학교에서 일하는 아내도 지금은 집에서 논다. 성격상 놀고는 못 배기는 아내는 무엇인가를 찾아 나섰다. 그동안 해보고 싶었지만 시간 때문에 미뤄오던 것을 해보기로 했다. 그중 하나가 '추억의 사라다 빵' 만들기이다. 1970년대 '엄마표 대표간식'이었던 사라다 빵! 지금 말로 하면 양배추 샐러드 샌드위치다. 옛날엔 "사라다 빵"이라고 불렀다.

인터넷을 검색해보니 추억의 사라다 빵을 만드는 법이 줄줄이 쏟아졌다. 아내가 드디어 실험(?)을 시작해서 나온 완제품은 대성공이었다. 우선 내가 후한 점수를 주었다. 아침에도 사라다 빵, 저녁에도 사라다 빵. 음식에 관해서는 좀 까탈스러운 딸도 그 맛에 반했다. 떨어져 사는 아들과 며느리도 카톡 사진으로 보내준 그 사라다 빵을 먹겠다고 주말에 들이닥쳤다.

아내는 신이 나서 대량생산에 들어갔고 선배, 동창, 취미로 하는 고전무용단원들에게도 대량살포에 들어갔다. 그 사라다 빵 때문에 아내의 한 주간은 무척 행복했다.

조국을 떠나온 지가 몇십 년이고 점점 나이가 들다 보니 자연히 옛날 것들이 그리워진다. 현실에서 멀리 사라지긴 했지만 아직도 어렵지 않게 떠오르는 옛날의 추억을 간직하고 산다는 것은 여전히 내가 살아 있다는 인증샷이기도 하다. 그 옛날의 추억이 때로는 메마른 인생의 갈증을 샘물처럼 축여주기도 한다.

6·25 전쟁의 폐허 속에서 어린 시절을 보내야 했던 그 시절 영양실조를 염려하여 가끔씩 챙겨 먹던 대표 보약인 '원기소', 시골의 비포장도로 신작로 옆에 오늘날의 편의점처럼 서 있던 하꼬방의 대표 간식이었던 '꽈배기', 모든 초등학생들이 부끄러움 없이 신고 다니던 '까만 고무신', 책가방이 없던 시절에 가방 대신 허리에 메고 등교하던 '책보', 미술 시간이 되면 문방구에서 한 장씩 사가던 오늘날의 레터사이즈 카피 페이퍼 '도화지', 겉장이 떨어져 나갈 때까지 동무들끼리 돌려보던 그 시대 소년소녀들의 꿈과 낭만의 매거진 〈학원〉, 부잣집 아이들에게 하루 저녁씩 빌려보던 '전과', 점심시간이면 허기진 배를 채우기 위해 양동이에 담아 나르던 노란 '강냉이죽'….

책보를 메고 강냉이죽을 먹으며 그렇게 가난한 어린 시절을 보냈지만 다시 돌아갈 수 없는 그 시절이 마냥 그립기만 하다. 가난했지만 파란 하늘에 뭉게구름 피어오르듯 막연하게 꿈을 키워가던 그 시절이었다.

모든 것이 궁핍한 시골이었지만 교회당은 내 유년 시절 행복의 원천이었다. "종지기 권사님"으로 불리던 어머니가 치는 새벽종이 새벽마다 고요한 온 마을에 울려 퍼지고, 주일 아침이면 예배당에서 풍금 소리가 흘러나올 때 그 시골은 모든 만물이 겸손하게 하나님을 경배하는 낙원으로 느껴졌다.

밥을 지을 때 쌀이나 보리를 가족 숫자에 맞춰 한 숟가락씩 떠서 기도하며 주머니에 모으던 성미, 추수감사절은 물론이지만 보리를 수확했을 때도 지켜지던 맥추감사절, 밭에서 거둬들이는 모든 첫 열매를 하나님께 바쳐야 한다며 소쿠리에 담아 교회로 가져가던 오이, 가지, 복숭아, 토마토….

우리 집에는 넓은 마늘밭이 있었다. 서울 사람들이 내려와서 밭떼기로 싹쓸이를 할 때면 넉넉하게 이문이 남아 기분이 좋긴 했지만 그때도 어머니는 잊지 않고 광에 마늘 묶음을 챙겨두셨다. 하나님께 바쳐야 하는 첫 열매였다.

나는 성경암송대회 단골 출연자였다. 주일학교 선생님을 따라 툭하면 서산 읍내에 있는 제일 큰 감리교회에서 열리는 성경암송대회에 나가곤 했다. 상을 탈 때도 있었지만 떨어질 때도 많았다. 암송 구절은 주로 예수님께서 갈릴리 주변에서 제자들에게 주신 산상수훈의 말씀이었다. 어린 나이에도 정말 꿀맛처럼 느껴지는 말씀들이었다.

토끼풀을 뜯으러 논밭을 오르내리며 나는 늘 중얼중얼 성경말씀을 외웠다. 성경암송대회에서 1등을 차지하기 위한 노력이었다. 그때 외운 말씀들이 내 영혼의 체내 세포가 되어 아직도 내 생명 가운데 숨 쉬고 있을 것이다.

시대가 변하여 우리 곁을 떠난 위대한 신앙의 유산들이 그냥 추억으로만 남아 있는 셈이다. 성미, 성경암송대회, 맥추감사절…. 어디 그뿐인가? 매년 여름에 열리던 산상기도회, 설레는 가슴으로 기다려지던 크리스마스이브의 새벽송, 연령제한 없이 어린이까지 환영받던 속회, 마치 예수님을 기다리는 마음으로 목사님의 방문을 기다리던 대심방….

추억의 사라다 빵은 지금이라도 만들어 먹을 수 있지만 유년 시절에 경험했던 그 아름다운 믿음의 유산들은 어디 가서 복사해 올 수도 없고, 녹화된 비디오 영상처럼 재방송도 안 된다. 그것은 우리들의 영혼의 만나였다. 가난했지만 하나님을 사랑하는 일이 한없이 즐겁고 감사하여 첫 열매를 소쿠리에 담아 교회당으로 향하던 어머니의 얼굴에서 나는 늘 가난 속의 풍요를 느꼈다.

그런데 오늘 내게는 그 풍요가 있는가? 한국교회에는 왜 그런 유산들이 하나둘 유실되고 남아 있지 않는 것일까? 아내가 만든 추억의 사라다 빵을 먹으며 은연중에 추억의 유년주일학교 시절이 떠올랐다.

디지털 장의사

요즘 한국에서 생겨나는 신종 비즈니스 가운데 하나가 '디지털 장의사'라고 한다. "뭐요? 디지털 장의사? 장의사는 알겠는데 디지털 장의사란 말은 처음 듣겠네…" 미국에서 코 박고 이민생활에 열중하고 사는 우리네에게 좀 생소한 말이라서 대부분은 그런 반응을 보일 듯하다. 그런데 느껴지는 게 있다. 인터넷상의 자신에 관련된 부정적인 기록들을 완전 삭제시키는 일을 대행해 준다는 의미의 디지털 장의사. 그럴 듯한 비즈니스란 생각이 든다.

서울에서는 결혼하기 전 디지털 장의사부터 찾는다는 말도 있고, 취업을 준비하는 사람들도 마찬가지란다. 철없던 시절에 옛 애인과 온라인으로 주고받은 흔적들이나 SNS를 통해 올려놓은 쌍욕들이 평생 그 사람에게 붙어 다닌다고 생각해 보자. 잘못하다간 한 방에 인생이 날라 가 버릴 수도 있는 '주홍 글씨'가 될 수 있다.

취업을 준비하던 한 젊은이가 3년 동안 정부를 비판하는 수백 건의 댓글을 포털사이트에 올렸다가 공무원 취직시험을 보러 다닐 때쯤 덜컥 겁이 나더라는 것이다. 자신이 인터넷에 올린 모든 댓글을 지우기 위해 찾아가는 곳이 바로 디지털 장의사이다.

디지털 장의사를 하는 사람들은 우리가 생활 쓰레기를 버리듯 인터넷상의 쓰레기도 쌓아두지 말고 버려야 한다고 말한다. 아주 즐거운 상황에서 온라인에 기록을 남기더라도 상황이 변하면 언제든 불편한 게시물이 될 수도 있다는 것이다.

한국에서 댓글 공작 어쩌구 해서 감방에도 끌려가고 무슨 댓글과 관련된 인터넷 범죄 때문에 특검이 조직되고 있다는 소식을 접하면, "도대체 그런 댓글을 달고 살 만한 한가한 시간이 어디 있어요?" 하는 질문이 당장 튀어나간다. 한국에 백수가 넘쳐난다고 해도, 할 일 없이 인터넷이나 끼고 사는 인구가 많다고 쳐도 그렇다.

정권을 무너뜨리는 도구로 사용되거나 깜도 안 되는 사람을 대통령으로 만들기 위해 공작 차원에서 벌이는 댓글이 아니라면 누가 그 댓글에 정신을 팔고 살까? 그런데 현실은 댓글에 죽고 살고, SNS가 생활의 구세주인 사람들의 숫자가 상상을 초월하는 모양이다.

컴퓨터 모니터와 마주 앉은 시간이 은밀하고 비밀스럽다 할지라도 내가 살아가는 모습과 생각을 시시콜콜 그곳에 흔적으로 남길 경우, 키보드의 엔터 단추를 눌러버리는 순간 내 모습은 사이버 공간에 국경 없이 발사된다. 그때부터 나는 우주에 떠도는 '벌거숭이 임금님'이 되는 것이다. 보는 눈이 없다고 너무 쉽게, 추하게 타락하는 현대인의 음습한 범죄의 온상 인터넷 공간. 인터넷을 등지고 살 수도 없는 세상이 되었지만 인터넷을 주군으로 모시는 노예처럼 전락해서도 안 될 일이다. 그러다 어느 날 디지털 장의사를 찾아가야 하는 신세가 된다.

이달 한국 충청도에 봉쇄수도원을 개원한다는 강문호 목사님이 수도원 개원을 앞두고 〈당당뉴스〉에 쓴 글을 읽었는데, 이런 말을 했다. "수도 영성 중에 중요한 영성은 침묵입니다. 침묵도 훈련 없이는 불가능합니다. 말을 배우는 데는 3년입니다. 그러나 침묵을 배우려면 50년이 걸립니다. 침묵의 가치를 아는 사람은 침묵 훈련을 할 수 있습니다. 아무 말이나 하지 않습니다. 예수님은 6시간 동안 십자가에 못 박혀 계시면서 겨우 짧은 6마디를 말씀하시고 나머지 시간은 침묵하셨습니다. 6마디 다 합해도 1분 정도입니다. 5시간 59분은 침묵이었습니다." 그러면서 이 말을 덧붙였다. "하나님의 노크 소리는 조용할 때 더 크게 들리는 법입니다."

수십 개의 안테나를 세워놓고 이것저것 참견하며 시끄럽게 살지 말고, 조용히 주님 앞에 엎드려 침묵의 영성을 가꿔나가면 어떨까? 말을 절제하는 침묵도 중요하지만 이제는 '디지털 침묵'도 훈련할 때다. 그러다 보면 디지털 장의사를 찾아다니며 돈 쓸 일도 없어진다.

이 세상에서 좌충우돌 욕설과 험담과 정죄를 일삼던 추한 모습이 꼬리표처럼 나를 따라붙어 인터넷상에 떠돌게 될 때 그제서야 불이 나게 디지털 장의사를 찾아다니는 부끄러운 속물이 바로 내 모습이 아닌지를 되돌아보며, 인터넷 앞에서도 때로는 침묵모드를 셋업해 보자.

예수님이 마르다에게 "네가 너무 많은 일로 염려하고 근심한다"라고 말씀하시고, "몇 가지 혹은 한 가지만이라도 족하다" 하신 말씀을 기억하자. 너무 분주한 나머지 아주 중요한 한 가지를 잊고 사는 마르다는 아닌가?

예루살렘 한식당

예루살렘에서 오는 7월부터 한식당이 오픈한다고 한다. 〈한국일보〉 본국판에 지난주 소개된 기사를 읽어보니 문을 여는 한식당 사장은 금년 71세의 김봉자 씨. 이스라엘 안과 의사와 결혼해서 유대교로 개종했다고 한다. 어릴 적 부모를 따라 미국으로 이민 왔다가 미국에서 유대인 남편을 만나 20여 년 전 이스라엘에 정착한 미주 교포 출신이다. 지금도 미국과 이스라엘, 이중 국적을 갖고 있다고 한다.

매일 성지순례객들로 북적대는 예루살렘 올드시티에 오픈하는 한식당 이름은 '서울하우스'이다. 성지순례단과 함께 예루살렘에 가면 나도 당연히 찾아가야 할 그 식당을 상상만 해도 지금부터 기분이 좋다. 요즘엔 성지순례나 해외여행을 나갈 때 라면이나 김치를 챙기는 사람들이 크게 줄어들었다. 그러다 보니 여행 중에 유명한 현지식을 찾는 분들이 크게 늘어나고 있기는 하지만 그래도 가끔씩은 한식이 좋다.

예루살렘에 한식당이 여러 번 오픈하기는 했지만 수지타산이 안 맞아 그랬는지 지금은 없다. 지금으로서는 '서울하우스'가 유일한 셈이다. 지난 2월 이스라엘 성지순례 때는 한국인 현지 가이드가 서울에서 공수해 먹는 반찬거리로 집에서 도시락을 만들어 우리에게 한 끼를 제공했다. 브엘세바 평원의 국립공원 야외 테이블에 앉아 먹었던 그 점심 도시락의 맛은 오래오래 잊을 수가 없을 것이다. 꿀맛이었다. 아마 예루살렘 한식당도 그런 꿀맛을 준비하고 있을 것이다.

그 사장님의 말에 의하면 한국 전통가옥 형태로 꾸민 서울하우스의 메뉴는 비빔밥과 된장찌개, 순두부, 쌈밥, 김밥 등이라고 한다. 된장과 간장, 고추장, 고춧가루 등은 모두 경북 성주에서 공수하고 식당 옆에는 쌈밥용 야채를 재배하는 텃밭도 만들었다고 한다. 그동안 개업했던 한식당들이 코셔 인증을 받지 못해 현지인들이 외면해 온 것을 보고 지난 10년 동안 코셔 인증을 받기 위해 뛰어다니다 드디어 인증을 받는 데 성공했다고 말했다.

코셔(kosher)는 우리도 많이 들어본 말이다. 할랄(halal)이란 말도 많이 들었다. 코셔란 유대교 율법에 따라, 할랄은 이슬람 율법, 즉 코란의 가르침에 따라 만든 음식이다. 그러니까 코셔는 유대교, 할랄은 무슬림 음식이다. 코셔란 '허용된', '적정한'이란 뜻이다. 그러니까 코셔 인증이란 유대교 율법에 적정한 음식으로 판단을 받아 검사필 도장을 받았다는 의미인데 미국에서 판매되는 식품 가운데 코셔 마크가 붙어 있는 게 13%에 달한다고 하니 대단하다.

그러면 코셔가 금하고 있는 음식, 그러니까 구약의 토라에서 말씀하고 있는 정결한 음식, 부정한 음식은 무엇인가? 우선 육류에서는 되새김질을 하는 4개의 위를 가진 짐승의 고기만 코셔 식품이 될 수 있다. 대표적인 것이 소고기다. 대표적으로 못 먹는 건 돼지고기이다. 불결한 짐승의 대표주자인 돼지는 밥통이 하나다. 그러니까 서울하우스에 가더라도 돼지족발, 삼겹살에 상추쌈 같은 메뉴는 기대하지 말아야 한다.

또 비늘이나 지느러미가 없는 바닷물고기는 코셔 식품이 될 수 없다. 낙지, 새우, 오징어 등등이 여기에 속한다. 조기, 락카드, 레드스내퍼 등은 코셔 식품으로 요리할 수 있다. 물고기의 귀족답게 비늘뿐만 아니라 날카로운 지느러미를 소유하고 있다. 그러니까 낙지볶음이나 새우 튀김, 오징어 튀김은 한국에 방문했을 때 골목 리어카 식당에서나 맛보고 예루살렘에 가서는 찾을 메뉴가 아니다.

또 치즈버거도 코셔 식품이 될 수 없다. 예루살렘에도 맥도날드는 있다. 맥도날드란 말 옆에는 '코셔'란 글자도 함께 붙어 있다. 이 말은 우리에게는 치즈버거가 없다는 뜻이다. 왜냐하면 율법에는 유제품과 고기를 함께 먹을 수 없기 때문이다. 즉 패티 위에 치즈를 올린 치즈버거도, 고기 토핑과 모짜렐라 치즈를 얹은 피자도 먹을 수 없기 때문이다.

이를 금지한 규정이 출애굽기 23장 19절에 나와 있는데 "염소 새끼를 그 어미의 젖으로 삶지 말지니라"는 구절 때문이다. 이는 고기와 유제품을 함께 먹을 수 없을 뿐 아니라 함께 조리할 수도 없음을 명시하고 있기 때문이라고 한다.

한 술 더 뜨는 규정도 있다. 고기로 식사를 한 뒤에는 치즈케이크나 아이스크림, 우유나 크림으로 만든 각종 디저트를 바로 먹을 수 없다. 뱃속에서 섞이기 때문이다. 그래서 식사 시간에 고기를 먹은 뒤에 다른 유제품을 먹으려면 6시간이 지난 뒤에야 가능하다는 게 코셔 식사규정이다.

이렇게 골 때리는 규정을 이스라엘 사람들이 지금도 지키고 있단 말인가? 지금도 회당이나 통곡의 벽 근처에서 키파라는 동그란 모자, 검은 양복, 가발 등을 쓰고 다니며 온종일 토라나 연구하고 수많은 아이들을 낳아 데리고 다니며 국가에서 주는 세금으로 먹고사는 정통 및 일반종교인들은 오직 코셔 음식만 먹고 엄격 그 이상으로 안식일을 지키고 있다.

이들은 안식일엔 셀폰 절대 사용금지, 자동차 시동 금지, 심지어 엘리베이터 단추도 누르지 않는다. 그래서 이스라엘 호텔에는 이들을 위한 안식일 엘리베이터가 따로 있다. 단추를 누르지 않아도 층마다 저절로 스톱해 준다.

내가 조사한 통계로는 지금도 안식일과 코셔 음식을 이처럼 목숨

걸고 지키는 종교인들은 전체 인구의 30% 정도이다. 그리고 안식일과 코셔 음식을 놓고 "너나 잘하세요" 하며 율법에 목매지 않는 세속적인 유대인들은 40%을 넘고 있다. 이들은 종교인들을 대놓고 비난하지는 않아도 딱한 눈으로 쳐다보고 있는 사람들이다.

코셔 음식이 율법에 따른 정결 음식임에는 틀림없지만 율법에 얽매이다가 결국 하나님께서 선하다고 하신 것까지를 다 놓치는 우를 범해서야 쓰겠는가? 하나님과는 한없이 가까운 예루살렘, 예수님과는 한없이 먼 예루살렘이다. 아무튼 예루살렘 서울하우스에 가서는 돼지 족발은 찾지도 말고 주는 대로 정결한 코셔 음식의 맛을 한번 기대해 보자.

바버라 부시 여사의 장례식

바버라 부시 여사는 프랭클린 피어스 미국 14대 대통령의 후손인 피어스 가문에서 태어났다고 한다. 대통령 가문에서 태어나서 유명한 것이 아니라 손수 대통령 가문을 만들어 냈기 때문에 그는 더 유명하다. 대통령의 부인이 된다는 것도 하늘의 별따기이지만 아들까지 대통령을 만들어 냈으니 보통 사람은 아니다.

미국 역사상 남편과 아들을 대통령으로 만든 두 명의 여걸이 있는데, 하나는 2대 대통령 존 애덤스의 부인 애비게일 애덤스와 2018년 4월 장례식을 치른 바버라 부시 두 명뿐이다. 애덤스 여사는 아들 존 퀸시 아담스가 6대 대통령이 되는 것을 보기 전에 이미 세상을 떠났다고 한다. 그러니까 생전에 남편도 대통령, 아들도 대통령에 취임하는 것을 두 눈으로 지켜본 사람은 바버라 부시 혼자뿐이다.

부시 가문에서는 두 명의 미국 대통령, 두 번째와 네 번째로 인구가 많은 텍사스와 플로리다의 주지사 두 명, 상하원 의원 한 명씩을 각각 배출했으니 사람들은 이 집안이 미국의 전설적인 정치 가문 케네디 가문을 추월했다고 말한다. 그래서 "부시 왕조"(Bush Dynasty)라는 말까지 나왔다.

누가 이런 것까지를 꼼꼼하게 계산했는지는 몰라도 케네디 가는 약 1,000일 동안 대통령직에 올랐으나 부시 일가에서는 아버지, 아들 대통령을 합쳐 도합 4,383일 동안 대통령직을 수행하였으니 케네디 가는 이제 부시 집안에 밀려도 한참 밀린다는 얘기다.

그래서였는지 몰라도 이번 어머니 장례식에서 조사를 한 둘째아들 젭 부시가 대통령에 출마한다고 했을 때 바버라 부시가 "미국에는 너무 많은 부시가 있단다"라고 말하면서 은근히 뜯어말렸다는 말까지 전해진다. 사실 아버지도 대통령, 큰 아들도 대통령, 둘째 아들도 대통령이 되면 미국엔 부시 집안밖에 없냐고 욕먹을 것 같아서 한 말이었을 것이다. 어차피 젭 부시는 공화당 경선에서 고배를 마셔야 했지만.

전형적인 내조형에다 유머가 넘치고 소탈하고 신앙심이 좋았던 것으로 유명했던 그 바버라 부시의 장례식은 휴스턴에 있는 성 마틴 성공회 교회당에서 열렸고 초청받은 1,500여 명의 추모객이 참석하였다.

우선 전직 대통령 네 명이 나란히 참석한 것이 "미국이란 나라답다"라는 좋은 소문을 내고 있다. 빌 클린턴과 버락 오바마 전 대통령 부부, 그리고 아들 부시, 남편 부시, 이들 네 명의 대통령에다 트럼프 대통령은 보안 문제를 이유로 불참했다고 하는데 부인 멜라니아 여사가 참석했다.

이들 대통령들은 한때는 모두 정적이었다. 대통령 선거에서 서로 치고받으며 상대방을 공격해서 쓰러뜨려야 자기가 살아남기에 살벌한 경쟁자들이었다. 그러나 이들은 그저 전직 대통령으로서 다감한 모습으로 한 의자에 나란히 앉아 장례식에 참석했다. 죽음 앞에서 모든 것을 내려놓은 것 같은 모습이었다.

손녀들이 나와서 잠언 31장 10-31절까지를 차례로 읽었다. 물론 성공회 예전에 따라 구약과 신약의 말씀, 그리고 복음서의 말씀이 따로 봉독되었지만 특별히 마지막 30-31절의 "고운 것도 거짓되고 아름다운 것도 헛되나 오직 여호와를 경외하는 여자는 칭찬을 받을 것이라 그 손의 열매가 그에게로 돌아갈 것이요 그 행한 일을 인하여 성문에서 칭찬을 받으리라"는 말씀이 읽혀질 때 모든 이들은 바버라 부시를 떠올렸을 것이다. 손자들이 관을 운구하고 손녀들이 하나님의 말씀을 읽는 것이 아름다워 보였다.

부시 왕조를 일으켜 세운 '안방마님'이었음에도 바버라 부시는 쉬지 않고 자녀들에게 강조하며 가르친 것이 "자랑하지 말아라", "겸손이 모든 것의 기본"이라고 한다.

"미국의 할머니"로 존경받아 왔던 그에게는 유명한 시그니처 액세서리가 있다. 바로 가짜 진주 목걸이다. 미국 정치 왕조의 안주인이 진짜 진주 목걸이를 살 돈이 없어 가짜를 즐겼을까? 가짜로도 얼마든지 행복해하는 그의 수수하고 소박한 모습이 미국인들의 마음을 사로잡았을 것이다. 그래서 이날 장례식에 참석한 조객들이나 추모객들 중에 어떤 이는 가짜 진주목걸이를 걸고 나와 그를 추모했다고 한다.

더구나 장례식장엔 꽃이 없었다. 꽃이 없는 이날 장례식은 더욱 엄숙하고 경건하게 느껴졌다. 아름답고 눈부신 꽃이 없으니 조객들의 시선이 하나님에게만 집중될 것 같은 경건함이 넘쳐나는 분위기였다.

장례식장에 가면 조의를 표하기 위해 꽃은 있어도 좋다. 그런데 우리 한인사회 장례식장에는 꽃이 너무 많다. 장례식장의 꽃이나 화환의 숫자를 죽은 고인의 명성이나 부귀의 척도로 착각하고 있는 것 같다. 앉을 자리가 없을 만큼 꽃으로 뒤덮여 있는 장례식장에 가면 사람들이 장례식을 하는 것이 아니라 꽃들이 장례식을 하고 있는 것처럼 보인다.

이날 장례식은 "기뻐하며 경배하세"(Joyful, Joyful, We Adore Thee)를 부르며 끝났다. 눈물도 있었지만 기쁨도 넉넉했던 "여호와를 경외하는 자"의 겸손과 절제가 느껴지는 장례식이었다.

투탕카멘 무덤의 앵크 십자가

이집트가 이스라엘 역사에 끼어들게 된 발단은 요셉이 그 나라에 팔려가면서부터다. 이집트 총리대신으로 출세한 요셉 덕에 야곱의 아들 12명이 모두 이집트 이민에 성공했다. 한 가정의 이민으로 출발했으나 노예에서 벗어나 해방의 깃발을 쳐들고 출애굽할 때는 한 가족이 3백만 이상으로 폭발적으로 늘어났다.

이때 출애굽을 진두지휘한 이는 모세요, 그의 뒤를 쫓아가다가 홍해에서 체면을 구기고 후퇴한 이는 람세스 2세라고 성서학자들은 주장한다. 그 람세스 2세는 24세에 왕위에 올라 90세에 사망할 때까지 66년을 왕으로 살면서 20살이나 손위였던 모세와 한때는 왕궁에 함께 살면서 파라오 계승 쟁탈전을 벌이기도 했던 인물이다.

해마다 종교개혁 유럽여행단과 런던을 가면 나는 이 람세스 2세 파라오를 대영박물관 "얼굴마담"이라 부른다. 그 박물관의 이집트관 최고 명당자리에 그의 얼굴조각이 떡하니 버티고 있기 때문이다. "세상에 저리 잘생긴 미소년이 존재했다니…" 하는 탄성이 절로 나온다.

람세스 2세와 함께 이집트 최고의 파라오 3명을 꼽으라면 클레오파트라와 투탕카멘(Tutankhamun)을 꼽는다. 그런데 그 투탕카멘이 LA에 떴다는 게 아닌가? "킹 투트"(King Tut)라는 이름으로 그의 무덤에서 발굴된 유물 가운데 150여 점의 국보급 조각품과 미라 등을 전시하는 행사가 남가주대학(USC) 옆 캘리포니아 사이언스 센터에서 2018년 3월 24일 개막되어 2019년 1월 6일까지 이어진다는 것이다.

거금 29달러의 입장료를 지불하고 투탕카멘을 찾아갔다.

그는 람세스 2세와 비교하면 5번째 앞선 왕이다. 기원전 1361년 9세의 나이에 왕이 되어 9년 동안 이집트를 통치하다 18세의 어린 나이에 요절한 미소년이었다. 그는 이름 없는 파라오 중의 하나였다. 그런데 1922년 영국의 하워드 카터란 고고학자가 이집트 '왕가의 계곡'(Valley of Kings)에서 3천여 년 이상 파묻혀 있던 투탕카멘의 무덤을 통째로 발견하면서 투탕카멘은 일약 이집트의 가장 유명한 파라오로 세상에 알려지기 시작했다. 그는 지금부터 3,300여 년 전, 그리고 예수님이 오시기 1,330년 전, 또 모세보다도 100여 년 전에 생존했던 인물이다. 진시황보다 1,000년 전에 태어난 사람이다. 그런데 하워드 카터 때문에 유명해진 그의 황금데드 마스크는 금방 이집트의 아이콘으로 떠올랐다. 11킬로그램의 금으로 제작된 이 황금마스크는 곧 투탕카멘의 상징이 되었다. 그래서 하워드 카터의 발굴은 이집트 최대이자, 세기의 발견으로 명성을 얻게 되었다.

투탕카멘의 나무침대, 그의 어좌, 그를 소재로 한 순금의 다양한 조각품을 둘러보았다. '3,300여 년 전 저런 아름다운 디자인과 찬란한 조각 예술이 존재했다니!' 숨을 죽이며 미소년 파라오의 손때가 묻은 다양한 세간들을 둘러보았다. 그런데 눈에 확 들어온 것 하나가 바로 십자가였다. 그가 앉던 의자에도, 그리고 장신구로도 사용한 흔적이 있는 십자가들이 무덤에 함께 묻혀 있었다. 투탕카멘도 예수 믿고 구원받은 크리스천이었던가? 그런 멍청한 질문이 어디 있을까? 예수님 오시기 1,300년 전 인물이라 하지 않았는가? 저 십자가는 뭐지? 정신을 가다듬고 '킹 투트'의 무덤에서 발견된 십자가와 예수님의 십자가와의 관계를 정리하느라 잽싸게 머리를 굴릴 수밖에 없었다.

십자가는 페르시아에서 시작된 처형 도구였다. 알렉산더 대왕 시대를 거쳐 로마제국도 시민권이 없는 사람들이나 노예, 정치범, 가장 악랄한 범죄자를 처형할 때 십자가를 사용했다. 가장 잔인하고 치욕적인 처형이라고 비판이 일자 4세기 이르러 폐기 처분되었다.

그렇다면 파라오가 장신구로 사용한 십자가의 정체는 무엇인가? 보통 타우 십자가로 불리는 T자 위에 O을 얹어놓은 이 십자가를 앵크 십자가(Ankh Cross)라고 부르는데 지평선 위에 태양이 떠오르는 모양으로, 이집트 최고신인 태양신을 숭배할 때 사용되던 십자가였다.

앵크 십자가는 생명과 성(sex)을 상징하기도 했는데 후에 이집트의 콥틱 크리스천들이 자신들의 십자가로 편입시키긴 했으나 이 십자가는 분명 이방인들의 십자가였다. 그 후 크리스천들은 이 앵크 십자가를 "손잡이가 있는 십자가", 라틴어로 "크럭스 앤세이타"(Crux Ansata)라고 불렀다. 투탕카멘은 팔찌처럼 양손에 달고 다니기도 했을 것이고 그의 왕궁 여기저기 붙어 있었던 것으로 보인다.

여기서 나는 세계를 누비며 얼마나 많이 십자가를 모았는지 경쟁적으로 보여주기 위해 집무실 벽을 십자가 콜렉션으로 꾸미고 있는 일부 목사님들의 광적인 수집활동에 시비를 걸어야겠다. 사순절 단골 메뉴가 되고 있는 십자가 전시회도 그렇다. 나도 사무실 한 벽면을 십자가로 채워 가는 중이니, 사실 나 자신에 대한 시비 걸기다.

십자가는 인류 구원을 위해 자신을 희생하신 예수 그리스도의 사랑과 은혜의 상징일 뿐이지, 고대사회의 흉악한 십자가 형틀이 우리에게 결코 중요할 이유가 없다. 예수 사랑은 빠지고 엉뚱한 십자가 사랑에 빠져 십자가만 보면 돈이 얼마가 되든 수중에 넣고 보자는 어리석은 집착을 하는 것은 사실 헛되고 헛된 수고가 아니겠는가?

투탕카멘의 무덤에서 발견된 앵크 십자가를 보고 여기저기 이상한 십자가만 보면 덮어놓고 사들이던 내 고상한(?) 습관에도 갑자기 급제동이 걸렸다. 세상엔 수많은 종류의 십자가가 있다. 그 허다한 종류에도 불구하고 집약되는 단 한 가지, 예수님의 사랑을 읽어내지 못하면 십자가는 쓸모없는 나무 막대기에 불과할 뿐이다.

무덤 없는 모세

요즘엔 죽으면 화장이 대세라고 한다. 당해 보지 않아서 모르긴 해도 난 화장이 싫다. 성경은 인생을 두고 흙으로 와서 흙으로 돌아가는 존재라고 선언하셨는데, 흙으로 복귀할 생각은 안 하고 왜 불 속에 뛰어들어야 하는가? 땅에 묻혀야 마땅하다. 그래서 난 아이들에게 죽으면 땅에 묻으라고 주문할 참이다.

유럽 여행단을 이끌고 종교개혁의 발상지인 유럽에 갈 때마다 난 런던 웨슬리 채플 정원에 있는 웨슬리의 무덤을 찾는다. 웨스트민스터 대수도원에 누워 있는 사치스러운 무덤들에 비하면 서민적이고 평범한 무덤이다. 스위스 제네바의 시민공원에 감춰질 듯 묻혀 있는 칼뱅의 무덤 묘비에는 그냥 JC란 글자만 새겨져 있다. 장 칼뱅의 이니셜이다. 아무도 자신의 무덤인 줄 알아차리지 못하게 하려고 했지만 나중에 추종자 한 사람이 이니셜만이라도 새겨서 작은 묘비를 세웠다고 한다. 독일 비텐베르크 교회 내부에 있는 루터의 무덤도 작은 동판 무덤에 불과하다. 이들은 모두 땅에 묻혔다. 위대한 개혁자들도 그렇게 매장되었는데 내가 무슨 통뼈라고 화장은 무슨?

그런데 매장은 고사하고 통째로 무덤이 없는 경우도 있다. 바로 모세다. 지난달 이스라엘 성지순례를 하면서 그런 생각을 해봤다. 이스라엘 민족 가운데 가장 '큰 자'는 누구였을까? 아마도 모세와 다윗이 결승에서 맞서지 않았을까?

나는 다윗보다는 모세가 좀 더 위대했다고 생각한다. 다윗은 이스라엘 역사상 통일왕국을 이루어 가장 넓게 영토를 확장했던 위대한 통치자였다. 그래도 노예생활을 하던 이스라엘 민족을 이집트에서 끌고 나와 영웅적인 탈출에 성공하고 고생고생하면서 남자만 200만 명 이상, 아이들과 여자들을 합쳐 적어도 300만 명 이상을 광야로 끌고 다니며 40여 년을 먹이고 재우고 돌봐준 모세가 없었다면 이스라엘 민족이 과연 가나안 땅에 진입할 수 있었을까?

이집트에서 노예로 살면서도 육체의 기름기가 번들번들했던 이스라엘 백성들을 그냥 가나안땅에 풀어놨다가는 죽도 밥도 안 될 것 같다는 위기감 때문에 출애굽 1세대가 사라질 때까지 광야에서 뺑뺑이를 돌린 하나님의 의도가 숨어 있었다고 생각한다. 그런데 굳이 사이즈로 따진다면 그들은 작은 도시국가에 해당되는 인구였다. 그러니까 사막국가였다. 그 사막국가의 대통령은 당연히 모세였을 것이다. 대통령 비서실장은 여호수아였을까?

그때의 모세 리더십을 상상해 보자. 만약 모세가 흑심을 품고 야훼 하나님에게 등을 돌린 후, "내가 재림주"라고 헛소리를 일삼는 오늘날의 이단 교주와 같이 "내가 하나님"이라고 외쳤더라면 백성들은 아마도 "모세 하나님, 모세 하나님"을 외치며 나왔을지도 모른다.

더구나 이런 상상의 나래도 가능하다. 하나님이 지시하는 땅, 가나안으로 향하지 않고 의도적으로 방향을 반대 방향으로 틀어 동쪽으로 전진했더라면 이스라엘 백성들은 어찌 되었을까? 오늘날의 사우디아라비아에 이스라엘 백성들이 둥지를 틀고 물처럼 솟아나는 석유를 팔아 세상을 호령하는 '석유 모세왕국'을 건설하지 않았을까? 그렇다면 AD 70년 로마의 타이터스 황제에 의해 "돌 위에 돌 하나 남기지 않고" 예루살렘이 멸망하여 전 세계를 처량하게 떠도는 유랑민 신세가 되지는 않았을 것이다.

또 하나의 상상력을 발휘해 보자. 오늘날의 장삿속 개념으로 따져볼 경우, 모세가 하나님으로부터 받은 십계명 돌판에 대한 특허권

(?)과 모세오경의 저작권 가치는 과연 얼마나 될까?

그런 모세를 상상하며 나는 느보산에 올랐다. 모세가 이스라엘 백성들을 이끌고 마침내 도달했던 지금의 요르단 모압평야 서쪽 그 느보산! 멀리 서쪽으로 여리고 성이 건너다보이고 남쪽으로는 사해, 북쪽으로 이어지는 요단강을 건너면 약속의 땅에 진입할 순간인데 별안간 하나님은 "너는 여기까지…"라고 선언하신 것이다.

하나님으로부터 무장해제를 명받은 모세는 느보산에서 120년 생애를 조용히 마감했다. 나일강에 버려진 후 공주에게 발견되어 이집트 왕궁에서 시작된 그의 파란만장한 생애가 막을 내린 곳, 느보산.

예루살렘에 있는 다윗의 무덤은 지금 유대인들의 거룩한 순례코스가 되었다. 그 무덤 앞에 작은 채플을 만들어 놓고 유대교 랍비들이 지금도 모세오경을 외우고 공부하면서 얼굴을 앞으로 뒤로 흔들면서 정신없이 몰입모드에 빠져 있다. 다윗의 무덤은 그렇게 유대인들의 성소가 되었다. 그러나 모세는 무덤조차 없다.

나는 성지순례를 끝내고 집에 와서 다시 모세의 마지막을 서술하고 있는 신명기 34장을 열었다. 모세는 이스라엘의 그 수많은 선지자 가운데 유일하게 하나님과 대면하여 아는 사이였다고 하는데, 하나님과 대면하여 왜 한마디 말도 하지 못했을까? 가나안에 들어가지 못하는 이유가 무엇이냐고, 왜 여기서 멈춰야 하냐고….

모세가 죽은 후 모압평지에서 이스라엘 백성들이 30일 동안 애곡했다는 대목에서 나는 알 것만 같았다. 혹시나 하나님의 영광을 가로챌 수도 있겠다는 우려 때문에 모세는 조용히 하나님의 말씀에 절대 순종하여 무덤조차 남길 수 없었다는 사실을. 가끔씩 모세의 미라가 발견되었다는 소설 같은 '해외토픽'이 등장하지만 느보산 주변 어느 골짜기에 묻혀 있을 그를 상상하며 그런 생각을 했다. '매장은 무슨 매장? 모세처럼 무덤도 없이, 묘비도 없이 쥐도 새도 모르게 사라지는 것도 사실은 하나님의 특별한 은혜가 아닐까?'

비아 돌로로사의 '기적'

매년 사순절이 되면 세계에서 가장 붐비는 곳이 예루살렘 구 시가지에 있는 고난의 길, 십자가의 길이다. 라틴어로는 "비아 돌로로사"(Via Dolorosa)라고 부른다. '비아'는 '길', '돌로로사'는 '고난' 혹은 '슬픔'이란 뜻이다. 전 세계 순례객들이 이스라엘 순례길에 오를 때 결코 빼놓을 수 없는 코스가 바로 이곳이다. 예수님께서 사형선고를 받고 골고다로 오르신 고난의 길, 죽음의 길이었지만 이 길이 있었기에 인류에게 생명의 길, 부활의 길이 열렸다.

AD 70년 로마 황제 타이터스에 의해 예루살렘이 완벽하게 초토화된 후 이슬람 군대에게 짓밟혀 수백 년을 지나오면서 예수님이 십자가를 지고 가신 길이 제대로 보존될 리가 없었다. 다행인 것은 1294년 리칼두스란 신부에 의해 대략 위치가 정해진 후 1540년경에 이르러 프란체스코 수도사들에 의해 지금의 코스가 확정되었단다.

그 후 19세기에 들어서서 고고학적으로 예수님이 걸으셨던 길로 확인되었다. 여기를 찾는 수도사들은 직접 십자가를 지고 약 800미터에 이르는 길을 수행의 길로 삼고 있다. 수도사들뿐만 아니라 오늘날에는 순례자들도 돈을 주고 십자가를 사서 어깨에 메고 오르기도 한다. 주님의 고난이 어떠했을지를 실감해 보기 위해서···.

이 길은 모두 14개 지점으로 이루어졌는데, 예수님이 빌라도에게 재판을 받으신 제1지점에서 시작하여 죽으신 후 부활하신 지점까지 모두 14지점이 표시되어 있다. 그런데 제10지점의 예수님께서 옷 벗

김을 당한 곳에서부터 묻히셨다가 부활하신 제14지점은 한 교회당 안에 있다. 그 교회당을 우리는 "성묘교회", 영어로는 "홀리 세펄커 교회당"(The Church of Holy Sepulcher)이라고 부른다.

그런데 놀라지 마시라. 이 성당은 6개 기독교 종파, 그러니까 가톨릭, 희랍정교회, 아르메니안 사도교회, 시리아 정교회, 콥틱 정교회, 에티오피아 정교회 등 6개 종파가 1층은 어느 종파, 2층은 어느 종파, 지하는 어느 종파 등 각각 나눠서 관리한다. 주님이 묻히셨다가 부활하신 기념교회가 도떼기시장을 연상케 한다. 그나마 개신교는 그 6개 종파에 명함도 못 내밀고 있다.

우리 〈크리스쳔 위클리〉가 주관하여 출발한 성지순례단도 지난 2월 20일 그 비아 돌로로사를 순례하며 제1지점에서 시작하여 제14지점까지 방문했다. 그러나 로마 병정의 채찍소리도, 아리마대 요셉도, 예수님을 뒤따라오며 흐느껴 울던 여인들도 없었고, 다만 그 고난의 길 양쪽에는 기념품을 파는 상점들만 넘쳐났다. 복잡한 남대문 시장을 연상시켰다.

그 길에서 대형사고 하나가 터졌다. 일행 중 김 모 권사님이 기념품 하나를 사고 지갑을 선물가게에 놓고 왔는데 순례를 마치고 호텔에 도착해서야 알았다. 부랴부랴 현지 가이드와 택시를 타고 그 가게를 찾아갔지만 이미 영업시간이 지나 문을 닫은 상태였다. 마침 주인이 가게를 지키고 있어 사정을 말했더니 점원이 내일 출근하면 알아보고 연락을 주겠다고 해서 호텔로 되돌아왔다. 권사님은 그날 저녁 LA로 연락해서 우선 크레딧 카드 분실신고를 했지만 문제는 운전면허증이었다. 다시 발급받아야 하는 불편함이 있었다.

또 하나가 있었다. 여행 중 쓰려던 현금 800여 달러가 그 지갑에 있었다. 가이드도, 김 권사님도 적지 않은 800여 달러의 현찰이 든 지갑을 되찾는다는 것은 거의 불가능한 일이라고 체념하는 눈치였다. 이튿날 예루살렘을 떠나 사해에서 몸이 둥둥 뜨는 염해 체험을 하고 쿰란공동체를 돌아본 후 여리고로 이동하여 예수님이 시험을 받으신 시험산을 순례했다. 그리고 여리고 시내의 한 호텔로 돌아가는 길에 가이드에게 전화가 왔다. 어제 그 가게 주인이었다. 김 권사님의 지갑을 찾았다는 전화였다. 점원이 보관하고 있었다고 했다. 이 소식이 전해지는 순간 버스 안에서는 박수갈채가 터져 나왔다.

가게 주인은 지갑 안에 무엇이 있는지를 꼬치꼬치 물었다. 현찰은 얼마냐고 묻기에 약 800여 달러라고 권사님은 말해주었다. 그래도 지갑 주인이 맞는지 확인을 위해 전화기로 얼굴을 보여 달라고 했다. 권사님은 얼굴을 카메라에 비춰주었다. 그 가게 주인은 운전면허증의 사진과 대조해 본 후 본인이 확실한 것 같다며 예루살렘 현지 여행사를 통해 다음 날 아침 여리고 호텔로 지갑을 보내주겠다고 했다. 상황은 해피엔딩으로 종료되었다. 그렇게 그 지갑은 아무 탈 없이 김 권사님에게 전달되었다. 지갑 속 현찰 800달러와 함께.

여리고 호텔에서 돌아와 비아 돌로로사에서 지갑을 돌려준 그 무슬림 때문에 잠을 이룰 수가 없었다. 그 길에서 장사하는 아랍인들은 다 무슬림인 줄 알았다. 생김새가 그랬다. 그러나 알고 보니 그 가게 주인은 아랍계 크리스천이었다. 가이드가 그리 말해주었다.

예수님이 걸어가신 고난의 길에서 감람나무 십자가나 팔아 이문을 챙기는 무슬림이라고 눈길 한 번 좋게 주지 않았는데 그날 저녁 들려주신 주님의 음성은 "사람을 외모로만 판단하지 말라"였다.

우리는 너무 유대인들 편만 들다 보니 아랍인은 모두 적군이요, 이방인이라고 멸시했지만 그게 아니었다. 비아 돌로로사의 상인들 가운데 많은 사람들이 주님의 십자가를 팔면서 살아가는 크리스천이라는 사실을 그들의 외모 때문에 잊고 있었다. 내년엔 무지함과 교만함을 회개하며 비아 돌로로사를 다시 순례할 것이다.

김 권사님의 지갑이 무사히 돌아온 그 사건을 두고 우리 순례단은 "비아 돌로로사의 기적"이라고 불렀다.

외로움 장관

영국에서 비롯된 '세계 최초'는 한두 가지가 아니다. 우선 의회민주주의가 영국에서 처음 시작되었다. 지구촌에 있는 대부분의 나라들은 오늘날 의회를 갖고 있고 국민을 대표하는 의원들을 선거로 뽑아 의회로 보낸 뒤에는 자신들의 의견을 국정 대소사에 반영시킨다. 이는 영국에서 시작된 제도다.

영국이 최초인 것은 그것뿐이 아니다. 항생제 페니실린이 처음 발견된 곳이 영국이요, 팩스와 통조림 또한 세계 최초로 영국에서 탄생했다. 콘택트렌즈, 우표, 유모차, 연필, 시험관 아기, 탱크, 노동조합도 모두 영국에서 처음 선보이거나 탄생된 것들이다.

의회민주주의 발상지에서 어떻게 지금까지도 절대군주제가 생존해 있을까? 참 특이한 나라다. 의회민주주의 절차를 통해 뽑아놓은 총리가 있는가 하면 대대손손 왕권을 물려받고 물려주는 여왕도 존재하는 나라, 영국이 또 하나의 히트 상품을 출하(?)했다.

이번엔 '외로움 장관'이다. 장관은 장관인데 외로움 장관, 그러니까 외로움을 전담하는 장관이 탄생한 것이다. 지구상에서 어느 나라의 내각 가운데 국민들의 외로움을 전담하는 외로움 장관(Minister for Loneliness)을 기용한 나라가 있는가? 없다. 처음 있는 일이다.

테레사 메이 영국 총리는 2018년 1월 트레이시 크라우치 현 체육 및 시민사회 장관을 외로움 문제를 담당할 장관으로 겸직 임명한다고 발표했다. 메이 총리는 브리핑에서 "고립감은 많은 현대인들에게 슬픈 현실"이라며 "우리 모두 이 도전에 맞서서 노인과 간병인, 사랑하는 사람을 잃었거나 이야기할 사람이 없는 모든 사람들의 외로움을 해결할 수 있길 바란다"라고 말했다.

영국에서 외로움에 관한 문제를 놓고 정부 차원의 전담위원회가 발족된 것은 지난 2017년 노동당 여성의원이었던 조 콕스가 살해당한 충격으로부터 출발했다. 그는 브렉시트 반대운동을 주도하다가 정신질환을 갖고 있던 사람이 쏜 총에 맞아 사망했고 이때 죽은 이의 이름을 따서 '조 콕스 고독위원회'가 발족되었다. 이 위원회는 외로움에 대한 국가적 대처 노력이 필요하다는 캠페인을 벌여왔다.

그 조 콕스 위원회가 고독에 관한 조사 의뢰를 받아 발표한 2017년 보고서에 따르면 영국인 가운데 9백만 명이 때때로, 혹은 항상 외로움을 느끼고 있는 것으로 조사되었다. 대단한 숫자였다. 이 위원회는 외로움은 하루에 담배 15개비를 피우는 것만큼이나 해롭다고 지적하고 고독은 개인적 불행에서 사회적 전염병으로 확산되었다고 지적하고 나섰다. 이 위원회는 또 '20만 명에 달하는 노인들이 한 달에 단 한 번도 친구나 친척과 이야기를 나누지 못한다'는 조사 결과를 발표하기도 했다.

자, 미국으로 무대를 옮겨 보자. 외로움이 어디 그 섬나라뿐이겠는가? 한 달에 단 한 번도 친구나 친척과 이야기를 나누지 못하는 노인들이 영국에만 있겠는가? 양로원에 가면 대부분의 노인들은 병든 육체를 추스르며 외로움과 함께 말없이 누워 있다.

외로움이 어디 양로원 울타리 안에만 있을까? "군중 속의 고독"이란 말도 있고 "그대가 곁에 있어도 그대가 그립다"는 류시화의 시도 생각이 난다. 미국의 대학생 4명 가운데 1명 정도가 외로움과 전쟁을 벌이고 있다는 기사도 읽었다.

어쩌면 외로움은 보다 더 원초적인 감정이다. 외로움은 태초에도 있었다. 하나님이 아담을 창조하시고 그가 외롭게 느껴져서 찾아낸 결론이 하와였다. 에덴동산에서도 외로웠던 인간 제1호의 외로움 해결 차원에서 갈비뼈를 취하여 하나님이 하와를 창조하셨다. 태초에 부부가 있기 전에, 태초에 외로움이 있었다.

그렇기에 외로움에는 열외자가 있을 수 없다. 모든 인간은 때때로 외롭고 그런 외로움은 창조적 에너지로 재활용되는 경우도 많다. 그러나 24시간 외로우면 그건 병이다. 그런 외로움을 방치할 때 사회적 전염병으로 확산되는 것이 문제다.

외로움을 신앙생활의 어두운 뒷면에 감춰두려는 유혹을 떨쳐버려야 한다. 교회에서 외로움이나 고독을 잘못 발설했다가는 죽사발이 되는 경우가 많다. "주님이 함께하시는데 무슨 외로움? 예수 믿는 거 맞아?" 그렇게 들이대면 외로움은 어느새 이단이 되고 불신앙이 된다. '신심부족', '불신마귀'로 외로움을 단죄하기 전에 외로운 이들과 벗하기 위해 다가서려는 애정이 우리에게 필요하다.

LA에 있는 '생명의 전화'가 분기별로 전화상담 내역을 공개한다. 어느 때나 '외로움 호소'가 1등과 2등을 다투는 단골메뉴다. 우리 이민사회에서 음지로 취급받는 외로움의 심각성을 말해주고 있다.

교회에도 외로움 전담 목사, 외로움 전담 장로, 외로움위원회가 창설되어야 하지 않을까? 국가 차원에서 고독과의 전쟁을 선포하고 장관까지 임명하는 마당에 영혼을 보살피는 교회가 "외로우면 기도하세요"라는 말로 면피를 시도하거나 "매뉴얼이 없으니 딴 동네 가서 알아보라"고 기피한다면 너무 무책임한 처사다. 교회도 외로움과 전쟁을 선포하고 외로운 이들에게 빛으로 다가서야 한다.

'게티 센터'를 남기고 간 위대한 수전노

세계 3대 박물관 하면 흔히 "대영박물관"이라고 부르는 런던의 영국 박물관, 파리의 루브르, 그리고 로마의 바티칸 박물관을 꼽는다. 영국 박물관의 얼굴마담이 이집트 최고 통치자였던 람세스 2세의 동상이라면, 루브르 박물관의 얼굴마담은 모나리자일 것이다.

바티칸 박물관의 얼굴마담은 무엇일까? 거기 가면 그리스, 로마 시대 조각과 그림들이 즐비하지만 정작 명작은 시스티나 성당의 미켈란젤로의 천지창조 벽화나 천장화일 것이다. 그리고 베드로 성당 안에 있는 미켈란젤로의 피에타를 들 수 있다. 십자가에서 숨진 예수님의 시체를 안고 있는 어머니 마리아의 비통해하는 순간을 조각한 '비탄'이란 뜻의 피에타는 당연히 세계명작의 반열에 올라 있다.

그러나 3대 박물관을 넘보는 또 하나의 박물관이 우리 동네에 있다. LA에 있는 폴 게티 뮤지엄, 즉 '게티 센터'가 그것이다. LA 관광객 중에는 할리우드나 디즈니랜드를 찾는 사람도 많지만 폴 게티 뮤지엄을 먼저 찾는 사람들도 많아지고 있다. 근사한 일이다.

폴 게티 뮤지엄에는 모네와 마네 등 인상파 화가들의 진품이 수두룩하다. 그래도 얼굴마담은 빈센트 반 고흐의 "아이리스"다. 고흐는 해바라기도 많이 그렸지만 아이리스도 많이 그렸다. '붓꽃'이라 부르는 그 보라색 꽃에서 그는 많은 안식을 얻었다고 한다.

건축가 리차드 마이어가 설계한 이 게티 센터는 13억을 들여 405

프리웨이 옆 산타모니카 산자락 전망 좋은 언덕 위에 지어졌다. 1997년 개장된 후 매년 수십만 명의 관람객이 이곳을 찾는다.

게티 센터가 특히 환영받는 이유 중 하나는 입장이 공짜라는 점 때문이다. 영국 박물관은 영국의 자존심을 말해주듯 입장이 공짜이지만, 꼬박꼬박 입장료를 지불하고 루브르를 입장할 때는 어딘가 짠돌이 프랑스가 느껴진다. 폴 게티로 손님을 모시고 갈 때면 공짜 입장이 주는 행복까지 선물해 준다는 생각이 든다. 아메리카 합중국의 문화 자존심이 느껴지는 순간이다.

사람들은 무료로 그림 감상을 잘 마치고 '돈 많은 부자가 자선사업 한번 잘했다'라고 생각하고 "땡큐 베리 마치, 폴 게티!" 하면서 박물관을 빠져 나올 것이다. 그런데 정작 이 박물관을 세상에 남겨 놓고 간 폴 게티는 이 시대의 사람들에게 "땡큐 베리 마치"란 감사의 인사를 받을 만큼 너그러운 인간이었는가? 절대 아니다. 살아생전에 그는 악의 대명사였다. 돈은 많았지만 악덕 기업주였다.

미네소타에서 태어난 그는 사우디아라비아와 쿠웨이트에서 석유를 사다 장사를 해서 떼부자가 되었다. 대공황 이후 미국의 최대 부자였다. 지금은 없어졌지만 '게티 석유회사'를 차려서 1950년대 세계에서 가장 돈 많은 부자 1위로 등극했으니, 지금의 빌 게이츠 같은 존재였다. 1966년 세계 최고 부자로 기네스북에 오르긴 했지만 그는 방탕한 사생활로 5번이나 결혼하여 14명의 손자를 두고 있었다.

그러다 1973년 이 부자에게도 불행이 닥쳐왔다. 이탈리아 마피아에 의해 친손자 납치사건이 로마에서 터진 것이다. 손자 게티 3세는 당시 16세. 납치범들은 몸값으로 1,700만 달러를 요구했다. 당시 엄청난 몸값이었지만 할아버지에겐 껌 값일 수도 있었다. 그러나 폴 게티는 한 푼도 줄 수 없다고 딱 잡아떼고 나왔다. 한 번 몸값을 주면 나머지 13명의 손자 모두 납치될 것이라며 못 본 척한 것이다.

화가 난 납치범들이 손자의 귀를 칼로 떼어 보내는 잔혹성을 보이자 폴 게티의 마음이 움직이기 시작했다. 그러나 거저 주는 게 아니었다. 손자 구출에 돈을 쓰되 아들이 연 4%의 이자를 쳐서 갚는다는 조건을 내걸었다. 기네스북에 오른 세계 최고 부자가 이렇게 지독할 수 있단 말인가? 상상을 초월하는 수전노였다.

억만장자였던 폴 게티는 자기 집에 찾아오는 가족이나 친구들이 장거리 전화를 거는 비용이 아까워, 집안에 동전을 넣어야 걸 수 있는 유료전화기를 설치해 놓았던 것으로도 유명하다.

재물에 대한 이런 병적인 집착과 함께 그는 미술품에 집착이 광적이었다고 한다. 유명하다 싶으면 모두 사들이는 수집광이었다. 그래서 LA 말리부 근처 퍼시픽 팰리세이드에 있는 자신의 저택 '게티 빌라'를 확장해 전시공간을 만들고 이를 1974년부터 일반에 무료로 개방했다. 1976년 죽음을 눈앞에 둔 그는 게티 빌라와 재산 중 상당 부분을 게티재단에 기증했고 재단은 게티 빌라와 별도로 게티 센터를 현재의 자리에 건축하여 오늘에 이르고 있다.

게티 센터가 그토록 돈에 집착하던 폴 게티의 인생 반성문으로 탄생한 것인지, 애초부터 구두쇠로 살다가 죽을 때 좋은 일을 하고 죽자고 미리 계획된 인생 시나리오에서 비롯된 것인지는 알 수 없지만 그가 이 세상에 남기고 간 위대한 선물임에는 틀림없다.

최근 개봉된 영화 〈올 더 머니〉(All the Money in the World)는 드라마틱한 그의 생애를 스릴 넘치게 조명해 주고 있다.

당신(YOU)이 '올해의 인물'

〈타임〉지가 '올해의 인물'(Person of the Year) 선정을 트럼프로 할 것인가, 시진핑으로 할 것인가, 아니면 김정은으로 할 것인가를 놓고 고민 중이라고 한다. 다 고만고만한 세계의 문제아들만 모아놓고 올해의 인물을 뽑겠다는 것 자체가 기가 찰 노릇이다. 아예 '올해의 트러블메이커'로 올려야 할 위인들만 골라놓고 거기다 고민까지 한다고? 그러니까 벌이가 시원치 않아서 〈타임〉지가 다른 업자에게 팔려 나간 것이라고 충고를 해주고 싶은 심정이다.

물론 1938년 '올해의 인물'에 히틀러가 선정된 역사가 있었다. 1939년에는 독재자 스탈린도 명단에 올렸다. 지난해 '올해의 인물'로 트럼프가 선정되었을 때 히틀러도 거기 끼어 있다는 것을 의식해서였는지 그게 뭐 대단한 것이라며, "〈타임〉지의 올해 표지는 주차장에서 나눠주는 싸구려 전단지처럼 느껴진다"라고 일갈한 적도 있다.

'올해의 인물'을 선정하는 것은 유명 언론사나 문화계, 체육계 등 다양한 곳에서 선정이 가능하지만 가장 오랜 역사와 전통은 단연 〈타임〉지 12월호 표지에 올리는 '올해의 인물'이 최고다. 남자는 '올해의 남자'(Man of the Year), 여자는 '올해의 여자'(Woman of the Year)라고 했지만 세월이 흘러 이제는 '올해의 인물'로 굳어졌다.

인물이 아니라 단체가 뽑힌 경우도 있다. 1950년에는 한국전에 참전한 미군 참전용사가 올해의 인물로 뽑혔고, 1956년에는 헝가리 자유의 용사들이 뽑힌 적이 있다. 비특정 인물들이 뽑힌 역사도 있다.

1966년에는 신세대, 1969년에는 미국의 중산층이 선정되었다.

최초의 비인물로는 컴퓨터가 뽑혔다. 1982년의 일이다. 2번이나 올해의 인물이 된 사람들도 있다. 레이건 대통령, 등소평, 고르바초프, 빌 클린턴, 버락 오바마, 아이젠하워는 두 번 선정되었다.

12월에 선정하는 '올해의 인물'은 여러 논쟁거리를 낳는다. 금년도 그렇다. 트럼프는 지난해에 이어 금년에도 '올해의 인물'로 오르내리고 있다. 그가 대통령에 취임한 후 미국은 바람 잘 날이 없다. 이민자들은 찬밥신세가 되었고 일부 이슬람 국가에서는 미국에 여행조차 올 수 없게 되었다.

김정은은 말할 것도 없다. 여북하면 트럼프조차 그를 "미치광이", "로켓맨"이라고 조롱했을까? 백성들은 배곯아 죽어 가는데, 어디서 돈을 몰래 꿍쳐놓아 시도 때도 없이 미사일을 쏴 대는가? 그 미사일로 죽이겠다고 벼르고 있는 사람들은 도대체 누구인가?

시진핑을 두고 〈타임〉지는 시 황제라고 부르며 그의 권력을 진시황제에 빗댄 적이 있다. 황제라는 거대한 권력의 그림자에 묻혀 버린 참혹하고 잔인한 인권유린은 누가 고발하고 있는가? 이런 자들을 꼭 '올해의 인물'로 뽑느냐는 볼멘소리는 대중의 목소리다.

그런데 〈타임〉지도 할 말은 있다. 그해 세계에 가장 많은 영향력을 끼친 인물, 혹은 단체를 선정할 때 영향력이란 기준은 비단 긍정적인 영향력뿐만 아니라 부정적인 영향력도 포함된다는 것이다. 다시 말해 올해의 인물로 선정된 사람의 행동을 공인해 준다는 의미가 아니고, 다만 그해 가장 뉴스 가치가 있는 인물을 뽑는 것에 초점을 둔다는 반론이다. 시사주간지 성격상 맞는 말이기도 하다. 특별히 〈타임〉지는 미국의 시사주간지이지, 세계의 시사주간지가 아닌 만큼 미국에서 가장 뉴스 가치가 있었던 인물을 뽑는 것이니 편향성 지적에도 불구하고 그들의 입장에서는 충분히 할 말이 많다.

올해의 인물로 선정된 리스트 가운데 아주 특이한 존재 하나가 있다. 2006년의 일이다. 바로 당신(YOU)이 올해의 인물이 된 것이다. 금년에 김정은을 뽑아도 〈타임〉지로서는 할 말이 있으니, 열받지 말고 12월 〈타임〉지 표지 인물에 다른 사람이 아닌 바로 내 사진을 마음속에 떠올리면 된다. 내가 '올해의 인물'이라고….

LA를 흔히 교통지옥이라고 한다. 삶의 질을 가장 위협하는 최대의 적이 바로 심한 트래픽이다. 그런 교통지옥에서 일 년 동안 무사고, 노티켓! 그렇다면 나는 '올해의 인물'이다. 지금 LA는 노숙자들로 넘쳐난다. 그들에게서 B형 간염이 확산되고 있다고 걱정들이다. 그러나 추운 겨울에 구걸하는 그들의 시린 손바닥에 지폐 한 장을 쥐어 주며 지나쳤다면 나는 '올해의 인물'이다. 한인 마켓 앞에 구세군 자선냄비가 설치되어 댕강댕강 나눔을 호소하는 종소리가 울려 퍼지고 있다. 그 자선냄비 앞을 모른 척 지나치지 않고 주머니 사정에 맞게 얼마를 기부하고 지나왔다면 나는 '올해의 인물'이다.

골프장이 유혹하고 NFL 명승부전이 발목을 잡을지라도 주일성수를 금과옥조로 여겨 주일마다 묵묵히 예배당으로 향하는 지난 52주를 살아왔다면 나는 분명 '올해의 인물'이다. 무신론자들이 득실대고 크리스마스를 없애고 할러데이로 통일하자는 이런저런 어거지에도 아랑곳하지 않고 한결같이 "예수로 나의 구주 삼고" 주님과 동행해 온 한 해였다면 나는 '올해의 인물'이다.

〈타임〉지의 '올해의 인물'로 누가 선정될지라도 노하거나 슬퍼하지는 말자. 이 나라 시민권을 움켜쥐고 그저 평범한 소시민으로 살아갈지라도 하나님 나라 백성답게 평화, 정의, 사랑, 은혜를 사모하며 의연하게 살아온 YOU가 진짜 '올해의 인물'이니까.

마구간의 예수님, 크리스티의 예수님

《다빈치 코드》로 세계적 명사가 된 댄 브라운은 아마 세계 부자 반열에 올라 있지 않을까? 《해리 포터》를 써서 세계에서 가장 돈 잘 버는 작가 1위를 기록한 조앤 롤링처럼 말이다.

댄 브라운에게 돈벌이를 제공한 장본인은 레오나르도 다빈치인 셈이다. 천재 화가로 알려진 그의 작품은 모두 미스터리의 원산지가 되고 있다. "모나리자"도 그렇지만 "최후의 만찬"은 대표적이다. 밀라노에 있는 산타마리아 델레 그라치에 성당 수도원의 식당 벽화로 그려진 이 그림은 가로가 9미터에 이르는 대작이지만 현재 오리지널의 10%만 남아 있고 나머지는 다 복원된 것이라고 한다.

예수님께서 열두 제자들과 최후의 저녁식사를 하시면서 "너희 가운데 한 사람 나를 넘겨줄 자가 있다"라는 폭탄발언을 하시자 만찬 석상은 갑자기 긴장감이 감돌기 시작했다. 그 당시 제자들의 심리를 그림으로 잘 묘사했다고 평가받는 작품이 "최후의 만찬"이다.

그런데 미스터리는 예수님 오른편에 앉아 있는 미소년이 사도 요한이라는 전통적 해석을 깨고 댄 브라운은 난데없이 막달라 마리아라고 소설을 쓴 것이다. 사실 망토를 걸친 긴 머리의 사람을 남자로 보기는 참 어렵다. 요한이 열두 제자 중 최연소이긴 했지만 그림상으로 보면 여자의 용모이지 결코 남자는 아닌 것 같다.

댄 브라운은 이것을 파고들었다. 예수님과 그림을 그린 다빈치는 조연이고 댄 브라운은 소설이라는 도구를 이용하여 주연급 초대박을 터트렸는데, 이것이 《다빈치 코드》다. 예수님 때문에 돈방석에 앉았다.

최근 다빈치가 그렸다는 예수님의 초상화 "살바토르 문디"(구세주)가 화제가 되고 있다. 경매 역사상 최고가 4억5천만 달러에 팔렸단다. 피카소의 "알제의 여인들"을 제치고 경매가 최고 자리에 올랐다. 1500년대 초 프랑스의 루이 12세를 위해 그렸다고 전해지는 이 그림의 신기록 판매를 성사시킨 곳은 크리스티라는 경매회사다.

소더비와 함께 세계 양대 경매회사로 알려진 크리스티는 18세기 중엽 런던에서 설립되었는데 프랑스 시민혁명 때 혁명 정부가 귀족들에게 압수한 귀금속과 미술품들을 내다 팔면서 일약 세계적인 명성을 얻었고, 알부자까지 되었다. 현재 32개국에 모두 53개의 사무실, 12개의 경매장을 운영하고 있다니 그 규모가 짐작이 간다.

"살바토르 문디"라는 진품을 보진 못했으나 언론에 보도된 그림을 보고 있자면 우리 머릿속 예수님의 얼굴과는 너무 거리가 멀다. 역시 미스터리하다. 우선 남녀 성별 차이가 느껴지지 않는다. '여성 예수님'으로 보인다. 긴 머리는 당시의 문화적 산물이라 해도 옷은 꼭 모나리자의 바로 그 옷에다 얼굴 윤곽과 표정도 모나리자와 닮은꼴이다. 표정이나 분위기가 사뭇 몽환적인 것도 그렇다. 무슬림들이 회칠하는 바람에 모습을 감췄던 이스탄불 소피아 성당의 벽화가 서서히 횟가루를 벗겨내고 모습을 드러내고 있는 가운데 드러나는 예수님의 또렷한 프레스코 벽화와 비교하면 더욱 그렇게 느껴진다.

다빈치가 예수님을 만났을 리 없으니 이것도 상상화에 불과하다. 그냥 한 천재 작가의 회화적 표현으로 보면 된다. 그런데 경매 최고가란 말에 예수고 뭐고 사람들은 그 신기록에만 정신을 팔고 있다.

그 작품을 누가 샀을까? 크리스티는 그 돈 많은 부자 그림 애호가의 이름은 밝힐 수 없다고 했다. 그 그림을 소유하면 구세주가 베푸는 공짜 구원을 차지할 수 있을까 싶어 거액을 주고 사들인 것일까?

중세의 면죄부처럼? 이 바람에 횡재한 것은 경매회사 크리스티뿐이다. 경쟁사인 소더비에게 회심의 미소를 보내고 있을 것만 같다.

대강절이 다가왔다. 평범한 촌부 마리아의 몸을 타고 이 추운 땅에 오신 아기 예수는 누울 곳이 없어 분만실은 고사하고 마구간 구유를 선택하셔서 강림하셨다. 인류의 구세주가 마구간으로 강림하셨다는 것도 패러독스요, 마구간을 통해 세상에 모습을 드러낸 구세주의 그림이 세계 최고 경매가를 갈아치운 것도 패러독스다.

그런데 가만히 생각해 보자. 예수님 때문에 돈 버는 게 어디 크리스티뿐이던가? 꼭 집어 말했다가는 집단 린치를 각오해야 하므로 차마 말 못할 패러독스가 우리 안에도 넘치고 충만하여 봇물을 이루고 있다고 생각해 본 적은 없는가?

마구간에서 태어나신 아기 예수를 찾아가는 길과 "살바토르 문디"를 외치다 돈벌이에 성공해 희희낙락하는 크리스티의 구세주를 찾아가는 길, 그 갈림길에서 우리는 오늘도 서성대고 있다.

창간 15주년, 드릴 말씀은 오직 감사

"돌아가리. 나는 돌아가리라…." 유행가 가사 같기도 하고 망명정부 구호 같기도 하다. 그러나 이것은 나의 개인적인 독백이었다. 한국의 언론통폐합 때 미국으로 건너온 나는 아내에게 빈대처럼 붙어살며 공부나 할 요량이었다. 저널리즘을 좀 더 깊이 공부하고 싶다며 마음속에 품고 있던 학교는 뉴욕 시러큐스 대학교였다.

왜 하필 시러큐스였는가? 내가 신학교를 졸업하고 첫 직장이었던 한국 CBS의 사장을 역임하고 지금은 돌아가신 고 김관석 목사님이 시러큐스 대학교 언론학과 출신이셨다. 목사로서 저널리즘을 공부한 어른들이 많이 있지만, 당시 NCC를 통해 대한민국 민주화를 위해 투신하셨던 한신 출신의 김관석 목사님에게 하필 감신 출신인 내가 필이 꽂혔을 때였다. 그분처럼 미국에 가 시러큐스 대학교에서 저널리즘으로 학위를 받고 한국으로 돌아가겠다는 원대한(?) 꿈을 품었건만 37년이 지난 지금 그 꿈은 물거품이 되었다.

살다 보니 시러큐스 대학교 근처도 가보지 못했다. 노스웨스트 비행기를 타고 김포공항을 출발하여 시카고로 건너올 때 목사가 되라고 평생 나를 위해 기도해 오신 어머니가 공항 로비에서 하염없이 울고 계셨다. 달래드리려고 "곧 올 거예요. 어머니, 걱정하지 마세요"라고 말씀드리고 헤어진 것이 어머니와의 마지막 이별이었다. 미국에 온 지 2년 만에 세상을 떠나가실 줄은 상상도 못했다.

시러큐스고, 저널리즘이고 모두 잊혀진 추억으로 접어둔 채 정신 없이 살아오던 어느 날 나는 연합감리교 목사가 되었다. 신학교를 졸업하며 어머니와 맺은 약속을 지켜드려야 훗날 그분을 만나면 덜 죄송할 것 같다는 생각에서였다. 목사 공부를 다시 시작하고 교회도 개척했다. 그런데 교회 개척이 순탄한 길이 아님을 나는 왜 몰랐을까?

개척 10여 년이 지나도 자립이 안 되자 교인들에게 미안하기도 했고 다시 옛 생각이 도지기 시작했다. 그래서 개척교회를 튀어나와 시작한 것이 바로 〈크리스천 위클리〉였다. 그렇게 나는 연합감리교 감독의 파송에 따른 기관목회자로 변신한 것이다. 시작할 당시의 이름은 〈크리스천 뉴스위크〉였다. 시사주간지 〈뉴스위크〉지가 그 이름을 쓰지 말라고 법적으로 시비를 걸어오는 바람에 겁에 질려 옛날 이름을 내리고 〈크리스천 위클리〉로 이름을 바꾼 지 이제 6년이 지났다. 신문을 시작할 때도 "나는 돌아가리라. 잠시 후엔 개체교회로 돌아가리라!"가 다짐이었다. 그리고 또다시 15년의 세월이 흘렀다.

기독 언론이란 게 돈 남는 장사도 아니고 사명감으로 밀어붙인다고는 해도 사실 그것도 거짓말이다. 인건비는 뭘로 감당하고, 인쇄비와 우송료가 없으면 모든 것이 올스톱이다. 사명감은 인쇄비를 한 번도 대주지 않고 인건비를 보태라고 선심 쓰는 일도 없다. 그래도 죽어 가는 모닥불에 다시 불을 붙이듯 어려울 때마다 우리 신문에 불을 지펴 오늘에 이르게 한 것은 나와 함께 이 시대를 동행하고 있는 이 땅의 한인 이민교회요, 사명감에 꽃을 달아주며 다시 용기 있게 일어서도록 손을 잡아 준 이들도 이민교회 목사님들이셨다.

되돌아보면, 지난 15년 동안 미주 웨슬리언연합회를 조직하고 그 첫 사업으로 세계 웨슬리언지도자대회를 개최하여 지속시킨 것은 지금도 잘한 일이라고 기억하고 있다. 현재 재정상의 문제로 중단된 상태이긴 하지만…. 2005년부터는 미주 웨슬리언 찬양제를 처음 시작하여 금년까지 11회 찬양제를 열어 오고 있다. 연합은 아름답지만 현실적으로는 연합이 안 되는 게 연합사업이다. 하지만 지금까지 끌고 온 것은 모두 주님의 은혜다.

지난 2004년부터 시작한 유럽 종교개혁 발상지 학습여행은 우리 신문사의 '창작품'이다. 특별히 종교개혁 500주년을 맞이하는 금년까지 모두 4회에 걸쳐서 이 학습여행을 주도해 온 것이 우리 신문을 성원해 오신 미주 한인 교계에 돌려드리는 환불사례라고 생각하고 꾸준하게 발전시켜 갈 예정이다. 내년에는 창간 15주년 특별기획으로 이스라엘 성지답사를 계획하고 있다.

"나는 돌아가리라!" 로컬처치를 떠나올 때 그렇게 다짐은 했건만 사실은 어디서 날 받아줄까? 목사가 남아도는 마당에 나까지 기웃거리면 염치없다는 비난을 받을 것 같기도 하고, 일 년 내내 새벽예배를 인도할 정력도 없어졌고, 교회에 안 나오겠다고 '삐딱선'을 탄 교인들을 총알같이 찾아다니며 비위를 맞춰 줄 목회적 열정이 갱신될 것 같지도 않다. 그러니 이젠 돌아갈 곳도 없다. 딱 한 군데가 남아 있을 뿐이다. "나는 돌아가리라. 주님의 나라로!"

지금껏 나를 성원해 오신 분들에게 폐가 되지 않도록 그때까지 신문이나 잘 만들어야 하겠다. 〈크리스천 위클리〉를 돕고 격려해 오신 미주 한인교계 여러 어른들과 독자 여러분들께 창간 15주년 생일을 맞으며 드리는 말씀은 이것이다. "정말 감사합니다."

교회의 분열 유전자

종교개혁 기념주일(Reformation Sunday)이 다가왔다. 마르틴 루터가 95개조 반박문을 공개한 날은 10월 31일로, 이날을 우리는 종교개혁기념일로 지킨다. 1517년에 일어난 일이니 2017년이 500주년이었다.

종교개혁 500주년 하면 평생에 한 번 맞이하는 셈이니 의미를 따지자면 교회사적으로 대단히 중요한 해라고 할 수 있다. 그러나 2017년이 종교개혁 500주년인 것을 아는 교인들이 전체의 반도 안 된다는 통계를 읽은 적이 있다. 허무한 일이다. 입 있는 사람마다 한 마디씩 종교개혁 500주년을 말하고 지나는 것 같아도 사실 500주년이 뭘 두고 하는 말인지 모르기도 하고 관심 없이 스치는 경우가 허다하다는 증거다.

중세의 어둠을 걷어내고 만약 종교개혁자들이 하나로 뭉쳤더라면 아마 개혁의 파급효과는 더 극대화되었을 것이고 개신교의 모습은 지금과 크게 다른 모습으로 우리 가운데 존재할 것이라는 생각을 해본다. 그러나 종교개혁의 역사에서도 알 수 있듯이 교회는 연합, 혹은 일치보다는 분열을 통해 영역을 넓혀온 역사라고 볼 수 있다.

우리는 종교개혁자라고 하면 영국의 위클리프, 체코의 얀 후스를 먼저 떠올린다. 그러나 이들은 활동했던 시대가 달랐다. 또 루터는 얀 후스보다 약 100년 뒤 사람이다. 그러나 독일의 루터와 스위스의 쯔빙글리는 동시대에 활동했던 사람들이다. 칼뱅은 루터보다

20년 뒤에 탄생했으니 루터를 종교개혁 제1세대라고 한다면 칼뱅을 제2세대라고 부르는 이유가 이 때문이다.

그러나 루터와 쯔빙글리는 한 살 차이다. 루터가 1483년생인데 쯔빙글리는 일 년 뒤에 태어났다. 이들은 당시의 가톨릭교회를 개혁해야 한다는 데 공감하고 의기투합 차원에서 만난 적이 있다. 그런데 만남은 허무하게 끝났다. 성찬식에 관한 주장이 달랐기 때문이었다.

쯔빙글리는 성찬식의 빵과 포도주는 기념, 혹은 상징이라고 주장했다. 그러나 루터는 그의 상징설을 거부하고 공재설을 주장했다. 빵이 예수님의 살로 변화된다는 가톨릭교회의 화체설은 부인하지만 그 성찬식 자리에 예수님이 임재한다고 믿었다. 서로 자신들의 주장을 굽히지 않았고, 종교개혁을 이끌어가던 두 거장의 만남은 성찬식에 관한 견해 차이로 결국 갈라서게 된 것이다.

기독교는 태생적으로 분열의 DNA를 달고 태어났는지 모른다. 기독교는 유대교에서 떨어져 나왔다. 분열인 셈이다. 초대 기독교는 예루살렘 중심의 베드로와 안디옥 중심의 바울로 분열되었다. 할례 문제로 베드로파와 바울파가 대립했다. 그래서 바울은 예루살렘을 떠나 안디옥에 둥지를 틀고 그곳을 이방인 선교의 거점으로 삼았다.

바울과 바나바는 선교 파트너요, 짝꿍이었다. 그러나 마가 요한의 문제로 갈라서고 말았다. 거룩한 선교공동체인 초대교회도 분열 앞에는 속수무책이었다. 중세에 들어서 로마교회가 너무 세속화되었다고 하면서 정통을 사수하겠다고 분열된 것이 정교회다. 정교회 중에는 희랍 정교회도 있고 러시아 정교회도 있다.

종교개혁의 산물로 태어난 개신교, 즉 프로테스탄트교회는 더 복잡한 분열의 역사를 갖고 있다. 가톨릭에 반기를 들고 교회의 우두머리는 교황이 아니라 "이제 바로 내가 교회의 수장"이라며 수장령을 선포한 영국 튜더 왕조의 헨리 8세로부터 영국 국교회가 탄생되었다. 그 국교회에서 떨어져 나온 것이 요한 웨슬리의 감리교회다.

그 웨슬리를 통하여 성결교, 구세군, 나사렛 교회가 탄생되었다. 유럽에는 루터로 비롯된 루터교회가 있고, 칼뱅으로 시작된 장로교회와 개혁교회, 얀 후스로부터 시작된 모라비아 교회도 있다. 유아세례 문제로 갈라서고, 노예문제로 분열하기도 한 것이다.

한국교회의 분열상은 더 시끄럽고 찬란하다. 세계교회협의회가 용공단체냐, 아니냐를 두고 대립하다 분열되었다. 그리고 신사참배 문제로 분열되었다. 자유주의도 분열되고, 근본주의도 분열되고…. 교회는 어찌 보면 이런 분열의 역사다. 따라서 분열을 단순히 파괴적이며 비판적으로만 이해할 필요는 없다. 신앙의 순수성을 지키고 진리를 수호하겠다는 의지를 갖고 생각과 입장을 달리하는 사람들과 갈라서는 결단은 오히려 장엄하게 느껴질 수도 있지 않은가?

물론 교회를 사유화하거나 재산을 빼내서 '인 마이 포켓' 하려는 불순한 의도의 분열 조장은 당연히 비판받아 마땅하지만 신학적 견해 차이나 황당한 성경해석 때문에 분열을 선택했다면 그게 개혁이요, 재창조가 아니겠는가?

"개혁"이라고 중얼거리다가 종교개혁 500주년을 허송세월하는 것보다 연합할 자리와 갈라설 자리를 분별할 줄 아는 지혜만이라도 종교개혁의 유산으로 우리에게 전승되면 좋을 듯하다.

에브리데이 노동 '감사'절

노동절(Labor Day) 하면 우리는 그냥 놀고먹는 날로 취급한다. 대개 미국에서는 5월 메모리얼 데이 연휴로 시작하여 9월 노동절 연휴까지를 휴가 시즌으로 삼는다. "연휴가 중요하지, 무슨 노동절의 의미 찾기야? 대체 노동절이 뭔 날인데?" 하는 식이다. 나도 2017년 봄부터 우리 집안 식구가 된 며느리와 함께 이스턴 시에라에 있는 맴머스에 가서 가족 휴가를 보내고 오긴 했다.

그런데 부활절이나 성탄절도 중요하고 미국의 독립기념일도 중요하지만 사실 노동절도 중요하다는 생각이 들었다. 노동이 없다면 꿀맛 휴가도 없고 일터가 없다면 휴식의 의미도 사라질 것이다. 자고 일어나 일터로 향할 수 있음이 얼마나 큰 행운이요, 축복인지를 일터를 잃어보면 뼈저리게 알게 된다.

모든 사람들의 일터와 직업이 곧 하나님의 소명이란 깨달음을 준 것은 마르틴 루터뿐만 아니라 칼뱅에게서 더욱 뚜렷하게 나타난다. 칼뱅의 직업소명론이란 직업의 귀천을 떠나 모든 직업이 하나님의 부르심을 받은 거룩한 자리라는 뜻이다.

자기 직업에 충실한 것이 곧 하나님께 충실한 것이라고 발전시킨 칼뱅의 소명론을 버선발로 뛰어나가 환영하고 나선 사람들이 프랑스의 위그노들이다. 가톨릭교회의 박해에 못 이겨 스위스 제네바로 이주한 칼뱅이 프랑스에 두고 온 위그노들에게 신학적 가르침을 주기 위해 바젤에서 출간한 책이 《기독교 강요》다. 그때 칼뱅은 26세였다. 어린 나이에 지금까지도 기독교 신학의 골격을 이루고 있는 그 방대하고 위대한 저작물을 완성했다는 것은, 그가 천재가 아니고는 불가능했을 일이다. 칼뱅은 정녕 신학의 천재였다.

다음 주 11일부터 제4차 종교개혁 발상지를 순례하기 위해 나는 또 학습여행단과 한 팀이 되어 유럽으로 출발한다. 제네바대학교에 가서 칼뱅과 베즈, 파렐과 존 낙스의 부조 앞에서 기념사진을 찍으며 칼뱅의 위대함을 다시 한번 깨닫게 될 것이다.

칼뱅은 돈을 많이 벌어야 한다고 강조했지만 그것이 부자가 되기 위한 탐욕이라면 죄가 된다고 가르쳤다. 그는 근면, 검소, 절약을 강조했다. 그런 사람들의 자본 축적으로 자본주의가 발생했다는 막스 베버의 주장도 있다. 그래서 칼뱅을 자본주의의 뿌리라고 주장하기도 한다. 좌우지간 자본을 축적하되 하나님의 영광을 위해 쓰라는 것이다. 요한 웨슬리도 비슷한 말을 했다. "할 수 있는 한 많이 벌어라. 할 수 있는 한 많이 저축하라. 할 수 있는 한 많이 나누라"(Gain all you can, save all you can, give all you can).

이 같은 칼뱅의 직업소명론에 감동한 프랑스 도시 상공업자들은 귀족으로 태어나지 못한 자신들의 신분을 원망하지 않고 일터를 하나님의 거룩한 부르심의 자리로 이해하면서 열심히 돈을 벌고 저축했다. 자연히 국가경제 부흥에 큰 역할을 하게 되었고, 프랑스 경제의 허리가 되었다. 귀족과 천민 사이에서 사회, 경제적으로 중산층으로 자리 잡는 계기가 된 것이다.

그러나 이들은 귀족들과 결탁한 가톨릭교회와 기나긴 전쟁을 벌여야 했다. 무려 36년간 서로 물고 뜯는 신교와 구교와의 종교전쟁이 일어났다. 이를 "위그노 전쟁"이라고 부른다. 무려 수백만 명이 종교전쟁에서 목숨을 잃었다. 결국 앙리 4세는 위그노의 손을 들어주는 척 낭트 칙령을 발령하여 개신교 신앙의 자유를 인정해 주기로 했다. 그러나 그의 손자인 '태양왕' 루이 14세에 이르러 낭트 칙령을 폐지하는 퐁텐블로 칙령을 발효시켰다. 프랑스 개신교도인 위그노들은 스위스, 네덜란드, 독일, 영국 등 주변국으로 빠져나갔다.

영국으로 간 위그노들은 영국 산업혁명의 선봉장이 되었다. 스위스로 이주해간 이들은 달인정신을 발휘하여 시계산업에 기여했다. 그들이 만드는 시계는 금방 세계의 명품으로 각광을 받기 시작했고 가난한 스위스를 부자 나라로 만들어 주었다. 롤렉스 시계 등은 그런 역사를 거쳐 지금도 스위스의 명성으로 통한다.

그러나 위그노들이 빠져나간 프랑스는 가난뱅이 국가로 전락했고 배고픈 민중들은 참다못해 혁명을 일으켜 왕정은 단두대의 이슬로 사라지는 신세가 되었다. 그것이 프랑스대혁명이다. 위그노들은 직업관과 노동윤리로 가는 곳마다 경제를 일으켰고 잘살고 저축하여 하나님 나라를 위해 자본을 나누며 살았다.

하나님은 에덴동산에서 탄생한 아담이란 인간 제1호에게도 노동을 맡기셨다. 예수님도 "하나님이 일하시니, 나도 일한다"라고 하셨다. 하나님도 일하시는데 무슨 통뼈라고 우리가 놀고먹는다는 말인가? 이민자로서 직업의 귀천 따위는 계급장을 떼고 사는 게 이제 우리들의 문화가 되었다. 무슨 일터가 되든지 하나님의 기쁨과 영광을 위해서라면 거룩한 것이라는 종교개혁자들의 가르침은 오늘도 여전히 유효한 우리들의 직업윤리임에 틀림없다.

아침에 일어나서 가야 할 내 일터로 인하여 기쁘고 즐거워하는 에브리데이 노동절, 영어 스트레스, 불체 스트레스, 자식 스트레스, 돈 스트레스 등 수많은 스트레스 중에도 내게 주신 거룩한 일터가 있다면 그것으로 충분히 감사하며 에브리데이 노동 '감사'절로 살아가자. 한 걸음 더 나아갈 수 있다면, 일터가 없어 낙심에 빠진 실업자들을 위해 기도하는 데까지 나아가 보자.

목사가 씹는 껌입니까?

심심풀이 껌처럼 목사도 잘근잘근 씹어야 한다고 생각하는 사람들이 적지 않다. 목사라면 덮어놓고 사기꾼 취급을 하려고 하고, 목사가 무슨 공공의 적이라도 되는 것처럼 말만 하면 거품을 물고 반대하거나 비판하는 사람들을 두고 하는 말이다.

목사도 인간이기에 실수할 수 있다. 간혹 범죄를 저지르는 경우도 있다. 담임목사 때문에 상처받은 평신도가 목사는 나쁜 사람이라고 떠벌리고 다니는 것도 이해할 수는 있다. 목사가 교회 돈을 횡령하고 미성년자 성추행 혐의로 재판을 받기도 하고 카지노에 드나들다 쇠고랑을 차는 경우도 보았다.

그렇다고 모든 목사가 그런 것은 아니다. 목사 하나가 잘못하면 다른 목사들까지 욕을 먹는다. 신병훈련소에서 훈련병 하나가 잘못했을 경우 툭하면 연대책임을 지고 엎드려 뻗치는 꼴이다. 특히 글좀 쓴다면서 여기저기 발표했던 자기 글을 모아 책을 냈다고 소리치고 다니는 오피니언 리더라는 사람들 중에도 유독 목사에게만 비판의 독설을 뿌려대는 악의적인 사람들이 있다.

이런 사람들 중에 불신자들은 거의 없다. 떡 하니 자기는 집사요, 장로, 혹은 목사라고 교회 직분을 밝히는 개신교 이너서클 사람들이다. 눈 비벼 가며 책만 읽어서 그런지 몰라도 논리적이고 인문학적 교양도 풍부한 것 같지만 말본새 따위를 종합해 보면 콤플렉스 환자같이 느껴지는 사람들이다.

목사 하나가 잘못하면 그걸 침소봉대하여 모든 목사는 삯꾼이요, 거짓말쟁이요, 설교 표절자요, 돈에 눈먼 자요, 감투병 환자요, 명예귀신이요, 표리부동에 이중인격자요, 박사학위 걸신병자라고 매도해 버린다. 앞뒤를 꿰어가며 우겨대는 그런 이들의 주장이 그럴 듯하게 사람들의 가슴에 자극을 주면서 공감의 영역을 넓혀 가노라면, 그것은 안티기독교의 모판처럼 자라가게 마련이다.

사람을 평가하는 데 모 아니면 도, 백이 아니면 흑이라는 극단적 평가방법은 하나님의 형상대로 지음받은 인간을 평가하는 적당한 방법이 아니다. 목사 평가도 마찬가지다. 못한 점이 있었지만 잘한 점이 훨씬 많았다면 훌륭하게 평가해 주는 사고의 신축성이 필요하다. 왜 목사 한 사람이 잘못했다고 모든 목사들에게 그 죄를 뒤집어씌우려는가? 교계가 무슨 신병훈련소라도 되는가?

뉴욕에서 매년 열리는 '할렐루야 부흥집회' 강사로 온 정성진 목사님이 집회 후 목회자 세미나에서 이런 애기를 했다고 〈아멘넷〉 뉴스를 통해 읽었다. 정 목사님은 지금 한국 교계에선 '창업군주'들이 사라지고 있다고 말했다. 그러니까 교회를 개척하여 세계적인 교회로 부흥시킨 한경직, 조용기, 김준곤, 옥한흠, 곽선희 목사님, 그리고 마지막 창업군주인 김삼환 목사님도 이제는 은퇴했다고 말했다.

그러면서 이분들이 현직에 있을 때 이분들의 호주머니를 털어서 근사하게 연합행사를 하던 시대는 지났다고 말하고, 지금은 모세와 여호수아 시대가 지나고 사사시대가 되었으니 미국에서도 교파를 초월하는 연합행사를 할 때는 대형교회 목회자들의 주머니를 열 생각을 하지 말고 각자가 회비를 걷어 대회를 개최하는 패러다임의 전환이 요구된다고 말씀하셨다는 것이다.

그러면서 조용기 목사님에 대해 이렇게 말씀하셨다고 한다. "조용기 목사님은 정말 영웅 중의 영웅이다. 기독교 2천 년 역사에 가장 큰 부흥을 일으키고 성령운동을 한 영웅이다. 영웅은 영웅이고 상처는 상처이다. 공과 과를 구분하여 이야기할 줄 알아야 성숙한 것이다. 하나님이 평가하시고 우리는 그분의 장점을 보고 내 것 삼으면 된다. 그것이 필요하다."

또 등소평을 소개하면서 "등소평은 모택동과 혁명을 같이 했지만 모택동에 의해 유배를 당했다. 유배과정에서 등소평의 큰 아들은 장애가 생겨 꼽추가 되었다. 등소평이 유배에서 풀리고 정권을 잡게 되자, 등소평의 측근들이 모택동을 어떻게 할까를 물었다. 그때 등소평은 한마디로 정리했다. '모택동의 공은 7이고 과는 3이다.' 그것으로 정리를 하고 그냥 놔두었다. 그래서 천안문 광장에 가면 지금도 모택동 사진이 걸려 있다"라고 말했다.

정 목사님의 지적은 내게 감동적이었다. 대한민국 국민 가운데 지구촌 사람들에게 가장 널리 알려진 사람은 누구일까? 한국의 현직 대통령? 모르긴 몰라도 "Pastor David Yonggi Cho, 조용기 목사님"일 것이다. 브라질 아마존에서조차도, 멕시코나 코스타리카에 가서도 나는 그분이 뿌린 복음의 씨앗을 느낄 수 있었다.

그런데 조 목사님의 공은 보지 않고 그분의 실수만 놓고 한국교회를 망친 장본인처럼 우격다짐 주장을 펼치는 사람은 등소평의 교훈을 되새김질해야 한다. 과만 보지 말고 공을 읽을 줄 아는 지혜가 필요하다. 한 번 실수한 목사를 놓고 목사 모두를 도매금으로 난도질하는 사나운 세상 풍조에 휘말리다 보면, 내 마음만 병들어 갈 뿐이다. 지금도 이 세상 99%의 목사들은 힘겹고 고단해도 정직하고 순결하게 감사와 기쁨으로 목회현장에서 헌신하고 있다. 어쭙잖게 목사를 씹어대는 악의적인 헛소리에 귀 기울일 틈도 없이….

성경적인 도시, 비성경적인 도시

바나 리서치센터가 지난주 미국의 가장 '성경적인 도시' 10곳, 그리고 가장 '비성경적인 도시' 10곳을 발표했다. 성경적인 도시는 무엇인가? 성경을 가장 많이 소유하고 있는 도시라는 말인가? 아니다. 주민들이 성경을 정기적으로 얼마나 읽고 있는가? 그리고 성경의 무오성을 얼마나 신뢰하고 있는가? 이 두 가지를 표준으로 삼아 조사한 결과라고 했다.

미국성서공회와 공동으로 76,505명을 대상으로 조사한 설문조사에서 가장 성경적인 도시 1위는 테네시의 채터누가로 나타났다. 주민의 50% 이상이 '성경적'으로 나타났다고 한다. 앨라배마의 버밍햄, 애니스톤, 터스컬루사가 2위, 3위는 버지니아의 린치버그, 로어노크, 그리고 테네시의 쓰리 시티스 주변이 4위, 5위는 루이지애나의 시리브포트로 조사되었다.

그리고 6위부터는 남부의 바이블 벨트 지역 도시들, 즉 노스캐롤라이나 샬롯, 미주리의 스프링필드, 아칸소의 리틀락과 파인 블러프, 테네시의 낙스빌, 사우스캐롤라이나의 그린빌, 앤더슨, 스파턴버그, 그리고 노스캐롤라이나의 애시빌 등으로 나타났다.

그러면 가장 비성경적인 도시는 어디인가? 1위는 뉴욕의 주도 알바니, 2, 3위는 매사추세츠의 보스턴, 뉴햄프셔의 맨체스터 등이다. 로드아일랜드의 프로비던스, 매사추세츠의 뉴베드포드도 거의 비슷한 수준이다. 그러니까 뉴잉글랜드 지역이 가장 비성경적인 도시들로 조사되었다.

서부 지역에서는 라스베이거스, 샌프란시스코, 오클랜드, 솔트레이크 시티 등이 비성경적인 도시로 나타났다. 이런 비성경적인 도시들에게는 "제발 성경 좀 읽어주세요"라고 충고하고 싶지만 성경을 주기적으로 읽는다고 하여 반드시 성경적인 인생을 살아가는 것은 아니지 않는가? 조사하느라 돈을 들이며 고생했지만 한편으로는 결국 통계자료일 뿐이라는 생각도 든다.

예컨대 비성경적이라고 조사된 라스베이거스의 경우 도박으로 먹고 사는 도시라서 '신 시티'(sin city)라는 별명을 얻긴 했지만 이 도시에도 새벽마다 울부짖어 기도하며 성경대로 살려고 애쓰는 충성스러운 한인 그리스도인들도 무지하게 많고 서부 지역에서 부흥하는 교회로 주목받는 미국인 교회들도 많이 있다.

그러나 이상한 것은 있다. 뉴잉글랜드 지역은 신앙의 자유를 찾아 대서양을 건넜던 청교도들의 정착지가 아니던가? 그런데도 조사 결과에서 가장 비성경적인 지역으로 꼽혔다니 아이러니한 일이다. 사실 아이러니는 또 있다. 유럽의 종교개혁 발상 지역을 순례하다 보면 한때는 분명 성경적인 도시였으나 지금은 확실하게 비성경적인 도시로 변해 버린 것을 알 수 있다. 이탈리아에서 시작된 문예 부흥이 종교개혁에 지대한 영향을 미치긴 했지만 그 바람에 문예 부흥이 과부하 현상을 일으켜 문예 부흥이 인본 부흥, 세속 부흥으로 변하는 바람에 교회 부흥을 망치는 부메랑이 되었다고 볼 수도 있다.

스위스 제네바는 칼뱅의 숨결이 배어 있는 도시다. 하나님의 율법이 지배하는 하나님의 도성을 제네바에 실현하는 것이 칼뱅의 꿈이었다. 스코틀랜드의 에딘버러는 장로교의 창시자로 알려진 존 낙스가 세인트 자일스교회당을 중심으로 장로교 목회를 시작한 곳이다. '아프리카의 아버지'인 선교사 데이비드 리빙스턴의 동상은 에딘버러가 한때 세계 선교의 중심이었음을 말해주고 있다.

독일의 비텐베르크에 가면 진리를 위해 몸부림치며 목숨 걸고 교회개혁을 시도했던 루터가 느껴지곤 한다. 교황청의 칼날을 피하기 위해 변장한 채 라틴어 성경을 독일어로 번역했던 바르트부르크 성에 가면 그에게 저절로 머리가 숙여지곤 한다. 루터가 파문당한 보름스에 가면 그가 만든 찬송 "내 주는 강한 성이요"가 저절로 흘러나오는 듯하다. 그는 강한 성 되시는 주님 빽만 믿고 언제 목숨이 날아갈지 모르는 보름스 재판장으로 향하지 않았던가?

요한 웨슬리가 동생 찰스와 함께 홀리 클럽을 결성하여 거룩하게 살기로 결심한 옥스퍼드는 영국 영혼의 산실처럼 느껴지기도 한다.

한때 이런 유럽의 도시들은 바나 리서치의 조사대상으로 따지면 매우 성경적인 도시였다. 그런데 개신교의 산파 역할을 했던 이런 도시들이 지금은 맥을 못 추고 비성경적인 도시로 옷을 갈아입고 있는 모습은 참으로 가슴 아픈 일이다.

체코 프라하를 예로 들어보자. 이 도시 구 시청사 광장에는 얀 후스의 동상이 중앙에 우뚝 서 있다. 후스는 루터보다 100년 앞서 교황의 권위에 도전하여 종교개혁을 외치다 화형으로 순교했다. 그는 체코 민족의 영웅이기도 했다. 그가 순교한 날이 현재 체코의 국가 공휴일로 지켜질 정도다. 그 정도로 존경받는 얀 후스의 도시 프라하엔 매 시간마다 종이 울리며 예수님의 열두 제자 인형이 뱅글뱅글 돌아가는 유명한 구 시청 시계탑도 있다.

종교개혁자 얀 후스의 도시 또한 겉으로 보기에는 매우 성경적 도시 같지만 이 나라의 현재 개신교 인구는 1% 정도. 가톨릭 인구 10%를 빼면 나머지는 모두 무종교인들이다. 이처럼 프라하는 비성경적인 도시로 변해 버렸다.

이런 역사적 아이러니를 탓하며 성경적인 도시들로 이주할 수도 없고 결국은 내가 사는 도시를 성경적인 도시로 만들기 위해 나부터라도 더 열심히 성경을 읽자.

푸드 팬트리

파이브 가이즈(Five Guys)라는 햄버거가 지난달 미국에서 조사된 햄버거 선호도 조사에서 수년 동안 부동의 1위를 차지하고 있던 '인앤아웃 버거'를 누르고 1등을 차지했다고 한다. 파이브 가이즈에 가면 우선 공짜 땅콩을 무제한 먹을 수 있어서 좋다.

지난주 파이브 가이즈에 혼자 앉아 점심을 때울 때 벌어진 일이다. 내 앞의 테이블에서는 아버지와 두 아들들이 식사를 하고 있었다. 중동 사람같이 보였다.

그때 식당으로 60대로 보이는 꾀죄죄한 할머니가 구걸을 하러 들어왔다. 노숙자 같았다. 작은 체구에 자기 소지품을 등에 메고 비닐봉투를 들고 있었다. 그것이 전 재산인 모양이다. 내 테이블은 그냥 스쳐가더니 내 앞 테이블에 가서 손을 내밀었다. 아버지로 여겨지는 사람이 지갑을 꺼냈다. 그리고 돈을 건넸다. 5불짜리였다.

그 노숙자 할머니는 다른 테이블에도 갔지만 모두 고개를 저었다. 한참 있다 보니 5불짜리를 건네준 그 아버지의 아들이 공짜 땅콩이 놓여 있는 계산대 쪽으로 그 노숙인을 데리고 갔다. 그리고 땅콩을 그의 비닐봉지에 넣어주었다.

이 모습을 보고 파이브 가이즈에서 일하던 종업원들도 아무 말을 하지 않았다. 노숙자가 식당에 들어왔다고 주인이 쫓아내는 일도 없었다. 손님으로 점심을 먹던 중동 사람 가족들은 노숙자에게 돈도 주고 공짜 땅콩까지 챙겨주었다. 보기 좋은 모습이었다. 굿 사마리탄이 어디 따로 있는가? 저들이 바로 그들이라고 생각했다.

5달러의 현찰은 노숙인들에게 작은 돈이 아니다. 우리도 가끔 그 정도는 노숙자들에게 집어 줄 수 있다. 그런데 그들에게 마음을 여는 게 더 문제다. 마음이 열리지 않으니 지갑도 열리지 않는다. 마음이 열리지 않으면 그들은 우리와 아무 상관이 없는 사람들이 되고 만다.

마태복음 25장에서 주님은 재림하실 때를 예언하시면서 "내가 주릴 때에 너희가 먹을 것을 주지 아니하였고 목마를 때에 마시게 하지 아니하였고 나그네 되었을 때에 영접하지 아니하였고 헐벗었을 때에 옷 입히지 아니하였고 병들었을 때와 옥에 갇혔을 때에 돌보지 아니하였느니라"고 하시고 "지극히 작은 자 하나에게 하지 아니한 것이 곧 내게 하지 아니한 것"이라고 하셨다.

그러면 파이브 가이즈에서 본 그 60대 노숙인 할머니를 못 본 척 구경만 한 것이 "내가 주릴 때 너희가 먹을 것을 주지 않았다"라고 책망하실, 작은 자로 내게 오신 주님의 모습이셨을까?

레위기 19장에 보면 "포도를 딸 때도 다 따지 말고 땅에 떨어진 포도는 줍지 말아라. 너희는 이 모든 것을 가난한 자와 나그네를 위해 남겨 두어야 한다"라고 말씀하셨고, 23장에서는 "너희는 곡식을 추수할 때 구석구석 다 베지 말며 떨어진 이삭도 줍지 말고 그것을 가난한 자와 나그네를 위해서 내버려 두어라"고 말씀하셨다.

벳새다 들판에서 일어난 '오병이어 기적'의 현장에서 예수님께서 배고픈 군중들을 바라보시고 제자 빌립에게 "우리가 어디서 떡을 사서 이 사람들을 먹일 수 없을까?" 하고 물으신 것을 보면, 굶주리고 배고픈 사람들을 보시고는 그냥 지나칠 수 없었던 주님의 불쌍히 여기는 마음이 사실은 기적의 발단이었다.

그래서인지 대부분의 미국 교회당에는 푸드 팬트리(Food Pantry)란 것이 있다. 교회당에 찾아오는 굶주린 걸인들을 위해 음식을 준비해 놓는 저장소다. 물론 오래 저장할 수 있는 것 위주이기에 통조림 음식이 주종을 이룬다. 과일, 야채 통조림에서부터 시리얼, 피넛 버터, 젤리, 콩 등 다양하다. 교인들이 기부하는 경우가 대부분이고 담당을 맡은 자원봉사자가 음식의 유통기한 등을 늘 체크해서 목록도 만들어 놓는다. 이런 음식 이외에도 심지어는 저렴한 가격의 스토어 기프트 카드, 또는 자동차 가솔린이 떨어져 발을 동동 구르는 가난한 사람들을 위해 가스 스테이션 카드를 마련해 놓는 교회도 있다고 들었다.

한인교회당에도 다른 건 몰라도 푸드 팬트리는 있었으면 좋겠다. 저장소를 마련할 공간이 문제라면 교회 사무실 어디엔가 푸드 캐비닛이라도 만들어 놓고 교회가 피난처인 줄 알고 찾아온 노숙자나 나그네들에게 먹을 것을 제공해 주는 것이다.

물론 주중에는 문을 꽉꽉 걸어 잠그기 때문에 노숙자들이 범접할 수도 없는 교회당들도 많다. 그러나 대부분의 교회들이 주중에 문을 열어 놓고 교회 사무실에서 행정업무가 진행된다면 교회에서 일하는 그 누구라도 사정이 딱한 나그네가 찾아왔을 때 먹을 것이라도 제공할 수 있어야 교회당 높은 첨탑 꼭대기에 걸려 있는 십자가 앞에 부끄럽지 않을 것이다.

주일 하루는 찬양, 기도, 예배, 양육, 교제로 북적대다가 월요일이 되면 이 세상과는 단절의 벽을 쌓아놓고 독도처럼 섬으로 변해 버리는 교회라면 어떻게 교회 밖의 세상을 구원할 수 있을까?

배고픈 노숙자들을 위해 마련된 교회당의 푸드 팬트리는 나그네들을 위해 들판에 남겨두던 줍지 않은 이삭처럼 하나님의 긍휼의 도구가 될 것이다. 한번 실천에 옮겨 보자.

열받는 지구, 열받게 하는 미국

미국이 또 시끄럽다. 이번엔 '기후변화'다. 트럼프 대통령이 첫 해외 순방을 마치고 돌아와서 파리기후협정 탈퇴를 선언했기 때문이다. 파리기후협정은 2015년 11월 파리에서 열린 제21차 유엔 기후변화협약 당사국 총회에서 195개국의 합의로 마련돼 발효되었다. 지구온난화 현상을 막기 위해 모든 나라들이 온실가스 배출량을 감축하자는 아주 어른스러운 결정을 내린 것이다.

온실가스 최대 배출 국가는 중국, 그다음은 미국이다. 그렇기에 미안한 마음도 있고 해서 당시 오바마 대통령이 적극 지지해서 비준된 것이다. 그런데 트럼프가 이를 뒤집었다. 그 이유는 다른 나라들에 불공정한 이익을 주고, 미국인들의 일자리를 빼앗고 있다는 주장이었다. 또 "America First"를 들고 나왔다. 이 협정을 지키기 위해 미국의 호주머니에서 너무 많은 돈이 털리고 있다는 주장이었다.

ABC 방송 등이 바로 여론조사를 실시해서 알아봤다. 국민의 반 이상이 탈퇴 반대였다. 응답자 59%가 반대이고, 찬성은 28%에 불과했다. 정당별로 보면 민주당의 82%가 강력 반대였지만 공화당은 67%가 찬성했다. 그러니까 여기서도 제 식구 감싸기였다.

"녹색운동가", "환경운동 전도사"로 불리는 앨 고어 전 부통령이 CNN에 출연하여 트럼프의 탈퇴선언을 비판하면서도 '다행히' 미국의 주지사, 시장 등이 '미국기후동맹'을 결성하여 파리협정을 준수해 나가겠다고 선언한 것은 고무적이라고 말했다.

실제로 제리 브라운 캘리포니아 주지사, 앤드루 쿠오모 뉴욕 주지사는 물론이고 공화당의 찰리 베이커 매사추세츠 주지사, 필 스콧 버몬트 주지사 등도 트럼프의 뜻에 동의할 수 없다고 나왔다. 하와이, 콜로라도, 미네소타, 오리건 등도 기후동맹에 함께하겠다고 했고 전국 150여 개 도시들도 파리협정을 지키겠다고 선언하고 나섰으니, 트럼프는 되로 주고 말로 받는 신세가 되었다.

이번 주 〈크리스천 뉴스〉 헤드라인 보도에 따르면 대부분의 가톨릭, 유대교, 개신교, 무슬림들도 반대 목소리를 냈지만 심지어 연방 대법관에 보수주의자로 알려진 닐 고서치를 임명한 것은 아주 잘한 일이라고 트럼프에게 박수갈채를 보내던 복음주의자들도 이번엔 머리를 갸우뚱하고 나섰다는 것이다. 그렇지만 아주 극단적 보수주의자들은 파리협정에서 탈퇴한 일은 잘한 일이라고 두둔하고 나섰다고 한다. 그러니까 복음주의 진영에서도 입장이 갈리고 있다.

사실 개신교 보수주의자들에겐 기후변화 이슈 자체가 큰 관심거리가 아니다. "네 영혼이 잘 됨같이 네가 범사에 잘되면 만사형통"인데 기후변화 따위가 무슨 대수란 말인가? 그런 식이다. 지구상의 기후가 급변하고 있다는 과학적 데이터나 생태학자들의 주장들이 먹혀들지 않는다. 하나님이 천지를 창조하셨으니 전능하신 분께서 다 알아서 하실 일이라고 능청맞게 책임을 전가하는 태도다. 지구온난화조차도 그분의 계획 가운데 일부일 것이라고 믿어버린다.

더구나 예수님의 재림신앙에 집착하고 있는 사람들은 주님이 다시 오실 경우 모든 것이 한 방으로 끝장나는데 영혼이 구원받으면 그만이지 지구 따위를 보호해서 뭘 하자냐는 식이다. 주님의 재림이 우리 마음대로 되는 일인가? 초대교인들이 "마라나타, 주 예수여 오시옵소서"라고 주님의 재림을 그토록 갈망했건만 2천여 년이 지난 지금도 주님은 오시지 않고 있다. 철저하게 그분의 소관이요, 그분의 주권에 속한 일이니 우리가 왈가왈부할 일이 아니다.

다만 우리가 숨을 쉬고 생존해야 할 생활의 터전이 위협받고 있는데도 한 방이면 끝나는 주님의 재림만을 목 놓아 기다려야 하는가? 캘리포니아 사람들은 캐나다로 이민 가고, 아프리카와 빈곤국의 어린이들은 가뭄 때문에 떼죽음을 당하는 지구촌 비극을 그냥 뉴스거리로 구경만 해야 한다는 것인가? 그것은 아니다. 그런 무능과 나태함이 좋은 믿음으로 포장되는 것은 영적 불륜이다.

창세기 1장에서 하나님이 인간을 창조하신 후 자연을 "정복하고 다스리라"는 명령을 내리셨다. 이 말씀이 자연의 정복자가 되어 모든 만물을 착취해도 좋다고 허락하신 말씀인지, 아니면 하나님의 위탁을 받아 만물의 청지기로 살아가라는 말씀인지를 놓고 해석이 오락가락했다. 아무튼 전통적 창조신앙은 자연의 착취와 정복에 정신적 기반을 제공한 생태계 파괴의 주범이라는 비판을 받아왔다.

마침내 지구가 인간의 탐욕 때문에 병들고 가뭄, 지진, 홍수 등으로 몸살을 앓자 번쩍 정신을 차려 반성을 시작한 것은 근래의 일이다. 하나님이 우리에게 주신 명령은 사실 자연을 잘 관리하라는 위탁명령이라는 생태학적 통찰력이 생겨난 것이다. 더 이상 환경을 쾌락과 착취의 대상으로 삼아서는 안 된다는 자각이었다.

기후변화에 대처하는 국제협정에 있어서 돈과 일자리 때문에 발을 빼겠다는 트럼프 대통령의 결정이 재앙이긴 하지만 그리스도인들에게는 국제협약을 초월한 성숙한 신앙적 자성이 필요한 때가 된 것이다. 창조 동산을 잘 돌보는 청지기 사명을 회복하는 일, 트럼프의 결정과 관계없이 파리협정을 준수하겠다는 미국 주지사들의 결의보다 더 수준 높은 환경선교에 눈을 돌려야 마땅하다. 한 걸음 더 나아갈 수 있다면 물량제일주의, 소비제일주의에 빠진 시대적 환경 속에서 단순하고 검소한 삶을 통해 절제와 자족을 익혀가는 라이프 스타일을 훈련해야 한다. 그것이 '열받는 지구, 열받게 하는 미국'에서 그리스도인으로 살아가야 할 모습이 아니겠는가?

노방전도와 전도 거부 카드

이번 주 몬태나에서 급한 전화가 걸려 왔다. "조 목사님, 제가 지금 몬태나 빌링스(Billings)라는 도시에 와 있습니다. 여기서 노방전도하고 있는 중이에요. 혹시 빌링스에도 한인교회가 있는지 한번 전화번호를 찾아보고 알려주세요!" 남가주에서 기도원을 운영하고 계시는 L목사님이셨다.

나는 허겁지겁 인터넷을 뒤져 빌링스에 한인교회가 있는지 구글 검색에 매달렸다. 한인교회 3개가 떴는데 하나는 보즈맨(Bozeman)에 있는 교회였다. 빌링스에 있는 교회라고 생각되는 2개의 한인교회 전화번호를 부리나케 알려드렸다. 그 뒤론 전화가 없다.

L목사님은 와이오밍, 사우스다코타, 몬태나 등지를 손수 운전하여 다니며 친구 한 명과 전도여행을 하고 있는 중이다. 아니, 한참 나이 드신 노년의 여성 목사님이 서북부 지역을 헤집고 다니며 노방전도를 하고 있다니! 그 두둑한 배짱과 용기는 어디서 나온 것일까?

내가 빌링스라고 해서 깜짝 놀라 교회를 찾아드린 데는 이유가 있다. 빌링스는 깨끗한 산골도시지만 여행하다 보면 한없이 외로움이 느껴지는 곳이다. 지금부터 36년 전쯤 미국에 처음 도착하여 나이아가라 폭포를 출발점으로 해서 대륙 횡단을 할 때 옐로스톤 국립공원을 가기 위해 빌링스를 지나간 적이 있다.

한참이 지나 초등학교에 다니던 아이들을 끌고 옐로스톤파 웨스트게이트를 거쳐 미국 대통령 4명의 '큰 바위 얼굴'이 있는 사우스다코타의 마운트 러시모어를 가기 위해 또 빌링스를 지나간 적이 있다. 하루 종일 허허벌판 버팔로만 보이는 몬태나와 와이오밍 쪽을 여행하다 한국인을 만나면 반갑기 짝이 없다. 30여 년 전엔 더욱 그랬다.

그런데 지금은 몬태나 주 전체에 500여 명의 한인이 살고 있다고 한다. 그래도 외로움이 느껴지는 몬태나의 작은 도시들, 빌링스, 보즈맨. 그 낯선 도시에서 외로움은 고사하고 백인들이나 원주민들을 상대로 전도를 하고 있다니! 동양인들이 경험하는 그 낯선 도시의 고독을 잘 알아 L목사님이 한인교회를 찾는 이유를 이해할 수 있었다.

그런데 오늘 아침 난 좀 황당한 인터넷 뉴스를 읽었다. 서울에 있는 대학가에 "전도, 노 땡큐!" 카드가 확산되고 있다는 기사였다. 서울대, 카이스트, 연세대 등 전국 14개 대학에서 길거리 전도를 당할 시 거부 의사를 말 대신 전할 수 있게 하는 "전도, 노 땡큐!", 이른바 전도 거부 카드가 이달 중 배포될 예정이라는 것이다.

이 전도 거부 카드는 2013년 서울대학교 '프리싱커스'(Freethinkers)가 최초로 만들어 사용해 언론의 주목을 받은 바 있다는데 전도 거부 카드의 앞면에는 다음과 같은 말이 적혀 있다고 한다.

> 저희는 종교가 없습니다.
> 세뇌로 얼룩진 울타리를 깨고 나와 세상을 둘러보면 신이 인간을 만든 것이 아니라, 인간이 종교를 만들었다는 것을 더 감동적으로 배울 수 있기 때문입니다.
> 저희는 다른 사람들에게 피해를 주지 않고 조용히 어떤 믿음을 갖고 사는 것까지 비난하고 싶은 생각은 거의 없습니다.
> 그러니 저희를 괴롭히지 말아주세요.

이 기사를 읽으면서 빌링스에서 노방전도를 하고 있는 L목사님이 자꾸 떠오르는 게 아닌가? 미국 벽촌을 누비고 다니며 예수를 전파하고 있는 그 여성 목사님이 한국에서 벌어지는 이 전도 거부 카드 소식을 듣는다면 어떤 반응을 보이실까?

우리는 언제부터인가 전도라고 하면 "아무리 해도 안 되는 일"이라는 막연한 패배감에 사로잡혀 있다. 전도하겠다면 그것은 "또라이 성도", "무식한 크리스천", "저급한 신앙생활자" 등으로 낙인을 찍는다. 지금 시대가 어느 때인데 전도하겠다고 덤비느냐며 '촌놈' 취급을 받는다.

전도는 옛날 "예수 천당!"이라고 외치는 방법은 No! 요즘엔 수요자 중심으로 변환되어야 한다느니, 생활밀착형 전도가 되어야 한다느니, 그럴듯한 연구형 주장들이 쏟아진다. 그 바람에 참신한 그리스도인들의 전도 열정은 싸늘한 얼음장으로 굳어지고 있다.

사실 신학교 연구실에서 생산되는 전도학이란 것이 교회 성장을 가로막는 연막작전으로 악용되는지도 모르겠다. 전도가 조직신학도 아니고 헤겔의 정반합 이론이나 아인슈타인의 상대성 이론이라도 된단 말인가? 단순하게 접근하고 선포하고 보여주는 것 아니던가?

교회에게 전도보다 더 중요한 게 있는가? 전도는 해도 되고 안 해도 되는 선택사항인가? 고상하고 실용적인 수많은 교회 프로그램에 함몰되어 전도는 지금 폐기 처분되고 있다. 이 세상은 전도 거부 카드까지 등장하는 교활함을 보이고 있다. 이 세대에 세뇌되어 전도와 같은 불편한 영적 노동 따위는 개점휴업 프로그램으로 문을 닫아버린다면, 그 교회가 얼마나 오래 버틸 수 있을까? 때로는 공격적이라고 비판을 받는 한이 있어도 전도는 해야 한다.

우리 스스로에게 정직하게 물어보자. 일 년에 단 한 영혼이라도 전도하여 우리 주님을 알게 한 적이 있는가? 몬태나를 누비고 다니며 백인들을 향해 "예수 믿으라"고 외치는 L목사님을 생각하며 민망한 마음으로 한 주간을 보내고 있다.

모든 자식들의 MVP, 어머니!

남자 골프 세계랭킹 3위인 호주의 제이슨 데이가 지난 3월 월드골프챔피언십(WGC) 델 테크놀로지스 매치플레이에서 첫날 중도포기하는 일이 일어났다.

그는 흐르는 눈물을 참지 못한 채 기자회견을 했다. 어머니 생각이 나서 도무지 골프를 칠 수가 없다고 했다. 금년 초 폐암 진단을 받고 잘해야 12개월 정도 살 수 있다는 어머니가 경기하는 기간 동안 수술을 받게 되는데 고통스러워하는 어머니의 얼굴이 어른거려 도무지 공을 칠 수 없다는 것이 기권 이유였다. 그가 흐느끼는 눈물의 기자회견을 보며 많은 사람들도 함께 눈시울을 붉혔다.

제이슨 데이는 아일랜드계 호주인 아버지와 필리핀 이민자 어머니 사이에서 태어났다. 3세 때 아버지 손에 이끌려 골프를 시작한 그는 찢어지게 가난한 가정형편 때문에 쓰레기통에 버려진 골프채를 주워다 연습을 하곤 했다. 구세군 센터에서 헐값에 옷을 사서 입기도 했다. 그러다가 12세 때 아버지가 위암으로 세상을 떠났다. 생활은 더욱 가난해졌다.

그러나 어머니는 살던 집까지 팔아 유명한 국제학교에 보내 제이슨의 골프 뒷바라지를 했다. 더운 물탱크가 없는 집에 살면서 어머니는 주전자 3-4개에 물을 끓여 아들이 샤워를 하도록 했다. 코치의 권유로 집에서 차로 7시간 거리의 골프 아카데미에 들어간 그는 룸메이트에게서 타이거 우즈의 책을 빌려봐야 했고, 거기서 골프에 대한 영감을 얻기 시작했다. 홀어머니 밑에서 가난하게 성장한 그는 흔히 말하는 '흙수저'였다. 방황할 수 있었고 탈선할 수 있었지만 어머니의 사랑은 그를 지켜내기에 충분했다.

그러다가 드디어 미국프로골프(PGA) 투어에 입성은 했으나 메이저 대회 우승은 운이 따라주지 않았다. 마침내 2015년 위스콘신에서 열린 제97회 PGA챔피언십 마지막 라운딩에서는 조던 스피스를 누르고 메이저 대회 우승을 차지했다. 그날도 제이슨은 우승을 결정짓는 마지막 퍼팅을 끝내고 갤러리들의 환호 속에 그린 위에서 하염없이 눈물을 흘렸다. 그 눈물은 아마도 가난 속에서도 꿋꿋하게 월드스타로 자신을 키워낸 어머니에게 바치는 눈물이었을 것이다.

가난을 딛고 어머니의 사랑 속에서 월드 스타가 된 프로선수들이 제이슨 데이 말고도 여럿 있다. NBA에서 떠오른 스타 케빈 듀란트도 마찬가지다. 케빈 듀란트는 지금은 골든스테이트 워리어스로 이적했지만 2016년 시즌까지도 오클라호마시티 썬더의 포인트 가드로, 2014년 미 프로농구 최우수선수(MVP)로 뽑히기도 했다.

시상식장에서 케빈은 "우리를 배불리 먹이시고 어머니는 굶은 채 잠드셨다. 자식을 위해 희생하신 저희 어머니가 진정한 MVP"라고 말했다. 우체국 말단직원으로 일하면서 싱글맘의 역경을 딛고 NBA 최고 선수로 아들을 키워낸 어머니는 자신을 MVP라고 말해 주는 고마운 아들 때문에 뜨거운 눈물을 흘렸다. 아들도 울고, 어머니도 울고, 보는 이들도 울어야 했다.

배고픔과 가난, 그릇된 길로의 유혹이 그림자처럼 케빈을 따라다녔지만 어머니의 사랑만큼 크지는 못했다. 홀어머니와 살던 그 어려운 때를 기억하고 있기 때문인지 그는 농구스타로서뿐만 아니라 광고모델로 여기저기 팔려 다니면서 '부자'가 되자, 오클라호마 지역의 토네이도 희생자들을 위해 1백만 달러를 쾌척하는 등 가난하고 힘든 사람들에게 희망을 선물하고 있는 중이다.

이제 금년 '어머니의 날'이 다가오고 있다. 우리 모두가 월드 스타로 출세하진 못했지만 월드 스타인양 우리에게 사랑을 쏟아 부어 키워주신 어머니 때문에 오늘 우리가 이렇게 존재하는 것 아닌가?

제이슨 데이나 케빈 듀란트의 어머니들 못지않게 더운 물탱크가 없으면 여러 개의 주전자에 물을 덥혀 우리 몸을 녹여 주신 그분들의 은혜로 우리가 여기까지 온 것이다. 그래서 이 세상에 존재하는 모든 어머니들은 자식들의 MVP다.

평생 불러도 늘 아쉬움으로 남는 그리운 이름, 어머니. 당신을 사랑합니다.

금문교의 자살방지 그물

샌프란시스코가 세계 5대 미항이라 불리는 것은 아마도 금문교(Golden Gate Bridge) 때문일 것이다. 이 다리를 빼고 샌프란시스코를 말할 수 없다. 특히 주황색으로 은은한 자태를 뽐내는데, 이는 자연친화적인 동시에 안개가 많은 이 도시의 특성상 다리의 가시성을 높여주기 위한 것이라고 한다.

1964년까지만 해도 금문교는 세계에서 제일 긴 현수교였다. 그 후 더 긴 다리가 수없이 많이 생겨났다. 현수교(suspension bridge)란 무엇인가? 한마디로 '출렁다리'다. 양쪽 언덕에 줄이나 쇠사슬을 건너지르고, 거기에 의지하여 매달아 놓은 다리다. 이 다리는 101번과 1번 하이웨이가 통과하여 하루 교통량이 무려 11만 명에 이른다.

이런 복잡하고 아름다운 다리 금문교에도 고민은 있다. 바로 아름다운 이 다리 위에서 인생을 마감하겠다며 바다로 뛰어내리는 사람들 때문이다. 지금까지 이 금문교에서 뛰어내린 자살자는 1,500여 명. 지난 2016년 한 해만도 39명이 이 다리에서 목숨을 끊었다.

이쯤 되자 금문교 관리위원회는 지난주부터 이 다리에 자살방지 그물 설치 공사에 들어간다고 밝혔다. 4년에 걸쳐 완공될 그물 공사에 들어갈 예산은 약 2억 달러. 스테인리스 강철 그물을 양쪽 통행로 아랫부분에 설치하는데 길이는 다리 길이와 같은 1.7마일이다. 이 그물을 설치하면 아무리 뛰어내려도 소용없다. 그물에 걸리는 물고기 신세가 되어 금방 경찰에 구조되면 망신만 당하게 될 것이다.

그물 설치에 찬반 논란이 일어났다. 비싼 혈세로 그물을 설치하는 게 옳지 않다는 것이었다. 그러나 고귀한 생명에 비하면 결코 비싼 게 아니라는 주장이 지배적이다. 더구나 샌프란시스코 시장을 지내다가 지금은 캘리포니아를 대표하는 두 명의 연방 상원의원 중 하나인 다이안 파인스타인이 자신도 과거 어려운 일을 만났을 때 금문교 다리에서 자살을 생각한 적이 있다는 말에 모두 입을 닫는 듯했다. 그 여장부도 금문교에서 자살을 생각한 적이 있는 것이다.

파인스타인 말고도 지금은 모든 이들의 '희망의 전도사'처럼 살고 있는 오프라 윈프리도 자살을 기도한 적이 있고 엘튼 존이나 드루 배리모어 같은 유명인들도 지난날 자살을 시도했던 사람들이다.

자살 문제는 금문교만의 문제일까? 내 문제요, 내 가정의 문제요, 우리 교회의 문제다. 미국 질병통제 및 예방센터(CDC)의 자료에 따르면, 미국의 자살률은 꾸준하게 증가하고 있다. 특별히 10-14세에 이르는 소녀들의 자살률은 200% 이상 크게 증가하고 있고, 인종별로는 아메리칸 인디언 여성들의 자살률이 89% 증가하고 있다.

한국은 미국보다 훨씬 더 심각하다. 오죽하면 "자살공화국"이라는 소리가 나왔겠는가? OECD 국가 중 자살률이 1위라고 한다. 한국에서 자살하는 사람이 1년에 15,000명, 하루 평균 40명이 스스로 목숨을 끊는다고 한다. 옛날 보릿고개를 겪으면서도 허리띠를 동여매고 쑥개떡으로 끼니를 때우며 한번 살아보자고 가난을 이겨낸 민족인데, 좀 살 만해지니까 성큼 자살공화국으로 변해 버린 것일까?

담임목회를 할 때 성도의 가족 가운데 자살했다는 소식을 듣고 찾아가서 예배를 드렸는데, 참으로 난감했다. 자살한 사람을 천국에 갔다고 해야 하나? 지옥에 갔다고 해야 하나? 전능하신 하나님이 다 알아서 해달라고? 유족들에게는 가족이 자살할 때까지 옆에서 구경만 했느냐고 책망해야 하나? 죽은 사람은 이미 죽었으니 산 사람이나 죽을 생각 말고 열심히 살라고 권면해야 하나?

위로의 어휘를 선택하는 문제도 그렇고, 성경 말씀을 골라내는 일도 곤란했다. 한마디로 자살에 대한 신학적 메뉴얼의 부재 때문이었을 것이다. 지금도 이 문제는 교단마다 목사마다 중구난방인 것 같다. 한국의 어느 교단에서도 자살에 관한 교리적 지침서나 신학적 입장을 정리해서 발표한 적이 없다. 내가 알기로는 그렇다.

성경에는 아비멜렉, 삼손, 사울, 시므리, 가룟 유다 등이 자살한 이들로 나온다. 이들의 자살을 우호적인 표현으로 묘사된 곳은 없지만 자살 행위 자체, 즉 죽음의 방식에 대해 성경은 침묵하고 있고 어떤 명시적 가치판단도 내리고 있지 않았다고 신학자들은 설명한다.

그래서 "자살하면 지옥 간다"는 공갈형 주장이 있는 반면, 그건 통설에 불과하며 전혀 설득력 없는 주장이라는 반론도 제기된다. 이런 숙제는 신학자들의 몫으로 남겨두더라도 급한 것은 자살하는 사람들을 뜯어말리는 작업이 진지하게 논의되어야 한다는 점이다.

아는 누군가가 찾아와서 "나 자살하고 싶다!"며 토로할 때 뭐라고 할 것인가? "그 자살할 용기로 더 열심히 살아 봐라", 아니면 "왜 그런 바보 같은 생각을 해!", 아니면 "넌 자살하면 지옥 간다는 소릴 들어보지도 못했냐?" 등 죄다 이런 말에 불과할 것이다.

전문가들에 따르면 이런 말은 불에 기름 붓기라고 한다. 그냥 들어주는 것이 최고라고 하는데, 그냥 들어준다고 죽으러 가던 사람이 돌아설까? 이럴 때는 전문상담가를 붙여주는 것이 가장 현명한 선택이라고 배운 적은 있다.

금문교까지도 많은 돈을 들여 자살방지 그물을 설치하는데, 생명 하나를 천하보다 귀하게 여기는 교회가 자살하는 사람들을 그냥 방치해서는 안 될 일이다. 자살한 집에 심방만 해봤자 소 잃고 외양간 고치기다. 개교회가 힘들면 돈 있는 교회끼리 공동으로 '자살방지 핫라인'이라도 더 많이 설치해 놓는 게 교계가 해야 할 일이다.

교회가 여러분의 피난처가 되겠습니다

트럼프 대통령의 반이민 정책으로 이 나라에 살고 있는 이민자들이 새가슴이 되어가고 있다. "난 시민권자인데, 뭔 일이 있겠어?" 하면서 안심하는 척하지만 그래도 불안하다. 언제 무슨 불똥이 어디로 튈지 모르기 때문이다.

이러다가 백인 우월주의자들, 그러니까 백두건을 뒤집어쓴 KKK 단원들에게 시민권자고 뭐고 유색인종들은 다 얻어터지는 게 아닐까 하는 엉뚱한 불안감이 찾아들기도 한다.

하물며 불법체류자들은 얼마나 마음을 졸이겠는가? 마켓이나 학교에 갈 때도 조심조심 눈치를 봐야 하고 교회를 갈 때도 재수 없이 이민국 단속요원들에게 불시검문을 당하지 않을까 걱정이 태산일 것이다.

불법체류자를 "서류미비자"라고 부른다. 합법적 체류신분을 얻기까지 서류가 미비되었다는 말이다. 불법이란 말이 붙으면 범죄자로 취급되는 것 같아서 인권 존중 차원에서 서류미비자라고 부르지만 이민 변호사 말로는 그 말이 그 말이라고 한다.

유학비자로 왔건, 관광비자로 왔건 미국에 입국해서 합법적 체류기간을 넘겼으면 그때부터 분명 불법이니 그들을 불법체류자라고 부르는 게 무슨 잘못이냐고 주장하는 법치지상주의자도 있다. 그러나 까딱하면 불법체류자로 전락하기 쉬운 게 현실이다. 체류 신분에 상관없이 불체자로서 집도 사고 비즈니스도 하고 몇십 년을 잘 살아왔는데, 왜 지금 와서 불체자를 쫓아내고 이민자를 안 받겠다고 난리를 치냐고 분노하는 한인들도 많다.

그들은 "그러면 유럽 이민자들이 비자 들고 미국에 입국했냐? 청교도를 태운 메이플라워호가 플리머스에 도착했을 때 영주권을 내밀었냐? 영국이나 유럽 이민자들이 모두 무비자로 이 나라에 입국해서 불법체류자로 정착을 시작했으니 미국은 애시당초 불법체류자의 나라가 아니냐?"라고 주장한다. 맞는 말씀이다. 불법으로 입국해서 인디언들을 다 몰아내고 세운 나라가 아닌가? 근원도 모르는 것들이 불체자를 몰아내겠다고? 그렇게 화를 내는 서류미비자들의 심정도 이해는 간다.

이런 불법체류자들이 한인사회나 라티노 커뮤니티에만 있는 줄 알았는데, 그것은 착각이었다. 백인사회에도 불법체류자들의 설움은 동일하게 존재하고 있었다. 지난주 세인트 패트릭스데이를 맞아 아일랜드계 이민자들의 불법체류 현실이 CNN 인터넷판을 통해 소개되었다. 그쪽도 다른 이민자 커뮤니티와 다르지 않았다.

미국에 살고 있는 아일랜드계 불체자는 대략 5만 명이다. 미 전역의 불체자 1천1백만 명에 비하면 미미한 정도다. 놀랍게도 아이리쉬 이민자가 가장 많이 거주하는 곳은 보스턴이나 매사추세츠, 뉴욕이 될 법한데 그게 아니었다. 아일랜드 이민자들이 가장 많이 사는 곳은 캘리포니아였다.

최근 트럼프 대통령의 반이민 행정명령 이후 신분 문제로 카운슬링을 청하는 아이리쉬들이 평소보다 3배는 늘었다고 한다. 오랫동안 불체자로 살아왔는데 만약 아일랜드로 추방될 경우 그 낯선 땅에서 어찌 사느냐고 한숨이 가득한 사람들이다. 정든 미국 땅이 좋다는 것이다. 그러니까 백인 불체자들의 안타까운 심정도 다른 유색인종, 소수인종과 다르지 않았다.

아일랜드는 19세기 중엽 유명한 '아이리쉬 기근'을 겪었다. 기근 때문에 민족 엑소더스가 일어났다. 그때 미국으로 들어온 이민자가

약 2백만 명이다. 당시 아일랜드 인구의 4분의 1이 미국 이민행렬에 올랐다. 영화 〈타이타닉〉의 주인공이 그때의 아이리쉬였다.

그런데 아이러니한 것은 기근을 피해 미국으로 건너온 가난한 아일랜드 후손들 가운데 지금 백악관을 쥐락펴락하는 백악관 선임고문 켈리언 콘웨이가 있다. 그는 선대본부장으로 트럼프 대통령 만들기의 일등공신이었다. 스티브 배넌은 백악관 수석전략가이다. 반유대주의자로 비난받기도 했던 "트럼프의 브레인"이라 불리는 스티브 배넌도 그때의 아이리쉬 후손이다. 또 있다. 지금 "트럼프의 입"이라고 할 수 있는 백악관 대변인 션 스파이서도 그때 이민 온 아일랜드 후손이다.

그러니 지금의 아일랜드 불체자들은 환장할 노릇 아닌가? 백악관 3인방으로 거대한 권력을 쥔 아일랜드 후손들이 아일랜드 불체자들을 내쫓는 일에 앞장서고 있다고 생각하면 얼마나 원망스러운 일이겠는가? 어느 이민자 커뮤니티나 마찬가지다. 눈물겨운 불체자들의 한숨 소리가 들린다. 생이별을 할지도 모르는 자녀들의 손을 잡고 불안에 떨고 있다.

그런데 참으로 다행이다. 뉴욕의 한인교회들이 이들을 보호해 주겠다고 선언한 것이다. '이민자 보호교회(Sanctuary Church) 운동'을 통해 불법체류자들을 보호하겠다고 나섰다. 재워 주고 먹여 주고 공권력으로부터 보호해 주겠다는 운동일 것이다. 생추어리(Sanctuary)란 예배당에서 '주님의 테이블'이 있는 공간으로서 성찬식 때 하나님의 임재를 경험하는 '거룩한 성소를 말한다. "애니멀 생추어리"라는 말이 있듯이 좀 더 광의적으로는 안식처라는 뜻으로 사용되기도 한다.

이처럼 불법 이민자들에게 교회당을 정치적 안식처로 제공하겠다는 불체자 보호교회, 생추어리 처치. 어쩌면 주님께서는 체류 자격이 없는 불안한 불법이민자들의 모습으로 지금 우리 앞에 다가서고 계신지도 모른다. 나그네처럼 갈 곳 몰라 하는 이 땅의 불체자들을 향한 "교회가 여러분의 피난처가 되겠습니다"라는 말에 절로 눈물이 났다.

영혼의 '스프링 캠프,' 사순절

메이저리그(MLB)의 '스프링 트레이닝'이 시작되었다. 풋볼이 물러가고 야구 시즌의 도래를 예고하는 이 스프링 트레이닝을 흔히 "스프링 캠프"라고도 한다. 2월 중순에 시작해서 4월 첫 주일, 그러니까 메이저리그 개막전이 열리는 때까지 진행되는 훈련이다.

스프링 캠프는 정규시즌 개막 전 선수들이 모여 몸을 푸는 훈련이고, 시범경기를 통해 선수들의 능력을 평가하거나 손발을 맞춰보는 것이 주목적이다. 상대팀과 돌아가며 시범경기를 치르면서 선수들의 컨디션 점검, 새로운 유망주 발굴, 투수 로테이션 조정 등을 한다. 그런데 시범경기가 열릴 때 지역주민들은 물론이고 멀리서 오는 원정 구경꾼들, 봄방학을 맞은 대학생들까지 몰려들어 정규시즌을 방불케 한다. 점찍어 뒀던 선수에게 다가가 사인도 받고….

현재 두 곳에서 스프링 캠프가 열리고 있다. 플로리다와 애리조나다. 모두 따뜻한 지방이라 추위에 덜덜 떨고 있던 선수들이 몸을 풀기엔 최적의 장소다. 플로리다에서 열리는 스프링 캠프는 열대과일에서 이름을 따온 '그레이프푸르트 리그'(Grapefruit League)라는 이름을 가졌다. 뉴욕 양키스, 보스턴 레드삭스, 볼티모어 오리올스 등 총 15개 팀이 소속되었다. 애리조나에서 열리는 스프링 캠프는 사막의 선인장에서 이름을 따온 '캑터스 리그'(Cactus League)다. 시카고 컵스, 캔자스시티 로열스, LA 다저스, LA 에인절스, 샌프란시스코 자이언

츠 등 15개 팀이 이곳에서 트레이닝을 한다.

코리안 메이저리거들도 지금 스프링 캠프에서 몸을 풀기 시작했다고 한다. 특히 LA 다저스의 류현진(지금은 캐나다로 간)이 지난 시즌에 오랜 부상자 명단에 오르게 되어 거의 경기장에서 모습을 볼 수가 없었는데, 현재 스프링 캠프에서 만족스러운 피칭 연습을 하고 있다니 다행이다. 그러나 구속이 90마일을 넘지 못한다고 하니 또 걱정스럽긴 하다. 구속을 높여 선발 로테이션에 합류해야 할 텐데….

야구선수들이 정규시즌을 앞두고 이렇게 '몸 만들기' 훈련을 하는 곳이 스프링 캠프라면 우리 그리스도인들의 영적인 스프링 캠프는 '사순절'이다. 스프링 캠프가 열리는 기간도 교회력으로 따져보면 사순절과 비슷하다. 2017년 사순절은 3월 1일 '재의 수요일'로 시작되어 부활절인 4월 16일 하루 전날까지 주일을 제외한 40일을 거꾸로 계산한 기간이다. 초대교회에서는 지금같이 40일이 아니라 40시간으로 지켰다고 한다. 예수님이 무덤 속에서 40시간 동안 있었던 것과 일치시키기 위해서였다. 그러다가 주후 325년에 이르러 니케아 종교회의에서 처음으로 '사십 일'로 정했다. 아무튼 사순절은 재의 수요일부터 부활절까지다.

종교개혁자들은 형식에 얽매일 필요는 없으되 거듭난 성도의 자유 안에서 사순절 동안 금식과 절제를 강조했다. 쯔빙글리는 사순절 동안 육식 절대 금지 전통을 반대했고, 루터나 칼뱅도 영적 훈련으로 금식의 긍정적인 면을 강조했지만 규범으로 못 박아 미신으로 변질되거나 금식 자체가 목적이 되면 안 된다고 경고했다.

형식의 노예가 될 필요는 없으되 40일간의 절제와 경건을 훈련하는 사순절은 오늘 우리들에게도 해당사항이다. 생선만 고집하거나 갈비나 삼겹살은 사절한다는 사순절은 사실 지켜질 수도 없지만 그것이 영적 비만의 해결책이 될 수는 없다. 사순절이 시작되기 전 열리는 축제 마디그라(Mardi Gras)는 '비만의 화요일'(Fat Tuesday)이란 뜻이다. 사순절이 시작되면 금식하며 고생살이가 시작되니까 기름진 것을 실컷 먹어 두자는 '먹자판' 카니발이 마디그라다. 지금도 뉴올리언스에서 매년 열리는 마디그라는 사순절에서 비롯된 축제지만 쾌락과 퇴폐의 페스티벌로 자리 잡았다.

오히려 불필요한 소비를 자제하고 금식이나 절식을 하면서 소외이웃 돌봄, 헌혈, 장기기증에 동참하는 것은 충분히 실천이 가능한 사순절 훈련 리스트라고 할 수 있을 것이다. 더구나 일용할 양식을 건너뛰는 금식 운동보다 더욱 필요한 것은 문화 금식 운동이다.

손을 떼지 못하는 스마트폰, 〈도깨비〉에 나오는 공유 때문에 밤잠을 설치는 드라마 마니아, 카톡이나 트위터에 아주 세월을 파묻고 살아가는 소셜미디어 중독자들이 가정과 교회에도 차고 넘친다. 지금까지 세속적인 어딘가에 정신없이 몰두해 왔던 시간들을 조금씩 덜어내어 성경, 전도, 구제, 묵상, 심방 등으로 변환시키는 거룩한 훈련이 우리 그리스도인들의 스프링 캠프가 아니겠는가?

류현진이 구속을 높이고 완벽한 제구력을 위해 지금 스프링 캠프에서 비지땀을 흘리듯, 우리도 신앙적 게으름의 비곗살을 걷어내기 위해 그렇게 해보자. 다음 주부터 시작되는 올해 사순절에는….

제1호 개신교 목사 사모님

개신교 목사 부인 제1호는 카타리나 폰 보라(Katharina von Bora)다. 마르틴 루터의 부인이다. 1517년 10월 31일은 루터가 비텐베르크 성 교회의 나무로 된 정문에 교황청을 비난하는 95개 반박문을 써 붙여 종교개혁의 불쏘시개에 불을 붙인 날이다. 그날을 우리는 종교개혁일로 지킨다. 종교개혁이라는 말보다는 가톨릭교회 개혁일, 더 광의적으로 해석하면 개신교 탄생기념일이다. 그러니까 2016년 10월 31일은 종교개혁 499주년이 되는 날이다.

95개 반박문을 써 붙일 때 루터는 당연히 숫총각이었다. 가톨릭에서는 지금도 사제는 독신으로 살아야 한다. 루터는 그것이 이상했다. 남자가 독신으로 사는 게 맞는가? 루터의 생각은 "아니올시다"였다. 에덴동산을 정밀 검사해 봐도 결론은 뻔하다. 남자가 혼자 있는 것을 보시고 좋지 않다는 것이 하나님의 판단이셨다. 그래서 남녀가 창조되었다. 사제 독신제도의 전통은 성경에 근거했다기보다는 구약시대의 관습과 희랍 사상에서 비롯되었다고 볼 수 있다.

"오직 성경"(Sola Scriptura)을 외치며 종교개혁의 횃불을 치켜든 루터에게 독신주의는 반성서적이었다. 그는 결혼을 하나님이 제정해 주신 제도로 믿었다. 예수님께서 첫 번째 기적을 통해 존중해 주신 제도가 결혼제도가 아니던가? 독신제도의 음지에서 성적 타락에 빠져 있던 교회의 부패상을 청산하기 위해서라도 성직자의 결혼은 필요하다는 견해였다.

이런 루터에게 다가선 여인이 바로 카타리나 폰 보라였다. 그녀 역시 환속 수녀였다. 1517년 이후 루터는 '스타 사제'였다. 그의 명성이 자자하게 전 유럽으로 퍼져가기 시작할 때 그의 도움으로 비텐베르크 주변 한 수도원에 머물던 12명의 수녀가 무더기 탈출에 성공했다. 수도원을 드나들던 비린내 나는 청어리 생선 통에 숨어 빠져나온 것이다. 이것은 스릴러로 찍어도 성공할 영화 소재다.

　1525년 6월 23일 당시 42세였던 루터는 16세 연하인 26세의 카타리나와 자신이 살던 검은 수도원에서 비텐베르크 시교회 목사의 주례로 결혼식을 올렸다. 개신교 제1호 결혼식, 그리고 제1호 개신교 목사 부인이 탄생된 날이다. 95개 반박문을 써 붙인 지 8년 만에 자신의 믿음대로, 자신의 성경적 결혼 신학의 소신에 의거해 결혼식을 올린 것이다. 비텐베르크 시민들은 루터의 결혼 소식에 신바람이 나서 축제를 벌였다. 1525년 이래로 지금까지 루터의 결혼기념일인 6월 23일이 되면 비텐베르크 시민들은 축제를 벌이고 있다.

　법학을 공부하여 세속적으로 출세를 기대했던 아버지에게 실망을 안겨드린 게 미안하게 느껴졌던 루터는 아버지에게 손자라도 안겨주고 싶은 소원이 있었다. 그래서 카타리나와의 사이에 아들 셋, 딸 셋 모두 6명의 자녀를 두게 되었다. 자식 풍년이었다. 그러나 두 자녀가 일찍 세상을 떠나 루터를 슬픔에 잠기게 하기도 했다.

　카타리나는 요즘말로 '똑 소리' 나는 사모였다. 이들은 루터가 거주하던 검은 수도원에서 신혼살림을 꾸렸다. 이 수도원 건물주인 프레데릭 선제후가 선물로 준 집으로, 우리 신문 주관으로 매년 실시되는 종교개혁 발상지 학습여행 때 빼놓지 않고 방문한다.

　지금은 '루터 하우스'라는 이름으로 박물관이 되었다. 방이 무려 40개나 된다. 그 넓은 옛 수도원 건물의 안주인이 된 카타리나는 지하실에서 맥주를 만들기도 하고 돼지도 기르고 밭에 야채를 가꿔 집에 드나드는 식솔들을 거둬 먹였다. 자식 외에도 페스트로 인해

부모를 잃은 고아 20여 명도 함께 살았다고 한다.

바글대는 대식구와 사도신경, 주기도문, 십계명, 시편 한 편씩을 암송하며 하루를 시작하던 카타리나는 '꿔다 놓은 보릿자루'처럼 살아야 하는 오늘날 사모들과는 크게 달랐다. 개혁신앙을 논하기 위해 찾아오는 수많은 루터의 동지들과 거침없이 대화에 끼어들기도 했고, 그럴 때마다 식탁에서 주고받던 대화들을 묶어 탄생한 것이 《식탁담화》라는 것이다. 더구나 수많은 사상적 반대파들의 도전과 협박을 받던 남편 루터에게 카타리나는 영적 버팀목 역할도 했다.

어느 날 카타리나가 상복을 입고 나타났다. 루터가 "누가 돌아가셨느냐?"라고 물었다. 카타리나는 "하나님이 죽으셨다" 하고 말했다. 루터가 화를 내면서 "무슨 쓸데없는 소리를 하느냐?"라고 소리치자 그녀가 말하기를 "만약 하나님이 죽지 않고 살아 계신다면 당신이 이렇게 좌절하고 낙심할 이유가 무엇이냐?" 하면서 루터에게 용기를 주었다. 카타리나가 용기를 줄 때마다 루터는 낙심을 털고 다시 일어나곤 했다. 그런 카타리나를 두고 루터는 "비텐베르크의 새벽별"이라고 칭송했다. 더 닭살 돋는 말도 서슴지 않았다. "만일 내가 아내를 잃는다면 비록 여왕이라 할지라도 나는 그 여자와 다시 결혼하지 않으리라."

루터가 카타리나에게 그랬다면 우리도 뭐 마다할 것이 있을까? 우리들도 사모님들에게 인심 한 번 크게 써보자. "사모님은 우리 이민교회의 새벽별"이라고.

꽃단장하고 나서는 음악회 나들이

난 요즘 에스토니아 출신 아르보 패르트(Arvo Part)가 작곡한 "슈피겔 임 슈피겔"(Spiegel im Spiegel)이란 음악에 빠져 있다. 제목은 "거울 속의 거울"이란 뜻이다. 나와 음악적 취향이 비슷한 아들의 차를 타고 가다 우연히 듣고 나서부터 좋아하게 되었다. 명상곡이다.

음악이 없으면 죽고 못 산다고 엄살떠는 수준은 아니지만 장르를 초월하여 두루 좋아하는 편이다. 한국의 알리라는 가수의 노래를 듣고는 숨이 멎는 줄 알았다. 저런 가수가 있었다니! 오페라 "캐츠"에 나오는 그리자벨라가 부른 "메모리"나 영화 "레미제라블"에서 앤 해서웨이가 부른 "I Dreamed a Dream"과 같은 노래도 좋아한다. "The Water is Wide"도 즐겨 듣지만 한국 가곡 "청산에 살리라"는 또 얼마나 좋은가? 두루두루 좋아하니 '잡식성' 애호가라고 해야 하나?

요즘엔 그 알량한 저작권 때문에 음악도 함부로 내려받지 못하고 유튜브에서 찾아 듣는 게 고작이다. 좋아하는 애창곡을 CD에 카피하여 인심 좋게 유통되던 때가 있었건만 그것도 미국 헌법 위배사항이 되어 해적판 CD는 온데간데없이 사라지고 말았다.

그런데 우리 주변에는 그런 해적판 수준과는 비교할 수 없는 격조 있는 '생음악'이 흔하게 깔려 있다는 생각을 하면서 이제 생음악과 가깝게 살아보겠다는 다짐을 했다. 지난주 남가주 연세콰이어

정기연주회를 참석하고 그런 다짐을 한 것이다. '고만고만한 수준에 고만고만한 노래들이겠지'라고 생각하고 체면치레로 참석한 자리였다. 그런데 남모르는 감동이 밀려오는 게 아닌가? 초청가수 테너 이성은 씨가 부른 김연준의 "청산에 살리라"에서부터 오페라 "사랑의 묘약" 중 "남몰래 흐르는 눈물", 앵콜 요청을 받고 불러준 "오 솔레 미오", "유 레이즈 미 업" 등 주옥 같은 노래들이 울려 퍼지자 관객들은 숨을 죽이며 노래 속에 빠져드는 듯했다. 나도 그랬다.

며칠 전 진정우 씨가 지휘하는 나성서울코랄 제72회 정기연주회가 열렸다. 하이든, 모차르트, 베르디의 음악들이 무대에 올랐다. 72회씩이나 정기 연주회가 열렸건만 나 같은 사람은 범접해선 안 되는 곳인 줄 알고 무심코 지나치며 살아왔다. 그냥 무관심이었다.

한인커뮤니티에 합창단이 너무 많다느니, 실력 없는 사람들이 설친다는 등 부정적인 말들이 오갈 때마다 나 또한 묵시적으로 동조하는 편이었는데 내 생각이 잘못이었다. 합창단이 많아 나쁠 게 없다. 실력 있는 음악가는 날 때부터 그렇게 태어나는가? 모든 합창단은 나름대로 실력을 연마하고 매주 모여 갈고 닦은 노래들을 무대에 올리는 정기 연주회를 개최한다. 그런 연주회가 많아질수록 이민사회의 문화 수준은 당연히 업그레이드될 것이 아닌가?

포스터를 붙이고 초대권을 돌려대도 본 척, 만 척하는 행위는 음악에 헌신하는 분들에게 예의가 아니다. 어디 가서 모차르트나 하이든과 같은 명곡들을 공짜로 들을 수 있단 말인가? 입장료를 받는 음악회는 극히 일부에 불과하다. "입장료는 없습니다. 오셔만 주세요"라고 초청을 해도 별로 흥미 없다는 척 거만을 떤다.

공짜로 음악을 즐기는 시대는 이제 지나가고 있다. 그러면 그 좋은 '생음악'을 고생 끝에 준비하여 무대에 올리는 날, 초대를 하면 꽃단장을 하고 찾아가 주는 것이 문화인이요, 열악한 환경을 딛고 정열을 쏟는 분들에게 주는 격려의 박수가 아니겠는가?

고단하게 이민생활을 하면서 꽃단장하고 나설 때가 많지 않을 것이다. 물론 주일이면 주님을 예배하는 날이니 당연히 꽃단장이다. 그러나 결혼식, 장례식 빼고는 넥타이를 매거나 이런저런 일로 사서 모았던 반지나 목걸이를 걸치는 경우가 흔치 않다. 어디서 연주회가 열린다 하면 "이때다!" 하고 꽃단장을 하고 나선다. 귀족이라도 된 기분으로 생음악을 즐기러 나서는 것이다. 공짜니까 마음도 가볍다.

몇 년 전 도나우 강이 흐르는 오스트리아 비엔나를 방문했을 때 한 음악회에 간 적이 있다. 음악과 낭만의 도시인답게 사람들의 표정과 매너가 황실가족인 양 고상함이 넘쳐나고 있었다. 모두 요한 슈트라우스의 왈츠를 추러 나온 귀족처럼 느껴졌다.

우리 한인 커뮤니티의 다양한 연주회에 기를 쓰고 참석하는 극성을 부려 보자. 음악과 친해지다 보면 음악처럼 아름다운 인생이 열릴 수도 있다. 독일의 괴테는 이런 말을 했다. "음악을 사랑하지 않는 사람은 사람이라 말할 자격도 없다"라고.

더구나 대부분의 연주회에는 성가곡 한두 곡이 안 들어가는 경우가 없다. 믿는 사람들에겐 더욱 좋은 일이다. 험하게 고생하며 살지라도, 음악을 들으며 인생의 품격을 높여 보자.

전쟁터에 피어난 희망의 꽃, '하얀 헬멧'

시리아(Syria)가 우리에게 큰 관심을 끌게 하는 나라는 아니다. 무슨 난리가 났다고 해도 '이슬람 국가인 그 나라의 수니파와 시아파의 싸움질이겠지' 하고 그냥 넘어간다. 그런데 우리말 성경에 '수리아'로 표기되는 이 나라가 구약에서는 아람이라는 나라로 불렸던 곳이다. 아브라함의 아들 이삭과 이삭의 아들 야곱이 이곳 아람 여자들과 결혼했다. 바로 이삭과 야곱의 처갓집이다. 그의 후손들이 이스라엘이 되었으니, 시리아는 이스라엘의 어머니 나라가 아닌가?

그뿐 아니다. 초대교인들을 손봐주겠다고 거품 물고 다니던 사울이 다메섹으로 가는 길에 영적 회심을 하고 사도 바울로 태어난 곳도 시리아요, 기독교 역사상 최초로 선교사를 파송한 안디옥 교회가 시리아에 있었으니 초대교회 역사와도 밀접한 관계가 있다.

더욱 놀라운 것은 '뼛속까지' 이슬람 국가인 것처럼 느껴지는 이 나라 인구 가운데 13%가 기독교인이라고 한다. 우리가 무슬림 천지라고 그냥 못 본 척 스치고 지나칠 나라는 아닌 것이다.

한때 중동과 북아프리카를 휩쓸던 '아랍의 봄'에 영향을 받은 이 나라도 2011년부터 정부군, 그러니까 냉혈한이라고 국제사회에서 벌레 취급을 당하고 있는 유명한 독재자 아사드 대통령과 이에 반기를 들고 싸우고 있는 반군 사이에 살벌한 내전이 계속되고 있다.

내전의 배후에는 미국과 소련이 버티고 있다. 소련의 푸틴은 독재자 아사드의 편을 들고 있고, 반군의 배후에는 미국이 있다. 시리아 사람들은 전쟁터가 된 집과 고향을 떠나 필사적으로 고국을 탈출하여 유럽행 난민대열에 합류하고 있고, 파도에 밀려 지중해 모래바닥에 죽은 채 엎드려 있던 한 어린아이의 시체 사진이 SNS를 타고 확산되는 바람에 난민 문제를 더 이상 방치해서는 안 된다는 '양심주사'를 세계인들의 가슴에 찔러 준 나라도 시리아였다.

시리아 내전이 시작된 2011년 이래 누적 사망자 수가 무려 30만 명이다. 그 희생자들 가운데 민간인이 총 8만6천여 명, 어린이도 1만 5천여 명이 희생됐다고 한다. 아사드 독재정권의 무자비한 철퇴를 맞고 목숨을 잃은 시리아 국민이 지구촌의 패륜아로 불리는 이슬람국가(IS)가 죽인 사람들의 8배에 달한다는 통계도 나왔다.

"우리는 매 시간, 매 분마다 죽어 가고 있다"라고 절규하는 시리아 난민들의 비명소리를 UN도, 국제사회도 못들은 척 외면하고 있는 이 생지옥 같은 전쟁터에 돌연변이 꽃 한송이가 피어났다. 정말 평화의 꽃이요, 희망의 꽃인 셈이다. 살벌하고 척박한 전쟁터에서 피어난 이 꽃은 다름 아닌 하얀 헬멧(White Helmets)이다.

올해 노벨평화상은 후안 마누엘 산토스라는 현재 콜롬비아 대통령에게 돌아갔지만 지구촌 곳곳에서 이 하얀 헬멧이 받아야 한다는 여론이 지배적이었다. 하얀 헬멧? 전쟁터의 잿더미 속에서 갓난아기를 구조하는 영상이 온라인을 타고 전 세계로 퍼져나가면서 금방 글로벌 영웅으로 떠 오른 것이 하얀 헬멧이다. 하얀 헬멧은 시리아 시민방위대(SCD)를 두고 하는 말이다. 이들이 포화 속에서 죽어가는 사람들을 살려내기 위해 소유하고 있는 유일한 의료도구 하나가 바로 하얀 헬멧이다. 그래서 붙여진 별명이다.

하얀 헬멧은 2013년부터 시민들이 자발적으로 꾸린 민간인 구호기구로, 제빵사, 약사, 목수, 학생, 재단사 등 직업도 다양하지만 자발적으로 헬멧을 쓰고 폐허 속에 진입하여 신음하며 죽어 가는 생명들을 구해내고 있다. 현재 하얀 헬멧 대원들은 2,900명에 달하고 있고 이들 덕분에 목숨을 건진 이가 6만여 명이나 된다. 엄청난 사람들을 살려낸 것이다. 포화 속을 헤치고 다니다 죽는 사람도 많았다. 지금까지 다른 사람의 목숨을 건지려다가 목숨을 잃은 하얀 헬멧 사망자는 141명에 달한다. 이들은 부상자를 찾아가서 어느 편이냐고 묻지 않는다. 사람을 죽이는 전쟁터에서 살리는 일에만 열중한다. 나이팅게일을 연상케 하는 사람들이다.

영국 〈가디언〉은 지난 2016년 노벨평화상 후보 중 대중적 선호도가 가장 높은 대상은 단연 하얀 헬멧이었다고 강조했다. 그러나 노벨평화상이 다른 사람에게 돌아가자 온라인상에 하얀 헬멧을 응원하는 글이 이어졌다. 네티즌들은 "하얀 헬멧의 상은 지상이 아니라 천국에 있다"라는 등의 반응을 보였다. 노벨상은 아니지만 대안 노벨상으로 불리는 "바른생활상"(Right Livelihood Award)을 받았다.

지난주 〈타임〉지는 "누구든지 한 생명을 구하는 자는 온 인류를 구하는 자"라는 제목하에 이들을 커버스토리로 다뤘다. 꽃보다 아름다운 전쟁터의 휴머니즘, 하얀 헬멧. 금년은 지나갔지만 내년에라도 노벨상을 타면 좋지 않을까? 100만 달러가 넘는 상금으로 더 많은 헬멧을 통해 구할 수 있을 테니까.

임동선 목사님에 대한 추억

한국의 언론통폐합 유탄을 맞고 이곳 LA에 떨어져서 호구지책으로 우선 일간지 기자로 일할 때 나는 임동선 목사님을 만났다. 1980년대 초였다. 그때는 동양선교교회가 한창 잘 나가던 때였다. 교회에 나가든, 안 나가든 임동선 목사님을 모르면 간첩이었다.

언론계 선배 한 분이 그 교회 집사였는데 한번은 자기 집에 임 목사님이 심방 오신 얘기를 전해 주었다. 심방 예배 중 네 명이나 되는 자녀들의 이름을 꼬박꼬박 열거해 가며 기도해 주시는 바람에 그때부터 임 목사님에게 뿅 갔다는 것이다. 임 목사님이 은퇴할 때까지 그 선배는 동양선교교회의 충성스러운 교인이었다.

나중에 들은 말이지만 임 목사님은 어느 집에 심방을 가든 그 집에 거하는 할아버지, 할머니에서부터 손자, 증손자까지의 이름을 모두 외우고 간다고 들었다. '대형교회 담임목사님이 어디 우리 아이들 이름까지 일일이 기억하시겠어?'라고 생각하고 있던 교인들에게 임 목사님은 한 방으로 감동을 선사하곤 하셨다. 그분의 따뜻하고 세심한 배려는 한국에서의 그 잘난 신분을 다 내려놓고 고단하고 서럽게 살아가는 이민자들의 눈물을 닦아주기에 충분했다. 동양선교교회로 사람들이 구름처럼 몰려드는 이유이기도 했다.

1989년 서울 〈월간목회〉 발행인 박종구 목사님의 부탁을 받고 나는 《미국의 8대 한인교회》라는 책을 펴냈다. 그때 박 목사님과 상의

하여 미국의 8대 한인교회로 선정한 교회들은 나성영락교회(김계용 목사), 나성한인교회(김의환 목사), 시카고제일연합감리교회(조은철 목사), 뉴욕한인교회(차원태 목사), 나성빌라델비아교회(조천일 목사), 순복음뉴욕교회(김남수 목사), 워싱턴 제일한인침례교회(이동원 목사), 그리고 동양선교교회(임동선 목사)였다.

기자생활을 접고 클레어몬트 신학교에서 M.Div. 과정을 밟고 있을 때였다. 그런데 나의 처녀작이었던 그 책 1천여 권을 임 목사님이 사주시는 게 아닌가? 그 바람에 신학교 한 학기 등록금을 해결했다. 물론 신학생 격려 차원이었다. 목사님은 한인 교계의 '큰 손'이셨고 가난한 신학생들, 개척교회 목회자들을 돕는 일에 인색함이 없으셨다. 기자라고 하면 어디에선가 느껴지던 거만함, 속에 들은 것도 없이 목에 힘이 잔뜩 들어간 속물근성이 엿보였는지 목사로 변신한 나를 만나기만 하면 "이젠 기자 모습 거의 탈색되고 목사 모습이 보여요"라고 웃으면서 말씀해 주시던 기억이 난다.

임 목사님은 수많은 목회자 세미나에서 강사로 나설 때마다 생생한 교훈을 전해 주셨다. 지금도 기억에 남는 것은 목사는 설교에 목숨을 걸어야 한다는 말씀이다. 설교 원고를 준비해서 달달 외우고 강단에서는 그 원고를 무시해 버리고 성령께서 인도하시는 대로 외치라고 하셨다.

또 절대로 사람을 믿지 말라는 가르치셨다. 그분은 서슴지 않고 이런 말씀도 하셨다. "여러분, 사람을 믿느니 개를 믿으세요. 사람은 믿을 수 없습니다. 오직 하나님만 의지하세요." 그분이라고 목회에 시련과 고난이 없었을까? 그래서 하는 말씀이었을 것이다.

세계선교에 남다른 열정을 가지고 남미, 유럽, 아프리카 등 전 세계를 대상으로 교회를 개척하며 선교사들을 파송했다. 그래서 임 목사님이 은퇴 후 세운 대학의 이름도 '월드미션 대학교'였다. 90세가 훨씬 넘은 나이에 남미 선교여행을 다녀오실 만큼 세계선교에 대한 열정이 대단했다. 누군가는 그분을 "동양의 사도 바울"이라고 했다.

이민자들을 받아주고 우리 모국어로 신앙생활을 할 수 있도록 무한한 자유를 허락하고 있는 미국에 늘 빚진 마음을 갖고 1등 시민으로 살아야 한다고 강조하셨다. 공항 화장실에 가면 어지럽게 바닥에 널려 있는 휴지들을 손으로 모아 쓰레기통에 버리고 깨끗하게 청소한 적이 있다는 일화를 전해 주면서 그것이 이 나라에 빚을 갚는 마음이요, 1등 시민으로 사는 길이라고 가르치셨다.

그런 큰 어른 임동선 목사님이 별세하셨다. 남가주 한인 교계 4인방으로 불리던 네 분의 목사님, 나성영락교회 김계용 목사님, 나성한인교회 김의환 목사님은 이미 돌아가시고 임 목사님도 우리 곁을 떠나셨으니, 남은 분은 나성빌라델비아교회 조천일 목사님뿐이셨는데, 그분도 2017년 8월에 89세를 일기로 하나님의 부르심을 받았다.

4인방은 부정적인 뜻보다는 서로 협력하고 힘을 모아 이민교회를 보호하는 네 기둥이라는 뜻에서 긍정적인 말로 통했다. 그 4인방의 영적 리더십 때문에 LA 한인사회는 덩달아 함께 발전해 왔다고 봐야 한다. 그런데 그 네 분들이 눈물과 기도로 세운 대형교회들이 지금 어떤 모습을 하고 있는가?

"존경하는 임 목사님, 목사님의 빈자리를 누가 메울 수 있을까요? 다만 목사님의 마지막 설교집 제목처럼 《이 시대의 소망은 오직 복음》이라는 말씀을 우리 시대에 주시는 마지막 유언으로 받아 복음으로 소망을 삼는 세상을 만들어가겠습니다. 이제 주님의 품 안에서 영원한 안식을 누리소서."

드론이 성경을 전파하는 시대

드론(Drone)이란 것이 있다고 들었지만 골목길에서 중고등학생들이 갖고 노는 장난감인 줄로만 알았다. 무선으로 모형 비행기를 오르내리게 조종해서 몇 시간 동안 놀다 집어치우는 부잣집 아이들이 가지고 노는 고급 장난감인 줄 알았는데, 알고 보니 그게 아니었다. '아마존'까지 당차게 덤벼들어 배송시스템으로 상용화하고 있는 중이라니, 드론이 언젠가는 일을 낼 때가 오겠거니 생각 중이다.

드론은 사람이 타지 않고 무선전파의 유도에 의해서 비행하는 비행기나 헬리콥터 모양의 비행체를 말한다. 한마디로 말하면 무인비행체다. 처음에는 공군기나 고사포, 혹은 미사일의 연습사격에 적기 대신 표적 구실로 사용되었다고 한다.

무선 기술의 발달과 함께 정찰기능으로 드론을 활용하면서 적의 내륙 깊숙이 침투하여 정찰도 하고 감시도 하는 용도로 사용되고 있다. 무인비행체니까 적이 쏘는 기관총 따위는 겁낼 필요가 없다. 이런 군사적 목적 외에도 개인 취미생활에도 큰 변화를 주고 있다. 사람이 접근할 수 없는 정글이나 오지, 자연재해 지역에 드론을 띄우면 위험하지 않게 하고 싶은 일들을 수행할 수 있기 때문이다.

예를 들면 지난달 페루의 '공중도시' 마추픽추에 오른 한 유럽 청년이 공중에 떠 있는 것처럼 셀카를 찍으려다 실족사하고 말았다. 이제는 그런 위험을 감수하지 않아도 된다. 드론을 띄워 위험한 오지 사진이나 절경 사진을 마음껏 찍을 수 있다.

나이아가라 폭포나 브라질의 이과수 폭포, 혹은 그랜드캐년과 같은 세계적 관광명소에 가보자고 평생 마음먹을지라도 돈 없고 시간 없고 건강이 허락하지 않아 포기하는 경우도 많다. 이제는 드론이 대신 여행 서비스를 해주는 시대가 올 것이다.

안방에서 드론이 찍어주는 공중 관측사진으로 관광명소의 현장감을 그대로 즐길 수 있는 시대가 멀지 않았다. 드론의 상용화가 이처럼 본격화되면 폐업여행사가 속출할지도 모른다. 그러니까 단순한 수송 목적 외에도 드론의 활용 범위가 이렇게 다양하게 확대될 전망이어서 '무한가능성의 총아'란 극찬을 받고 있는 것이 드론이다.

2013년 이후 드론의 상업적 가능성을 인정받기 시작하면서 드론을 이용한 피자 배달 실험이 이미 성공을 거뒀고, 세계 최대 전자 상거래 업체 '아마존'은 드론을 이용해 책 배달 서비스를 상용화하겠다고 선언하고 시행단계에 들어서는 중이다. 지금 배송업계의 큰손인 페덱스나 UPS가 아마 밤잠을 설치고 있을지도 모른다.

나는 드론이 그냥 군사 목적, 상업 목적으로 괜찮은 수단이겠거니 했는데 이게 웬일인가? 그것이 선교목적으로도 아주 요긴하게 활용될 수 있다는 가능성을 열게 해준 교회가 있다.

스웨덴 웁살라에 있는 '생명의 말씀 교회'다. 이 교회는 지금 세상을 폭력의 공포로 몰고 가는 이슬람 국가(ISIS) 점령 지역에 살고 있는 불쌍한 주민들을 위해 드론을 이용하여 성경을 배포하겠다는 계획을 지난주 발표했다. 이 교회는 교인총회에서 예수 그리스도의 사랑과 희망의 복음을 전하기 위해 이 같은 드론 프로젝트를 통과시켰다고 발표했다. 몇 주 내에 이 프로젝트가 실행에 옮겨지면 중동의 하늘 아래 수천 권의 성경책이 공중 전파될 것으로 기대하고 있다. 이 교회 교인들은 이슬람 민병대에 의한 무고한 주민들의 학살이 계속되고 있는 현실 속에서 그곳이 더욱 절실하게 성경이 필요하지역이라고 입을 모았다.

　이 교회가 공중 전파할 성경은 전기가 없어도 볼 수 있는 디지털 성경이라고 한다. 아이디어가 기가 막히다. 그러면 소련이나 중국 등 폐쇄된 지역이나 접근이 불가능한 지역에 드론을 띄운다면 선교사님들이 발품을 팔지 않아도 성경의 직접 살포가 가능할 수 있지 않은가?

　아니, 북한은 또 어떤가? 북한 인권을 고발하는 탈북자들이 임진강에서 띄우는 고무풍선 대신에 전도지와 1불짜리 지폐를 담고, 라면이나 쌀도 담아 드론을 띄운다면 이건 또 얼마나 좋은 북한선교의 도구가 되겠는가?

　위에 말한 그 스웨덴 교회는 성경뿐만 아니라 의약품, 식량, 의복 등을 담아 앞으로 세계의 난민수용 지역에도 드론을 띄우는 방법을 개발할 예정이라고 한다. 선교 도구뿐만 아니라 인도주의 차원에서도 잘만 활용하면 사람을 살리는 문명의 이기가 될 수 있다. 드론을 이용한 세계선교 시대가 정말 밝아오려나?

스테판 커리의 4:13

농구 황제 마이클 조던 이후 신드롬을 일으키고 있는 NBA 선수가 골든스테이트 워리어스의 스테판 커리(Stephen Curry)다. 수백 명이 커리와 사진 찍기 위해 새벽 2시까지 호텔에서 기다리기가 예사라고 한다.

3점 슛을 얼마나 기똥차게 넣는지 언론들은 그를 "3점슛의 혁명가", "엽기적 3점슛", "미친 3점슛" 등 찬사를 아끼지 않는다. 기록을 살펴보면 이렇다. 한 시즌 최다 3점슛 기록, NBA 최초로 2경기 연속 3점슛 10개 성공, 한 경기 3점슛 최다 성공 공동 1위, 월간 3점슛 최다 성공 역대 1위 등 3점슛으로 세울 수 있는 모든 기록을 갈아치우고 있는 슈퍼스타다.

이제 마이클 조던, 샤킬 오닐, 코비 브라이언트, 르브론 제임스 등 기라성 같은 NBA 스타 반열은 물론 그들을 능가하는 놀라운 실력으로 팬들에게 다가서고 있는 커리가 광고계약을 맺고 있는 스포츠 용품 회사는 언더아머(Under Armour)이다. 현재 프로골프(PGA) 세계 1등을 달리고 있는 조던 스피스와 같은 회사다. 조던 스피스의 모자와 티셔츠를 통해 나는 처음 언더아머라는 회사를 알게 되었다. 알고 보니 뉴잉글랜드 패트리어츠의 쿼터백 톰 브래디, 여자 스키선수 린지 본도 언더아머가 후원업체다.

스테판 커리는 본래 나이키와 계약을 맺고 있었다. 나이키는 250만 달러를 주고 재계약을 원했으나 언더아머가 400만 달러를 제시하자 언더아머와 계약을 맺었다. 그러나 지난 몇 주 전 SNS를 통해 떠도는 소문은 농구화에 성경 구절을 넣자는 커리의 제안을 나이키가 거부하면서 언더아머 행을 선택했다는 것이다.

나이키는 커리가 NBA의 슈퍼스타로 떠오를 줄은 예상을 못하다가 뒤통수를 맞은 꼴이 된 것이다. 아직까지도 농구화 시장은 나이키가 압도적이다. 둘째가 아디다스, 언더아머가 3위다. 그러나 언더아머는 커리의 제안을 받아들여 '커리1'이란 농구화를 출시시켜 지난 2015년 무려 1억 달러의 판매고를 올렸다. 거의 품절 수준이었단다. 나이키가 농구화 '조던 시리즈'를 출시하여 큰 재미를 본 것처럼 언더아머도 운동화 장사에서 놀라운 대박을 터트렸다.

커리의 언더아머 농구화에는 그가 원했던 성경 구절이 새겨져 있다. 커리 운동화 텅(농구화에서 발등을 덮고 있는 입술과 같은 부드러운 부분)에는 '4:13'이란 숫자가 새겨져 있다. 무슨 뜻일까? 이는 커리가 좋아하는 성경구절 빌립보서 4장 13절을 뜻한다. "내게 능력 주시는 자 안에서 내가 모든 것을 할 수 있느니라." 나이키는 농구화에 그 성경 구절을 새겨 넣자는 제안을 거부했고, 언더아머는 이를 받아들여 대박을 터트린 것이다.

스포츠 스타들이 신앙에 따라 빅토리 세리머니를 하는 장면을 목격할 때 큰 감동을 받는다. 덴버 브롱코스의 쿼터백이던 팀 티보의 빅토리 세리머니는 그리스도인들의 가슴을 뭉클하게 했다. 빅토리 세리머니만이 아니다. 경기 중 기도하는 모습을 볼 때도 그렇다.

수많은 야구 선수들이 안타를 치거나 홈런에 성공하면 하나님께 감사한다는 뜻에서 손으로 하늘을 가리키는 모습들을 연출한다. 다저스의 1루수 애드리안 곤잘레스가 대표적이다. 다저스의 마무리 투수 켄리 잔슨은 마운드에 올라설 때마다 조용히 머리 숙여 기도를 한 다음 타자를 향해 볼을 뿌린다.

운동선수로서 하나님께 쓰임받은 대표적인 사람은 야구 선수 빌리 선데이다. 20세기 초 약 30년 동안 빌리 선데이는 가장 인기 있고 가장 많은 사람들에게 복음을 전파한 복음전도자였다.

2016년 프로야구 메이저 리그에는 한국 선수들이 대거 입성하여 스프링 캠프에서 훈련했다. 추신수, 강정호, 류현진, 박병호, 이대호, 김현수, 오승환 등이다. 이렇게 많은 코리언 메이저 리거들이 미국 무대에 등장하는 것을 보면 자랑스럽고 기분도 좋아진다.

여자 골프 LPGA는 말할 것도 없다. 여름철 미루나무에 매미가 붙어 있듯 LPGA 리더보드에 태극기가 줄줄이 붙어 있는 날을 보면 "역시 한국 선수들 대단해!" 하는 감탄사가 절로 나온다. 골프계에서는 이들을 "서울 시스터즈"라고 부르는 모양이다. 이들 가운데 세계 랭킹 1위 리디아 고, 2위 박인비는 크리스천으로 알려졌다. 서울 시스터즈 가운데 많은 선수들이 크리스천이라고 들었다. PGA에서 '탱크'란 별명을 가진 최경주 선수는 정규시즌이 끝나면 간증집회 강사로 초청되어 다닐 만큼 열심히 복음을 전파하고 있다.

만약 커리의 4:13처럼 골프계를 주름잡는 한국 크리스천 선수들의 골프백에 성경 구절이 새겨지고 메이저리그 코리언 선수들의 '빳다'(야구방망이)에 성경 구절이 새겨지는 날이 온다면 그들을 보는 것만으로도 경기장에 넘쳐나는 감동이 얼마나 충만하리요.

광고 계약을 맺으면서 자신이 좋아하는 성경 구절을 고집했다던 스테판 커리에 관한 뉴스를 접하면서 바울이 디모데에게 "때를 얻든지 못 얻든지 복음을 전파하라"고 당부한 말씀이 생각이 난다. 우리도 마땅히 커리처럼 살아야 할 텐데….

노숙자 텐트촌의 크리스마스트리

지난주 뉴올리언스에서 벌어진 일이다. 폰처트레인 익스프레스라는 고가도로 밑에 노숙자들이 모여 살고 있었다. 그 가운데 존이란 사람이 길 가던 한 운전자에게 현금 100달러를 받았다. 노숙자에게 100달러라. 얼마나 큰 돈인가? 그것은 엄청난 행운이었다.

천금 같은 100달러로 그는 크리스마스트리를 샀다. 노숙자들이 있는 고가도로 밑을 크리스마스트리로 장식하고 싶어서였다. 몸과 마음이 얼어붙은 이들에게 이 성탄의 계절, 희망과 미소를 선사해주고 싶었던 것이다. 금요일 아침이 되자 잔인한 일이 벌어졌다. 시 당국의 쓰레기차가 오더니 세워둔 크리스마스트리를 모조리 수거해갔다. 그들에겐 노숙자 텐트촌의 크리스마스트리는 단순히 쓰레기였다. 한 노숙자가 100달러를 들여 세워놓은 크리스마스트리들은 허무하게 쓰레기 덤프트럭 속으로 사라져버렸다.

이 사실이 SNS로 퍼지며 시민들은 화가 났다. "뉴올리언스가 부끄럽다", "크리스마스트리 잡을 생각 말고 범인들이나 잡아라" 등 항의 문자가 빗발쳤다. 어떤 이는 여러 개의 크리스마스트리를 사다가 그 노숙자 텐트촌에 세웠고 어떤 이들은 오너먼트를 들고 와 직접 트리를 장식하고 가기도 했다. 누군가는 트리를 장식하면서 "100달러를 들여 여기 처음 트리를 세운 그 노숙자에게 세상엔 아직 악한 사람보다 선한 사람이 더 많다는 것을 보여주고 싶었다"고 했다.

세상이 어찌 되어 가는지 "크리스마스"라는 말은 실종되어 가고 성탄절이 가까워 오면 흔하게 만날 수 있었던 너티비티(Nativity), 즉 예수님 탄생 장면을 그린 그림도 흔치 않아졌다. 요셉과 마리아가 서 있는 베들레헴 마구간 모형을 교회당 잔디밭에 설치하던 열정도 크게 줄었다.

교회당에 진짜 낙타가 등장하고 하늘에서는 천사가 둥둥 떠다니는 웅장한 스케일의 성탄 뮤지컬 "글로리 오브 크리스마스"도 수정교회가 그 전설적인 캐시드럴(Cathedral)을 매각하면서 역사 속으로 사라졌다. "할렐루야" 공연도 예전 같지가 않다. "빈 방 없어요?"라는 크리스마스 연극도 자취를 감췄다. 크리스마스는 "할리데이"라는 말로 바꿔치기 당해 상업주의에 매몰된 듯 보인다.

스타벅스가 크리스마스를 연상시키는 모든 디자인을 커피 컵에서 없애 버리고 그냥 빨강색으로 통일시키면서 자신들은 크리스마스와 상관없는 척 선을 그었다. 세상이 이런 식으로 돌아가는 마당에 노숙자 한 사람이 그들의 텐트촌에 크리스마스트리를 세워놓은 이야기는 감동적이다. 그 트리들이 시 당국의 덤프트럭에 떠밀려 갔건만 다시 트리를 세워주려는 시민들이 줄을 이었다는 소식은 더욱 그렇다. 그러므로 크리스마스는 여전히 "하나님이 기뻐하신 사람들 중에" 그 무엇과도 바꿀 수 없는 복되고 반가운 최고의 굿뉴스다.

LA 지역에 하루종일 크리스마스캐럴을 들려주는 라디오 방송이 있다. FM 103.5, 즉 KOST라는 방송이다. 추수감사절 일주일 전부터 12월 26일까지 뉴스도 없이 크리스마스캐럴과 성가곡으로 프로그램을 채운다. 셀린 디온의 "노엘 노엘", 머라이어 캐리의 "All I Want for Christmas is You"도 하루에 수십 번씩 들린다. 대림절 때마다 나의 자동차 라디오 방송 스테이션은 당연히 KOST에 고정된다.

크리스마스카드도 마찬가지다. 크리스마스를 웃고 즐기는 명절로 여기는 만화가 판을 치는 것처럼 보인다. 어디에 가도 경건하고 거룩한 크리스마스카드를 구하기가 힘들어졌다. 모처럼 월마트를 가 보니 거기는 달랐다. 아예 성경 구절까지 들어간 '기독교적' 성탄절 카드가 수두룩했다. 왜 이런 카드 팔고 있냐고 정신없는 안티기독교가 소송을 걸어올지 모른다는 걱정 따위는 찾아볼 수 없었다.

그런 기업이 한둘인가? 배짱 좋게 예수를 드러내놓고 장사하는 친기독교 업체들은 월마트 말고도 얼마든지 많이 있다. 닭고기 샌드위치 체인 칙필라(Chic-fil-a)부터 다양한 취미생활 재료를 파는 하비로비(Hobby Lobby), 자동차용 배터리를 취급하는 인터스테이트 배터리(Interstate Batteries), 식품체인 타이슨 푸드(Tyson Foods), 미국 남부 생활을 테마로 한 레스토랑-선물가게 체인인 크래커 배럴(Cracker Barrel), 크리스천들을 위한 비영리 재정기획 회사인 트라이벤트 파이낸셜(Thrivent Financial)이라는 기업도 있다.

동방박사들처럼 두려워하지 말고 아기 예수를 경배하자. 목자들처럼 기쁨에 넘쳐 크리스마스를 축하하자. 세상의 안티 크리스마스 세력의 눈치를 보며 굴복할 필요 없다.

첫 번째 크리스마스가 없었다면 인류의 역사는 지금 어디로 흘러가고 있을까? 노숙자 텐트촌에 크리스마스트리를 세우기 위해 구걸해서 받은 100달러를 꺼내드는 그 노숙자의 마음으로 크리스마스를 맞이하자. 구세주가 탄생했으니 이보다 더 기쁠 수는 없다.

그래서 우리 모두 베리 메리 크리스마스!

강매로 구박받는 음악회 입장권

극장이나 공연장, 혹은 경기장에 들어가려면 티켓을 사야 한다. 요즘 〈스펙터〉라는 007영화를 상영하는 일반 극장에서는 시니어나 학생들에게 할인가격을 적용하여 10불 미만이지만 LA 뮤직센터나 디즈니 콘서트 홀은 가격이 훨씬 높다. 오페라만 공연하는 헐리웃의 팬테이지 시어터 같은 곳은 입장료가 비싸 최저임금을 받고 일하는 사람들은 엄두가 나질 않는다.

그런 티켓 가격은 약과다. 디즈니랜드 입장료는 무려 99달러다. 어린이 놀이터 가는 데 1인에 99달러니, 4인 가구 한 가정이 입장하려면 400달러가 필요하다.

야구장으로 가보자. 캔사스시티 로열스의 승리로 끝난 2015년 월드시리즈 뉴욕 메츠와의 경기 3-5차전은 메츠의 홈구장 시티 필드에서 열렸다. 티켓 평균 가격이 1,667달러였다. 월드시리즈라고는 해도 야구장 1회 입장료가 1,600여 달러라면 좀 미친 짓 아닌가?

미친 곳은 또 있다. 미국 사회 최대 명절은 크리스마스나 추수감사절이 아닌 슈퍼볼이 열리는 슈퍼선데이다. 미국 사람들은 풋볼에 환장한 이들 같다. 매년 1월 말에서 2월 초 슈퍼볼이 열린다. 2015년 제49회 경기는 애리조나 피닉스 대학교에서 열렸다. 슈퍼볼 입장권은 얼마였을까? 최저 2천800달러에서 최고 1만3천 달러였다. 티켓 가격이 1만 달러가 넘어간다면, 이것이 정상일까?

사실 프로야구나 농구, 프로 골퍼들의 연봉은 입을 쩍 벌어지게 만든다. 서민들이 악착같이 안 쓰고 저축하며 살아봤자 프로선수들의 '껌값' 수준을 넘어설 수 없다. 그렇지만 숨 막히게 무한경쟁을 부추기는 자본주의 세상의 속성이려니 하고 그냥 넘어간다.

그러나 은근히 화가 날 때도 있다. 도대체 1만 달러 입장료를 내고 슈퍼볼 구경을 가는 사람들은 조상님들에게 얼마나 많은 공돈을 물려받은 사람들일까? 자기가 땀 흘려 번 돈이라면 억울해서라도 겁 없이 그런 멘탈 붕괴 입장료를 지불할 수는 없을 것 같다.

주류사회 스포츠나 문화가의 이런 입장료와는 달리 한인사회에도 입장 티켓은 있다. 대개 음악회 입장권이다. 동문회 연주회를 비롯하여 한인사회에 음악회가 풍성해지는 것은 자랑스러운 일이다. 그러나 연주회 입장 티켓은 티켓 마스터를 통해 에누리 없이 입장료를 받겠다는 일류 공연장과는 달리 초대권으로 활용되는 경우가 대부분이다. 그래서 티켓에 Free Admission이라고 써 놓는다.

조수미 씨나 이미자 씨가 와서 여는 음악회라면 무료 입장을 기대할 수 없을 것이다. 전문 성악가들의 연주회에 공짜로 입장하겠다는 것도 도둑심보에 가깝다. 그런데 돈 주고 오라고 해도 갈까 말까 한 음악회도 사실 많다. 더욱 가관인 것은 그런 음악회를 열어 놓고 꼬박꼬박 입장료를 내놓으라고 하면 '한인들을 무슨 봉인 줄 아는가?' 해서 기분이 나빠지기 시작한다. 더구나 20달러라고 인쇄된 입장권을 들고 다니며 만나는 사람마다 강매하러 다니는 사람들도 있지 않은가? 그러니까 교회나 무슨 단체에게 100장, 200장의 티켓을 강제로 떠맡기면서 나중에 200장을 맡겼으니 4,000불을 가져오라고 인보이스를 발부한다면 시대착오적인 강도짓으로 볼 수밖에 없다.

선교 혹은 이웃 돕기를 위해 기금모금 음악회란 이름으로 연주회가 열리는 경우가 흔히 있다. 이런 경우라면 눈치 보이는 입장료보다 연주회장 입구에 성금함을 준비하든지 공연 중에 헌금 순서를 넣어도 좋을 것이다. 이미 그렇게들 하고 있다. 그런데 밑도 끝도 없이 대형교회 예배당을 빌려 음악회를 연다고 광고해놓고는 입장 티켓은 우선 받아 놓고 보라는 식으로 살포하고 다닌 후 음악회에 가든, 말든 나중에 돈이나 내라고 우긴다면 힘없는 사람들을 상대로 돈 뜯으러 다니는 깡패들의 행패와 다를 바 없는 짓이다.

세상을 꾸짖어야 할 교계에서 이런 일이 일어나고 있다면 세상이 교계를 꾸짖어도 할 말이 없다. 하나님의 이름을 찬양하고 높여드리는 음악회가 자주, 여러 곳에서 열리는 일에는 박수를 보내며 격려하자. 그러나 그런 음악회를 가장하여 돈이나 챙기겠다는 가짜 음악회, 거룩으로 얼굴을 감춘 음악회 상업주의는 더 이상 곤란하다.

야구장이나 슈퍼볼 입장권에 돈을 물 쓰듯 하는 이 나라의 푼수 수준의 소비주의 병폐를 무엇으로 나무랄 수 있으랴. 그러나 교회당에서 열리는 음악회는 교회당답게 진행되어야 한다. 교회당 음악회라고 모두 무료입장이어야 한다는 법은 없지만 입장권을 찍어서 강매하는 행위는 음악도, 예배당도 오염시키는 행위요, 신성하고 투명해야 할 믿음공동체를 타락시키는 일이다. 때가 어느 땐인데…. 음악회 입장권 들고 강매하러 다니는 일은 없어야 하겠다.

영화 〈마션〉(Martian)

SF 영화 〈마션〉(Martian)이 개봉되자마자 박스오피스 1등을 차지하며 화제를 낳고 있다. 모처럼 집에 들른 아들이 극장에 가자고 청하기에 "무슨 영화?" 했더니 사이언스 픽션이란다. "에이~ 난 가족코믹영화나 역사물을 좋아하지, 사이언스 픽션은 별론데!" 하며 시큰둥했으나 '가족단체관람'에서 나만 제외될 수 없어 마지못해 따라나섰다. 그런데 내 짐작은 크게 빗나가고 말았다. 대단히 좋은 A+ 영화였다. 같은 장르의 영화로 〈인터스텔라〉나 〈그래비티〉가 있었지만 이 영화가 더 큰 감동이었다.

마션은 '화성인'이란 뜻이다. 화성에 사람이 산다고? 아니다. 최근 겨우 소금물이 발견되었다고 떠들썩했던 바로 그 동네가 화성이다. 그 화성을 탐색하기 위해 나선 미국의 우주인이 모래 돌풍을 만나 우주선에서 격리되면서 화성에 내버려진 것이다. 그런데 생존을 위해 화성에서 기적 같은 격투를 벌이며 그는 '마션'이 된다.

이 영화는 리들리 스캇이 감독을, 배우 맷 데이먼(Matt Damon)이 주연을 맡았다. 2011년에 발표된 앤디 와이어의 소설을 영화화한 것으로 소설도 한때 베스트셀러 대열에 올랐다고 한다. 대부분 헝가리 부다페스트에서 촬영했고 요르단의 와디 럼이 화성의 배경으로 사용되었다고 한다. 주인공은 마크 와트니(Mark Watney)이다.

그는 화성 탐사선 일원으로 화성에 간 우주인이었다. 모래 폭풍이 몰아치는 바람에 다른 이들은 화성을 떠나 캄캄한 우주 속으로 날아갔고 죽은 줄 알았던 와트니는 구사일생으로 살아남는다. 그때부터 그는 화성의 로빈슨 크루소가 되었다. 무려 461일을, 산소도 없는 적막한 불모지에서 생존을 위해 투쟁을 벌이는 것이 영화의 핵심이다.

생각해 보자. 화성은 지구와 가장 가깝게 접근했을 때의 거리가 3천5백만 마일, 지구에서 화성까지 가는 데는 무려 6개월이 걸린다. 비행기가 아닌 로켓으로 가는 거리다. 그런 별에 혼자 남아 생명을 부지하게 되었을 때 나 같으면 겁에 질려 '공포사'했을 것이다.

그러나 와트니는 NASA가 화성 탐사를 위해 베이스캠프처럼 만들어 놓은 해비타트에서 생존 전략을 짜기 시작한다. 태양열을 이용하여 전기가 들어오지만 식량은 금방 떨어질 위기였다.

그는 식물학을 전공했던 과학적 경험을 토대로 생존계획을 세워 나간다. 우선 비닐로 구조물을 밀봉한 후 전기로 수분을 만드는 데 성공했고, 우주인들이 남기고 간 분비물과 흙을 섞어 농사의 기초가 되는 땅을 만들었다. 그리고 거기에 감자 씨를 심었다. 감자 농사는 대성공이었다. 그렇게 그는 4년 동안 살아남을 생존전략을 짜고 차분하게 행동에 옮겼다. 1970년대 내가 그토록 감동 만점이라고 즐겨봤던 〈빠삐용〉의 화성판이라는 생각이 들었다.

와트니는 절망하지 않았다. 노래를 부르며 흥얼대기도 했다. 언제 죽을지 모를 위기 속에 감자로 연명하고 있지만 그는 피어레스(fearless)였다. 결국 그의 생존소식은 나사의 레이더망에 잡히게 되고 그를 두고 떠난 허미스 우주선이 위험을 무릅쓰고 그에게 접근하여 도킹에 성공함으로 지구라는 HOME으로 귀환하는 이야기다.

이제 블랙 앵거스나 아웃백 같은 스테이크하우스에서 감자를 먹을 때마다 나는 와트니를 생각할 것이다. 화성에서 감자를 키워 461일의 생존에 성공한 그의 꺾이지 않는 희망을 떠올릴 것이다.

누군가는 이 영화를 보고 난 후 페이스북에 이런 글을 남겼다.

"당신이 지금 고통을 당하고 있다면 자신에게 한 번 물어보라. '마크 와트니는 이런 때 어찌했을까?'라고…."

살아가는 것이 점점 팍팍해지고 있다. 바쁘기만 하지 여유도 없고 평화도 없다. 싸움소리, 미움소리, 총소리, 한탄의 소리만 들리는 것 같다. 오리건 주에서는 지난주에 9명의 커뮤니티 칼리지 재학생들이 정신 나간 학살범의 총탄에 맞아 꽃다운 청춘을 날려버리고 말았다. 그것도 크리스천만 골라서 '확인사살'까지 했다고 전해진다.

정말 지구를 떠나 고독한 마션으로 살아가고 싶은 충동을 느낄 때도 있다. 그러나 와트니는 그 싸움과 미움이 판치는 지구란 HOME이 그리워 결국 불굴의 생존의지를 불태우지 않았던가?

지지고 볶는 한이 있어도 마스(Mars)보다는 어스(Earth)가 아니겠는가? 화성에서 감자 농사에 성공하는 와트니의 희망의 끈만 있다면 절망의 모래 폭풍 정도는 이겨낼 수 있을 것이다. 두려워하지 말고 우리도 감자 씨를 심어보자.

이 나라는 여전히 '선샤인 아메리카'

요즘 미국 살기가 살벌하게 느껴진다. 여기저기서 총질을 해대는 바람에 '이 나라가 무정부주의 국가도 아닌데, 도대체 여기가 미국 맞아?' 하면서 갑자기 미국 귀화 회의론까지 고개를 든다. 올랜도 게이 카페에서 무차별 총격 사건이 벌어진 것이 며칠 전인데, 이번에는 댈러스에서 경찰관 5명 포함 12명의 사상자가 발생하는 참사가 벌어졌다. 9.11 테러 이후 경찰관이 이렇게 한꺼번에 목숨을 잃기는 처음이라고 한다. 얼마나 사안이 시급했으면 폴란드 나토 정상회담에 참석하던 오바마 대통령이 일정을 취소하고 귀국하게 됐을까?

이번 사건은 루이지애나 주도인 베턴루지에서 흑인에 대한 백인 경관들의 총격에 항의하는 시위가 미 전국으로 확산되는 가운데 일어난 것이다. 왜 이런 흑백 인종 갈등은 바람 잘 날이 없는가? 누구 말마따나 흑인 노예들을 부려 먹은 역사의 죗값을 지금 치르고 있다는 말이 맞는가? 이 나라에 사는 동양 이민자들은 흑백의 고래 싸움에 새우등이 터질 것 같은 위기감을 느끼며 살아간다.

지난 2016년 7월 4일, 우리가 살고 있는 아메리카는 탄생 240주년을 맞았다. 독립 초기부터 지금까지 쉴 새 없는 분열과 갈등의 역사는 존재해 왔다. 남북전쟁이 대표적이다. 노예해방을 놓고 서로 다른 주장이 대립되어 마침내 내전이 터지고 만 것이다. 얼마나 많은 사람들이 죽었는가? 60만 명이 사망하는 끔찍한 전쟁이었다. 그것도 미국 본토에서, 더구나 같은 아메리칸들끼리 벌인 전쟁이었다.

아픈 상처의 흔적 때문인지 인종 문제는 이 나라의 부끄러운 불치병이 되어 역사의 음지에서 아직도 곰팡이처럼 서식하고 있다. 그렇다고 한국의 젊은이들이 자기네 나라를 두고 '헬조선'이라고 비하성 농담을 서슴지 않는 것처럼 이 아메리카 합중국에 살고 있는 우리가 '헬아메리카'라고 누워 침을 뱉는다면, 우리 후손들이 너무 불쌍해 보이지 않는가? 아니, 너무 염치없고 미안한 일이다.

헬아메리카라고 절망하기에는 이르기에 나는 아직도 아메리카가 희망의 나라라고 믿는다. 〈타임〉지가 지난주 발표한 통계를 보니 미국인들은 아직도 관대하고 너그러운 백성들로 나타났다. 2015년 한 해 동안 자선기관에 전달된 기부 액수가 무려 3,730억 달러로 조사되었다. 이는 하루에 적어도 10억 달러 이상을 아메리칸들이 좋은 일을 위해 기부하고 있다는 말이다. 돈뿐만 아니라 자신의 금쪽같은 시간을 들여 이웃 봉사하는 일에도 게으르지 않았다. 2015년 6,260만 명이 적어도 한 번 이상 자원봉사자로 봉사활동을 벌인 것으로 집계되었다. 자원봉사 활동률이 가장 높은 도시는 솔트레이크 시티, 미니애폴리스, 세인트 폴, 밀워키 순이었다.

동성애 합헌 판결이 내려지고, 낙태 찬반 문제를 놓고 사회적 합의가 미뤄지고 있는 데다가 무슬림 인구가 잰걸음으로 증가하고 있고 '가나안' 성도들과 명목상의 그리스도인들이 급속한 증가추세를 보인다. 염려되는 현실이지만 결코 절망할 일은 아니다.

미국은 여전히 세계에서 크리스천이 가장 많은 나라다. 2억 4,600만 명으로 전체 인구의 79%를 차지하고 있다. 2위 브라질, 3위 멕시코, 4위 러시아 순이다. 이는 미 국무부 '국제종교자유보고서'가 발표한 숫자다. 그러면 무신론자 인구가 가장 많은 국가는 어디일까? 중국이 단연 1등이고, 일본, 베트남, 러시아, 그리고 독일 순으로 나타났다. 무슨 숫자놀음을 하자는 얘기가 아니고 아직도 아메리카라는 나라는 기독교를 빼면 시체라는 말을 하려는 것이다.

조지아 주 플레인스에 있는 마라나타 침례교회에서는 92세의 백발 할아버지가 주일학교 교사로 섬기고 있다. 지난해 암이 발견되었으나 하나님이 부르시면 언제나 떠날 준비가 되었다며 의연하게 투병생활을 끝낸 후 완치되었다. 2023년 현재 99세가 된 그는 나이를 잊은 채 오랜 세월 동안 주일학교 교사로 봉사했다. 그가 누구인가? 바로 미국 제39대 대통령을 지낸 지미 카터다. 대통령이 은퇴한 후 주일학교 교사로 봉사하는 나라는 미국밖에 없을 것이다. 그래서 이 나라는 여전히 희망의 나라다. '헬아메리카'라고? 그것은 아직 주제 파악이 안 된 오두방정일 뿐이다.

여름철 자동차 여행길에 오르면 다른 주 자동차 번호판을 수없이 만난다. 번호판에는 그 주를 상징하는 대명사가 붙어 있다. 예컨대 내가 살고 있는 캘리포니아는 '골든 스테이트'다. 좀 돈 냄새가 난다. 텍사스는 '론스타 스테이트', 좀 외롭게 느껴진다. 매사추세츠는 '더 스피릿 오브 아메리카', 하와이는 '알로아 스테이트', 코네티컷은 '컨스티튜션 스테이트', 이런 다양한 번호판 중 내가 제일 좋아하는 번호판은 플로리다 번호판이다. '선샤인 스테이트'라고 쓰여 있다. 플로리다의 일조량이 많은 날씨 때문에 붙은 대명사일 것이다.

그 선샤인을 아메리카에도 붙여 보자. "선샤인 아메리카." 날씨 때문이 아니다. 아직도 희망의 나라라는 믿음을 갖고 더불어 가꿔 가는, 햇빛 찬란한 미래의 나라가 되게 하자는 소원이 느껴지지 않는가? 갈등과 대립 속에서도 포기할 수 없는 것은 희망의 끈이다.

조명환 목사의 〈쓴소리 단소리〉
자이언 캐넌에서 눈물이 나다

1판 1쇄 인쇄 _ 2024년 1월 25일
1판 1쇄 발행 _ 2024년 1월 30일

지은이 _ 조명환
펴낸이 _ 이형규
펴낸곳 _ 쿰란출판사

주소 _ 서울특별시 종로구 이화장길 6
편집부 _ 745-1007, 745-1301~2, 743-1300
영업부 _ 747-1004, FAX 745-8490
본사평생전화번호 _ 0502-756-1004
홈페이지 _ http://www.qumran.co.kr
E-mail _ qrbooks@daum.net / qrbooks@gmail.com
한글인터넷주소 _ 쿰란, 쿰란출판사
페이스북 _ www.facebook.com/qumranpeople
인스타그램 _ www.instagram.com/qrbooks
등록 _ 제1-670호(1988.2.27)
책임교열 _ 최진희·최찬미

© 조명환 2024 ISBN 979-11-6143-816-0 03230

책값은 뒤표지에 있습니다.
이 출판물은 저작권법에 의해 보호를 받는 저작물이므로 무단 복제할 수 없습니다.
파본(破本)은 구입처에서 교환해 드립니다.